国家社会科学基金项目“数字普惠金融缓解小微企业融资约束的作用机理与路径优化研究”
国家自然科学基金项目“中国重大动物疫情公共风险评估及其政策选择研究”
教育部人文社会科学研究项目“农村金融资源配置与农民福利的时空耦合机制研究”
中国博士后科学基金项目“农村人口结构与金融资源配置的时空耦合机制研究”

时空演化视角下的金融产业集聚与经济增长质量

郭 华 何忠伟 蒋远胜 等 著

中国农业出版社
农村设物出版社
北 京

著　者：郭　华　何忠伟　蒋远胜
何广文　彭艳玲　罗　彤

前　言

改革开放40多年来，我国经济已经发展到一个全新阶段，与此同时，环境、劳动力、土地等资源和要素市场承载力面临极大挑战，发展不平衡、不充分问题日益凸显，生产效率、创新能力的提升遭遇瓶颈，传统的数量扩张型增长模式已不可持续。习近平总书记在党的十九大报告中明确指出："我国经济已由高速增长阶段转向高质量发展阶段。"高质量发展成为我国经济可持续发展的必然要求。伴随金融全球化以及数字技术在金融领域的应用，金融资源的流动范围加速扩张、流动速度迅猛提升，发展中国家的金融产业集聚形态不断涌现。中国金融产业也不断展现出新发展面貌，根据国家统计局数据，1978年中国金融业增加值占国内生产总值（GDP）比重仅为2.08%，其后该比重不断上升，2020年达到了8.27%。美国、日本等发达国家经验表明，金融产业与经济发展关系密切。金融产业集聚可以为集聚地带来规模经济和竞争优势，极大地支持其经济增长，但非集聚地的金融和经济发展较少得到讨论。金融资源向相对发达省份和城市的倾向性配置和聚集，导致中国欠发达地区金融产业发展进程明显滞后，并且在疆域面积广阔、各地区经济基础存在较大差异的背景下，这一问题变得更加突出。发达国家的金融发展经验并不能完全适用于中国的社会主义经济建设实践，关于北京、上海、广东等地集聚的金融资源是否通过空间效应有力带动了相对落后地区经济增长这一问题，我们需要一个中国答案。在中国金融产业加速集聚的背景下，从时空演化的动态视角下探讨中国金融产业集聚与经济增长质量、回答集聚与区域协调的问题，对合理规划中国金融布局、缓解经济增长的不平衡不协调问题具有重要的现实意义。

全书由10章构成：第1章为绪论，简要介绍了研究背景、研究目的、主要创新点等；第2章为国内外研究现状，对金融产业集聚、经济增长质量、金融产业集聚与经济增长质量的关系进行了综述；第3章为理论基础及影响机理分析，在时空演化视角下构建了金融产业集聚影响经济增长质量的理论模型，并分析了金融产业集聚影响经济增长质量的具体路径；第4章为中国金融产业集聚的时空演化特征分析，使用区位熵法计算了各省份金融产业集聚度，并通过分位数断点法等考察了其时空变化特征；第5章为中国金融产业集聚度的地区差异及敛散性分析，通过泰尔指数（Theil index）及其分解、包含空间效应的β绝对收敛模型分别考察了金融产业集聚的地区差异及敛散性；第6章为中国经济增长质量的时空演化特征分析，借助主成分分析法测度了各省份经济增长质量及其五大维度水平，并通过分位数断点法等考察了其时空变化特征；第7章为中国经济增长质量的地区差异及敛散性分析，通过泰尔指数及其分解、包含空间效应的β绝对收敛模型分别考察了经济增长质量的地区差异及敛散性；第8章为基于时间维度金融产业集聚与经济增长质量的关系检验，借助面板向量自回归模型、脉冲响应及方差分解，从时间维度下检验金融产业集聚对经济增长质量的影响；第9章为基于空间维度金融产业集聚与经济增长质量的关系检验，利用空间杜宾模型、静态空间面板模型、动态空间面板模型从空间维度下考察了金融产业集聚对区域经济增长质量的影响；第10章为研究结论与政策启示。

本书的主要结论如下：第一，各省份金融产业集聚度小幅波动上升，呈现北京、天津、上海、重庆、青海和宁夏等多个金融极点稳定发展的空间格局。长三角、京津冀和珠三角地区均存在金融扩散现象，且长三角地区金融扩散现象出现时间最早、层次最高；除了东北地区以外，其余地区至少存在一个稳定的金融集聚中心。中国金融产业集聚的泰尔指数呈现倒U形变动趋势，六大地区内部各省份的金融产业集聚度差异是总体差异的主要来源。全国以及西部地带的金融产业集聚度均表现为显著的β绝对收敛特征，各省份金融产业集聚水平随时间推移将趋于相同的稳态水平。第二，中国各省份经济增长质量有序提升，以2008年为界表现为“先缓后快”的增长态势，呈现“东高、中平、西低”的非均衡分布格局和由上海单极向京津渝宁多极化、极点带动的空间发展特征。中国经济增长质量的泰尔指数持续下降，西北、中南两地区内部差异是整体差异的主要来源，整体上中国省际经济增长质量朝着更加均衡的方向发展。除了经济增长结构性以外，经济增长质量及其余各维度指数均存在显著的β绝对收敛特征，在收敛程度上，中部地带高于西部地带，而东部地带最弱。第三，在时间维度下，金融产业集聚对经济增长质量具有显著的促进作用，且具有时间滞后性；除经济增长成本性以外，金融产业集聚对经济增长质量其余维度水平提升的贡献度均随时间变化而逐渐提高；六大地区的经济质量增长存在路径依赖。在空间维度下，金融产业集聚有助于本地经济增长质量水平的提升，但对周边省份经济增长质量的促进作用并不明显，并且经济增长质量的时间累积效应大于金融产业集聚的支持效应；金融产业集聚仅在经济成本维度产生了显著的正向空间溢出效应；相比地理位置的接近，经济水平的接近更能影响金融产业集聚与经济效率、经济分享性之间的关系。

本书创新之处如下：第一，本书同时将传统经济学、区域经济学以及新经济地理学理论创新性地纳入统一框架，在时间维度上融合金融发展理论、金融功能理论等，在空间维度上结合增长极理论和新经济地理学理论等，严密论证了金融产业集聚对经济增长质量的影响机理，结合中国实际，提出衡量金融产业集聚与经济增长质量的评价指标体系，构建金融产业集聚影响经济增长质量的理论框架。第二，本书从时空演化的动态视角切入，分析金融产业集聚对经济增长质量的影响，弥补了现有研究的不足。第三，本书基于地理学、区域经济学、空间计量经济学等多学科理论和方法，实证检验金融产业集聚对经济增长质量的影响，对于科学判断二者关系提供了较为丰富的经验证据。

本书得到了国家社会科学基金项目“数字普惠金融缓解小微企业融资约束的作用机理与路径优化研究”、国家自然科学基金项目“中国重大动物疫情公共风险评估及其政策选择研究”、教育部人文社会科学研究项目“农村金融资源配置与农民福利的时空耦合机制研究”、中国博士后科学基金项目“农村人口结构与金融资源配置的时空耦合机制研究”的资助，在此一并表示感谢。感谢北京工商大学张正平教授、华中农业大学刘西川教授在成书过程中给予的关怀指导和宝贵建议。

“千淘万漉虽辛苦，吹尽狂沙始到金。”限于笔者水平，书中定有不当之处，恳请读者批评指正，多提宝贵意见！

著　者

2021年9月

目　录

第1章　绪　　论

1.1　问题的提出

自2017年党的十九大报告作出“我国经济已由高速增长阶段转向高质量发展阶段”的重要论断以来，高质量建设成为政府层面的重要关注点，并且我国的经济高质量发展也已经取得了一定成就。绿色发展水平显著提升（黄跃等，2017），经济结构不断优化（周迪等，2015），全要素生产率持续增长（余泳泽，2015），但是区域非均衡问题始终未得到有效解决。2020年东部地区人均GDP占比50.11%，而中部地区和西部地区分别仅占19.90%和29.99%[①]，与此同时，经济增长质量也存在“东高、中平、西低”的分布格局（魏敏等，2018），这成为进一步深化经济高质量发展的阻碍。

金融产业是现代经济的核心，在优化资源配置中发挥着重要作用。改革开放至今，金融产业在国民经济中的地位不断提升，产业体系不断完善。1978年金融产业增加值为76.5亿元，仅占当年GDP的2.08%；而2020年金融产业增加值为84 070.1亿元，对经济的贡献比例提升至了8.27%[②]。金融产业各细分行业稳步发展。例如，银行业相继完成国有银行股份制改革、政策性金融机构改革和中小商业银行改革等工作，证券业的风险应对及日常监管治理体系逐步完善，保险业中多家保险公司实现重组改制，等等。伴随金融产业的持续深入发展，金融机构、金融资本、人才等要素日益向中心城市汇集，集聚的产业业态开始显现。2021年3月，国家高端智库中国（深圳）综合开发研究院与英国伦敦Z/Yen集团共同编制的“第29期全球金融中心指数报告（GFCI 29）”发布，显示中国有12座城市入榜，排名前5的城市分别是上海、北京、深圳、广州以及成都，其中成都的排名相较上一年跃升了39位。长期以来，东部地区金融发展水平居于全国领先地位，而成都的崛起代表了中国西部地区金融产业发展水平的提升，这势必为中国金融产业的空间格局增添新的内容。整理发现，相较于北京、上海、深圳和成都建设“国际金融中心”的构想，区域性金融中心的建设“遍地开花”，如天津离岸

① 人均GDP数据和东、中、西部地区划分标准均来源于国家统计局。

② 数据来源于国家统计局。

金融中心、厦门两岸区域性金融服务中心、重庆长江上游金融中心，以及长三角地区的南京、合肥、宁波等城市均提出了建设区域性金融中心的构想。但是，金融资源是有限的，各地在积极建设金融中心的过程中，是否会出现“以邻为壑”的负外部性现象值得关注。因此，有必要从时间、空间等多维度下分析中国金融产业集聚，以充分把握中国金融产业的集聚特征和发展变化特征。

伴随金融产业集聚现象的显现，越来越多的学者开始关注金融产业集聚对经济增长的影响效应。Berger（1974）、Park（1989）等从规模经济角度阐述了金融集聚对经济增长的重要性，认为金融集聚产生的规模效应，减少了企业信息交流和搜寻成本，提高了区域资源配置效率，进而成为区域经济增长的重要动力。李红等（2014）、于斌斌（2017）分别从空间溢出和产业结构优化升级的角度考察了金融产业集聚对中国经济增长的影响，研究结果均肯定了金融产业集聚积极的经济增长效应，金融产业集聚促使经济发展和金融支持形成了良性循环（张秀娟，2015）。伴随空间计量经济学的深入发展，学者们对金融集聚经济效应的考察也逐渐从时间序列面板模型转向空间计量模型，以考察金融集聚的空间效应，但存在时间视角和空间视角相割离的状态，尚未同时从时间和空间视角下研究金融产业集聚的经济效应。并且，“经济质量”不同于“经济数量”，中国经济发展中由于长期追求增速和增长规模，背后一系列发展问题越发严重，如经济结构层次较低、资源消耗和环境污染严重、城乡居民收入差距持续扩大等，经济结构和发展方式亟待优化，考察金融产业对于经济质量的作用更加迫切，但当前鲜有研究关注金融产业集聚与经济增长质量。

综上可知，在推进经济转型升级和深化金融体制改革的关键时期，深入探讨中国金融产业集聚与经济增长质量的时空演化特征及其关联机制是一个现实意义与学术意义兼备的问题。那么，中国金融产业集聚状态如何，这种集聚状态在区域之间是否存在显著差异，这种差异又呈现出怎样的变动趋势？是否存在收敛性？经济数量增长背后的经济增长质量状况如何，经济质量水平是更高抑或是更低？经济增长质量的地区差异和敛散性又如何？此外，金融产业集聚程度的变动是否会影响经济增长质量，会产生怎样的影响，影响的作用机制如何？如何最大限度地发挥金融产业集聚对经济增长质量的提升作用？为此，本书基于时空观的研究视角，结合经济学和地理学等多学科交叉理论和多学科交叉研究方法，在时空演化视角下探讨金融产业集聚与经济增长质量的演化特征、地区差异及敛散性，并进一步分析金融产业集聚对经济增长质量及其各维度的影响效应，以期为中国金融产业集聚的发展和经济增长质量的提升提供理论和实践上的支撑。

1.2 研究目的与研究意义

1.2.1 研究目的

当前，在我国金融产业快速发展、经济高质量建设深入推进以及金融产业集聚态势日益显现的背景下，本书以“时空演化视角下的金融产业集聚与经济增长质量”为题，主要研究目的是从理论层面上构建金融产业集聚对经济增长质量作用机理的理论分析框架，并以1997—2017年全国30个省份的相关数据为基础，探究中国金融产业集聚和经济增长质量的时空演化特征，分析其地区差异以及敛散性，并基于面板向量自回归模型、空间计量模型等，在时空视角下实证考察金融产业集聚对经济增长质量的影响效应。在理论分析和实证检验的研究基础上，本书希望能够从改善金融资源配置、空间流动以及优化金融集聚的角度来为当前我国提升经济增长质量提出合理的政策性建议。

1.2.2 研究意义

金融业是现代经济的核心，在世界各国经济发展竞争日益激烈的情况下，金融产业逐渐成为一个国家的核心竞争力。在当前经济发展转型的背景下，如何增强金融服务实体经济的能力，如何引导金融产业有效集聚是一项重大的理论命题与实践问题。自以Berger（1994）为代表的学者提出金融产业集聚以来，相关研究呈现出百花齐放的态势，相比领域内的现有研究，本研究具有理论和现实的双重意义。

（1）理论意义。在理论方面，本书基于产业集聚理论、规模经济理论、中心-外围理论和金融地理学相关理论等经典理论，对金融产业集聚的成因进行分析；并从古典经济增长理论、内生经济增长理论、产业结构增长理论和经济增长代价理论等方面分析了经济增长质量的内涵和影响因素。在此基础上，本研究融合金融发展理论、金融功能理论、增长极理论以及新经济地理学理论等，在时空观的研究视角下构建金融产业集聚影响经济增长质量的理论框架，立足于中国经济增长和金融产业发展实际，对相关理论进行拓展和延伸，丰富了该领域的研究成果，为相关研究提供一定参考。

（2）现实意义。在实践方面，第一，本书在时空演化的动态视角下提炼金融产业集聚度和经济增长质量的演化特征，能够进一步发现中国金融产业集聚和经济增长质量中出现的关键问题，并通过揭示中国金融产业集聚对经济增长质量的影响机制与影响效应，为合理引导金融产业集聚、建设功能互补性和多层次的金融中心以及最大化地发挥出金融中心在经济中的辐射带动作用提供借鉴，这对于促进中国经济高质量发展具有积极意义。第二，结合中国金融产业集聚情况，从引导金融资源空间流动、合理配置以及优化金融产业集聚的角度，为提升中国经济增长质量提出合理的政策建议。第三，由于研究对象为中国30个省份，跨越了我国不同区域的行政边界，考虑了不同地域之间的空间效应，能够为各地区相应的金融发展政策和经济增长政策制定提供有效参考。

1.3 研究内容

本研究的主要内容分为5个部分，分别为：①金融产业集聚影响经济增长质量的理论分析；②中国金融产业集聚的时空演化特征、地区差异及敛散性分析；③中国经济增长质量的时空演化特征、地区差异及敛散性分析；④时空视角下中国金融产业集聚与经济增长质量的关系检验；⑤优化金融产业集聚、提升经济增长质量的政策体系研究。研究思路见图1.1。

1.3.1 金融产业集聚影响经济增长质量的理论分析

通过系统梳理已有的研究成果，对本研究的相关核心概念进行界定，并在产业集聚理论、经济增长相关基础理论的基础上，形成金融产业集聚影响经济增长质量的理论分析框架，分析金融产业集聚对经济增长质量及经济增长结构性、效率、稳定性、成本性和分享性的影响机理。

1.3.2 中国金融产业集聚时空演化特征、地区差异及敛散性分析

本部分研究内容主要包括：①对中国各省份及各地区的金融产业发展状况进行分析，从金融产业增加值变化特征、金融产业对全国金融发展及经济发展的贡献度3个方面进行阐述；②使用区位熵法测算各省份及各地区的金融产业集聚度，并从时间和空间2个维度对金融产业集聚度的演化特征进行可视化处理和分析；③基于泰尔指数，对金融产业集聚度在全国范围内及地区层面的差异情况进行分析，找出差异存在的原因；④利用包含空间效应的β绝对收敛模型检验金融产业集聚度的敛散性，以考察金融产业集聚地区差异的长期变化状况。

1.3.3 中国经济增长质量的时空演化特征、地区差异及敛散性分析

本部分研究包括：①从经济增长的结构性、效率、成长性、稳定性和分享性5个维度构建经济增长质量综合水平的评价指标体系；②使用全局主成分分析法对经济增长质量综合指数和5个维度指数进行测度，并从时间和空间2个维度对经济增长质量综合指数的演化特征进行可视化处理和分析；③基于泰尔指数，对经济增长质量综合指数以及经济增长结构性、效率、成长性、稳定性

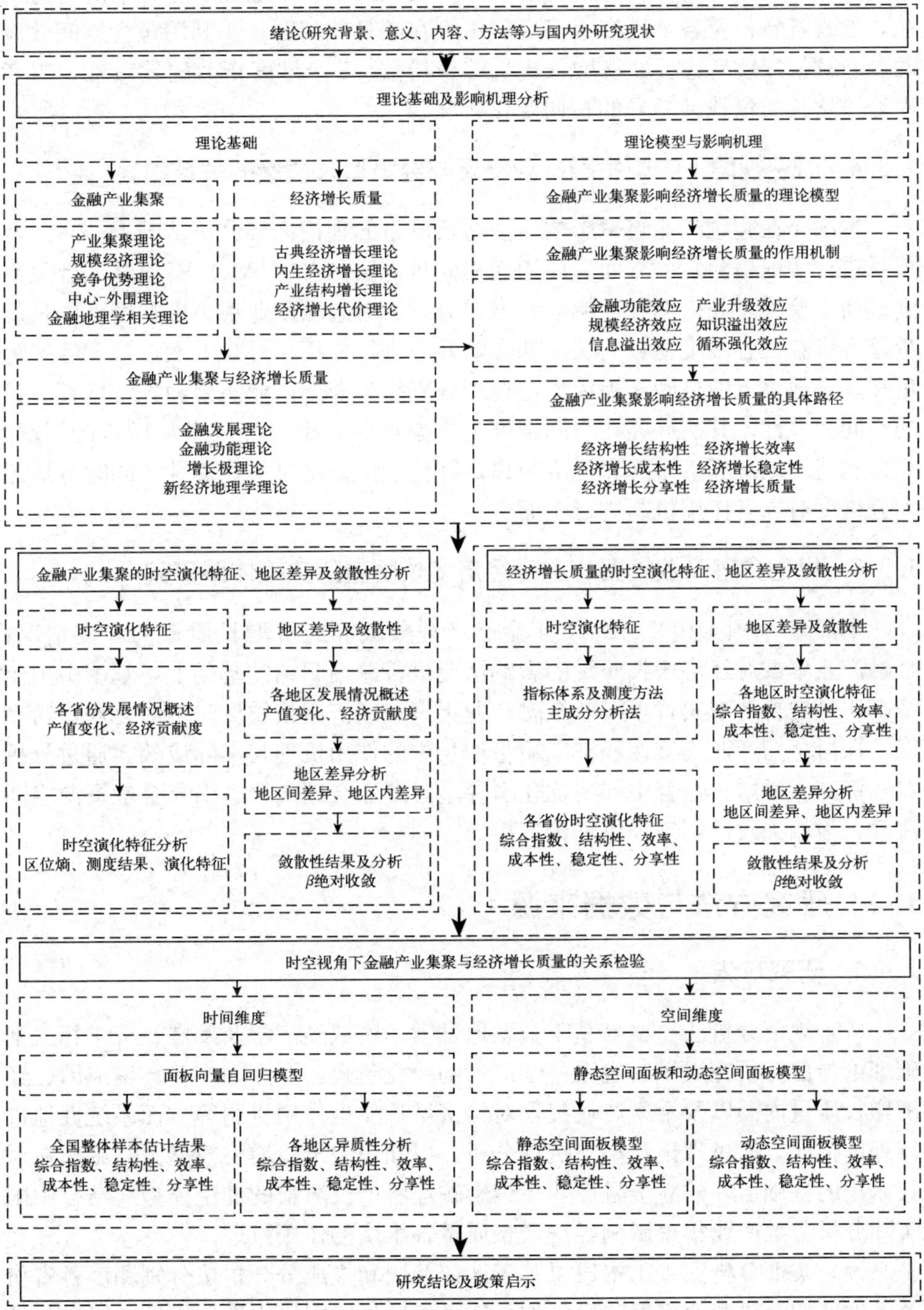
绪论(研究背景、意义、内容、方法等)与国内外研究现状
理论基础及影响机理分析
理论基础
金融产业集聚
产业集聚理论
规模经济理论
竞争优势理论
中心-外围理论
金融地理学相关理论
经济增长质量
古典经济增长理论
内生经济增长理论
产业结构增长理论
经济增长代价理论
金融产业集聚与经济增长质量
金融发展理论
金融功能理论
增长极理论
新经济地理学理论
理论模型与影响机理
金融产业集聚影响经济增长质量的理论模型
金融产业集聚影响经济增长质量的作用机制
金融功能效应　产业升级效应
规模经济效应　知识溢出效应
信息溢出效应　循环强化效应
金融产业集聚影响经济增长质量的具体路径
经济增长结构性　经济增长效率
经济增长成本性　经济增长稳定性
经济增长分享性　经济增长质量
金融产业集聚的时空演化特征、地区差异及敛散性分析
时空演化特征
各省份发展情况概述
产值变化、经济贡献度
时空演化特征分析
区位熵、测度结果、演化特征
地区差异及敛散性
各地区发展情况概述
产值变化、经济贡献度
地区差异分析
地区间差异、地区内差异
敛散性结果及分析
β绝对收敛
经济增长质量的时空演化特征、地区差异及敛散性分析
时空演化特征
指标体系及测度方法
主成分分析法
各省份时空演化特征
综合指数、结构性、效率、
成本性、稳定性、分享性
地区差异及敛散性
各地区时空演化特征
综合指数、结构性、效率、
成本性、稳定性、分享性
地区差异分析
地区间差异、地区内差异
敛散性结果及分析
β绝对收敛
时空视角下金融产业集聚与经济增长质量的关系检验
时间维度
面板向量自回归模型
全国整体样本估计结果
综合指数、结构性、效率、
成本性、稳定性、分享性
各地区异质性分析
综合指数、结构性、效率、
成本性、稳定性、分享性
空间维度
静态空间面板和动态空间面板模型
静态空间面板模型
综合指数、结构性、效率、
成本性、稳定性、分享性
动态空间面板模型
综合指数、结构性、效率、
成本性、稳定性、分享性
研究结论及政策启示

图 1.1　研究思路

和分享性5个维度指数的变化特征和全国范围内及地区层面的差异情况进行归纳，发现各省份及各地区在经济发展中存在的具体问题；④利用包含空间效应的β绝对收敛模型检验经济增长质量综合指数、5个维度指数的敛散性，以考察经济增长质量地区差异的长期变化状况。

1.3.4 时空视角下中国金融产业集聚与经济增长质量的关系检验

本部分在金融产业集聚影响经济增长质量的理论框架分析基础上，对二者关系进行实证检验。一方面，使用面板向量自回归（PVAR）模型对二者关系进行初步检验，并借助脉冲响应和方差分解，对金融产业集聚影响经济增长质量综合指数及各维度指数的长短期影响效应进行分析；另一方面，基于静态视角和动态视角下的空间面板模型，首先分别检验金融产业集聚和经济增长质量的空间相关性，其次探究在空间维度上金融产业集聚对经济增长质量的影响，并分别使用地理邻接矩阵和经济距离矩阵检验回归结果的稳健性，同时分地区和分维度对二者作用机制进行全面考察。

1.3.5 优化金融产业集聚、提升经济增长质量的政策体系研究

本部分对中国1997—2017年金融产业集聚和经济增长质量的演变情况、金融产业集聚对经济增长质量的影响情况进行总结归纳的基础上，基于中国经济高质量增长的现实背景以及金融产业集聚和经济增长质量时空演化规律与特征，探讨金融产业集聚在经济高质量增长中的作用机理与实际成效。通过分析在经济高质量增长过程中如何优化引导金融产业合理集聚、引导金融资源空间流动，为相关政策制定提供理论支撑。

1.4 研究方法与数据来源

1.4.1 研究方法

（1）规范分析法。本书基于金融地理学、区域经济学及发展经济学相关基础理论与已有研究成果，遵循科学严谨的研究范式，对金融产业集聚成因、经济增长质量内涵以及金融产业集聚对经济增长质量作用机制等方面系统性地进行理论推演。通过理论建模与机理分析，以知识溢出双增长模型为基础，在对其修正的基础上，建立金融产业集聚影响经济增长质量的理论模型，结合中国实际分析金融产业集聚影响经济增长质量各维度的作用机理。

（2）实证分析法。①本成果基于区位熵法和主成分分析法分别测度各省份及各地区的金融产业集聚与经济增长质量，通过空间探索性分析及β绝对收敛模型归纳其时空演化特征、检验二者的空间相关性及敛散性。此外，本研究将

全国划分为六大地区，并通过泰尔指数分析地区间及地区内部的金融产业集聚与经济增长质量的异质性特征，为指导全国各地区金融产业集聚政策调整提供经验证据支撑。②在时间维度上采用面板向量自回归模型、脉冲响应和方差分解等方法，在空间维度上通过构建静态与动态视角下的空间计量模型，分别对金融产业集聚影响经济增长质量的时间滞后性与空间效应进行检验，并在此基础上探讨数字金融背景下，两者相互关系的变化。

1.4.2　数据来源

本研究样本为中国除香港、澳门、台湾和西藏以外的30个省份，所有数据来自《中国统计年鉴》《中国环境统计年鉴》《中国劳动统计年鉴》、各省份统计年鉴和国家统计局官方网站，时间跨度为1997—2017年。同时，本研究依据《2017中华人民共和国行政区划简册》，将样本省份划分为六大地区，各地区包含的省份如表1.1所示，本研究的区域划分以此为标准。

表1.1　各地区包括的省份

地　区	省　份
西南地区	四川、贵州、云南、重庆
东北地区	黑龙江、吉林、辽宁
华北地区	北京、天津、河北、山西、内蒙古
华东地区	上海、山东、江苏、浙江、江西、安徽、福建
中南地区	湖北、湖南、河南、广东、广西、海南
西北地区	陕西、甘肃、宁夏、新疆、青海

由于研究的时间跨度较大，评价经济增长质量的指标较多，存在部分数据缺失和前后统计口径不一致等情况。对于此类数据，有如下说明。

（1）三次产业就业人数。山西2002年三次产业就业人数缺失，2002年数据取2001年和2003年的均值；黑龙江2011—2013年三次产业就业人数缺失，2012年数据取2010年和2014年的均值，2011年数据取2010年和2012年的均值，2013年数据取2012年和2014年的均值。

（2）固定资产投资价格指数。广东1997—2000年数据缺失，由1997—2000年地区生产总值指数替代；海南1997—1999年数据缺失，由1997—1999年地区生产总值指数替代。

（3）工业废水排放量。所有地区2016—2017年数据缺失，采用加权移动平均法处理，2006—2012年分别赋予权重1%～7%，2013—2015年分别赋予权重23%～25%。

（4）工业废气排放量。所有地区 2016—2017 年数据缺失，采用加权移动平均法处理，2006—2012 年分别赋予权重 1%～7%，2013—2015 年分别赋予权重 23%～25%。

（5）城镇居民人均可支配收入。云南 2011 年、2012 年数据缺失，由 1997—2010 年年均变化率推算得到。

（6）公共图书馆总藏书量。所有地区 1997—1999 年数据缺失，由 2000—2017 年年均变化率推算得到。

（7）农村居民人均纯收入。1997—2012 年数据是农村居民人均纯收入，2013—2017 年数据是农村居民人均可支配收入。

1.5 主要创新点

本研究的主要创新体现在紧密结合中国经济转型升级和金融体制改革的现实背景，系统性分析中国金融产业集聚和经济增长质量在时空上的演化特征及二者的关联机制，研究成果为优化金融产业集聚以更好地支持经济增长质量提供具有实践指导意义的参考框架。本研究的创新之处主要体现在以下方面。

1.5.1 理论创新

本研究同时将传统经济学理论、区域经济学以及新经济地理学相关基础理论创新性地纳入统一框架：①在时间维度上通过规模经济理论，在空间上结合竞争优势理论、金融地理学理论以及中心-外围模型分析金融产业集聚形成的原因；②在时间维度上融合金融发展理论、金融功能理论等，在空间维度上结合增长极理论和局部溢出模型等，以金融产业集聚影响经济增长质量的问题为切入点，严密论证金融产业集聚对经济增长质量的影响机理，在理论层面对金融产业集聚与经济增长质量的关系进行了系统剖析。本研究结合中国实际，提出衡量金融产业集聚与经济增长质量的评价指标体系，构建金融产业集聚影响经济增长质量的理论框架，对于我国经济结构转型背景下，促进经济高质量增长具有一定的理论创新意义。

1.5.2 视角创新

本研究将金融产业集聚对经济增长质量的影响纳入时空维度的分析框架，弥补了现有研究的不足。鉴于中国各省份地理区位、资源禀赋及经济增速等方面的差异，本研究在对金融产业集聚与经济增长质量的关系检验时，充分考虑二者关系的时间滞后性和空间溢出特征，从时空演化视角对金融产业集聚与经济增长质量的关系进行多角度验证。相比同类研究，本研究的综合性和全面性更符合金融产业集聚和经济增长质量的实际，能够为相关政策制定提供科学参考。

1.5.3 方法创新

基于地理学、区域经济学、空间计量经济学等多学科理论和方法，深化了对中国金融产业集聚与经济增长质量关联作用机制的认识。目前，鲜有关于金融产业集聚与经济增长质量及各维度之间作用机制的定量研究。一方面，对于科学判断二者关系缺乏足够的经验证据；另一方面，对于优化金融产业集聚的政策缺乏理论依据。本研究弥补了上述缺陷，将新经济地理学中的空间探索性分析技术引入金融产业集聚与经济增长质量的研究领域，对二者的时空演化特征进行归纳，运用空间计量模型检验金融产业集聚对经济增长质量的作用机制和空间效应，进一步深化了对二者关系的科学认识。

第 2 章　国内外研究现状

鉴于本研究主要内容涉及金融产业集聚、经济增长质量以及二者关系这 3 部分内容，本章对国内外研究现状的归纳将紧密结合本研究的主要内容。在金融产业集聚部分，围绕金融产业集聚的成因、测度与时空视角下的相关研究来展开。在经济增长质量部分，则对已有研究中经济增长质量内涵、测度与时空视角下的研究成果进行归纳。最后，从金融产业集聚对经济增长质量的促进作用和抑制作用两方面梳理二者关系的相关研究，并对国内外已有研究对本研究的贡献与现有研究的不足进行归纳总结。

2.1　产业集聚的相关研究

2.1.1　产业集聚的成因

国内外学者从多个角度考察了产业集聚的成因，大体可以分为 2 个方面：一类主要包括地理区位（Porter，1990）和历史因素等先天条件（蒋满元，2008）；另一类主要包括产业政策（Tilman，1999）、城市规模（Hoover，1948）等后天因素。

大部分学者研究认为，良好的地理区位会降低企业交易成本，进而使得该地具有发展该产业的竞争优势（Porter，1990）。交易成本主要包括贸易过程中运输成本（Venables，1996）、搜索成本（Pu - yan et al.，2014）等，交易成本的高低会影响企业的区位选择，并伴随交易成本的不断降低，进一步促成产业集聚（石培哲，2000）。除了以成本竞争为目的的产业集聚以外，产品竞争也是形成产业集聚的重要原因（万道侠等，2018；李二玲等，2005；江瑶等，2017）。但也有小部分研究认为，地理位置并非产业集聚的因素，如 Salvador（2004）指出，欧盟国家的产业集聚水平主要是由地区的产业流动导致的，而非地理位置和偶然性因素。

历史因素和预期因素同样对产业集聚的形成具有正向的促进作用。蒋满元（2008）认为，历史因素和预期因素会在不同程度上对产业集聚产生影响，在相关初始资源的配置不存在“交叠”时，历史因素起主导作用，产业的发展会沿着初始资源配置的历史惯性而形成产业集聚；当初始资源的配置落到“交叠”区域之内时，预期因素就会成为主导。

学者对产业政策因素影响产业集聚的研究存在 3 种观点：第一种观点认为，产业政策能够有效促进产业集聚形成。如 Tilman（1999）发现，在拉丁美洲的不同区域，都有着适应地区条件与发展状况的产业政策，这样能够为地区的特色产业集聚创造良好的条件。不同学者分别对欧洲地区、英国苏格兰地区进行研究后，得到了同样的结论（Philip，2001；Ewen et al.，2000）。孙晓华等（2015）也同样认为，地方政府会依据本地区的资源禀赋、产业基础和工业化阶段，因地制宜地按照比较优势制定相应的产业政策。第二种观点认为，推进产业集聚的政策在经济发展中并没有实际作用。Edward（2002）认为，美国的产业集聚政策并没有达到预期的目的，并未明显形成产业集聚现象。第三种观点是政府干预政策对产业集聚水平具有显著的负效应（钟昌宝等，2017）。

城市因素如城市化水平、城市规模等对产业集聚的形成也有重要影响，且产业集聚和城市化水平或者城市规模存在相互作用。Lösch（1939）认为，产业集聚是城市化的必备要素，产业集聚的外部规模经济促进了城镇、城市的产生和发展（Marshall，1890；Henderson，1974）。而 Hoover（1948）则认为，城市规模和多元化是产业城市集聚的因素。孙洪哲等（2011）实证发现，湖北省城市化的规模为产业集聚提供资源要素和制度文化，影响着产业集聚的规模和结构，范晓莉等（2017）得到了相似的研究结果。后者研究发现，城市化率对中国东部地区的战略性新兴产业集聚的促进作用较大。陈建军等（2009）实证发现，服务业集聚和城市规模之间存在非线性关系，东部地区长期存在集聚效应，而中西部地区在城市规模达到一定程度后，产业集聚程度开始递减。

还有部分学者研究了影响产业集聚形成的其他因素。信息传递效率（石培哲，2000）、偶然因素（李二玲等，2005）、对外开放程度（钟昌宝等，2017）、企业规模（江瑶等，2017）、市场规模（刘军等，2015）、资本存量（范晓莉等，2017）、金融支持（Hu et al.，2015）、虚拟企业（Alexander，2013）、人力资本（刘军等，2015；凌晨等，2013）均会对产业集聚产生影响。此外，产业集聚具有多样性特征，并且产业集聚因素伴随时间推移将发生改变。Simona 等（2006）在现有文献的基础上对产业集群进行分类，考察产业集群结构的多样性及其演化路径的多样性，认为当存在高机会、高适用性和高累积性的条件时，创新者将倾向于在地理上集中，从而产生新兴的集群，知识和创新过程、组织、公司和行业的特定特征、制度和治理环境，都在解释产业集群的多样性及其演变轨迹中发挥了作用。杨占锋等（2019）以成渝经济区为研究对象，发现产业结构变迁均呈现出显著的结构效应，且存在着长期稳定的关系；经济增长不同时段的产业结构变迁效应存在显著差异，且结构效应逐渐由劳动力转移为主向技术等其他要素转移为主变迁。

2.1.2 产业集聚对经济增长的影响

产业集聚与经济增长之间的关系逐渐引起国内外学者广泛关注，大多数学者从线性关系的角度出发认为，产业集聚对经济增长具有正向影响（Ciccone et al.，1996；舒辉，2014）。但也有学者研究发现，产业集聚对经济增长具有负向影响（Carlino，1979；陈立泰等，2010）。还有学者从非线性关系的角度出发，研究表明产业集聚对经济增长具有门槛效应（Futagami et al.，2003；张云飞，2014）。

多数研究表明，产业集聚对经济增长具有正向影响，制造业、服务业等产业集聚能够有效促进当地经济增长。Ciccone 等（1996）利用美国数据对集聚与增长关系的实证检验发现，经济集聚对各州劳动生产率具有显著的促进作用，Ottaviano 等（2006）也得到了相似的结论。Brülhart 等（2008）研究表明，总体上产业集聚每增长 1 倍，将带动劳动生产率增长 13%，并且随着时间推移，集聚的劳动生产率增长效应还呈逐步增强的趋势。国内研究中，产业集聚对工业增长（罗勇等，2005）、全要素生产率（张公嵬，2010；舒辉等，2014）、GDP 增长（刘立云，2011；潘文卿等，2012）、经济高质量发展（黄庆华等，2020）均产生了显著的促进作用，并且该促进作用存在地区差异（周兵等，2003；陈雁云等，2016；黄繁华等，2020），具有显著的正向空间溢出效应（舒辉等，2014）。

部分研究发现，产业集聚对经济增长具有显著负向影响。陈立泰等（2010）采用 1995—2007 年我国省级面板数据对服务业集聚与区域经济增长关系的考察发现，二者具有显著的负相关关系。吴亚菲等（2017）研究发现，生产性服务业的集聚抑制了长三角城市群的经济增长。薛雅伟等（2016）研究结果表明，资源产业空间集聚与区域经济增长间的关系呈现负相关关系，意味着存在“资源诅咒”。

还有部分学者研究认为，产业集聚与经济增长之间呈现非线性关系，即产业集聚对经济增长的影响呈现倒 U 形的演进路径。Futagami 等（2003）发现，市场规模对经济增长率具有倒 U 形影响，市场规模过大或者过小均不利于地区经济增长。张云飞（2014）实证检验了城市群内产业集聚和经济增长的关系，认为二者之间存在着显著的倒 U 形关系，刚开始随着集聚水平的提高，地区经济增长水平也会相应提升；但是，当集聚水平超过临界值，进而产生拥挤效应时，地区经济增长反而会受到其负向影响。韩峰等（2014）研究认为，生产性服务业集聚对经济增长的正向影响作用范围有限，在有限范围内生产性服务业集聚的专业化外部性对经济增长具有显著的倒 U 形影响。

2.1.3　空间视角下的产业集聚与经济增长

在空间视角下考察产业集聚对经济增长的影响，多从知识和技术溢出效应等方面展开。产业集聚的技术扩散效应、知识溢出效应和新技术搜寻效应都有利于提升经济增长（Wood，2006；Aslesen et al.，2007；陈路等，2019）。Jacobs（1969）研究认为，产业集聚能够通过新知识、新技术的溢出效应来提升区域创新能力，因而对企业生产率具有正向的显著性影响。企业集聚可以促进其经济活动更为密集，形成“非市场关联效应”，地理就近性影响运输交易成本和商业价值共享，通过知识共享等不断形成知识溢出效应，为持续推动技术创新积累条件，促进经济持续增长（Shaw et al.，2009；杜爽等，2018）。余泳泽等（2016）研究发现，生产性服务业空间集聚提升制造业生产效率的空间外溢效应具有一定的区域边界。

2.2　金融产业集聚的相关研究

2.2.1　金融产业集聚的成因

金融产业集聚作为实体产业集聚的伴随，随着后者的形成而发展（黄解宇，2011）。但是，我国的金融产业集聚与世界成熟金融中心相比还处于初级发展阶段（丁艺等，2009）。同时，相比其他生产性服务业，金融产业的集聚程度较低（张浩然，2016）。金融产业集聚成因的相关研究可以分为区位竞争优势、规模经济优势和信息成本优势及信息溢出效应3个方面。特别是，Leyshon（1997）通过研究发现，金融产业集聚会受到金融文化素养的影响，但后续研究较少。

（1）区位竞争优势。现有研究表明，具有发展金融产业相对优势的地区更容易形成金融产业集聚（Kindleberger，1974；陈启亮等，2017）。这些竞争优势主要包括经济发展程度、人力资本积累、基础设施建设和政府推动等。①经济发展程度与金融集聚水平呈现正相关关系。茹乐峰等（2014）基于286个地级以上中心城市相关数据分析得出，金融活动的主要聚集地是200万人以上的特大城市，各省份的金融集聚中心一般为其省会城市及其副中心城市。另外，城市发展效率也对金融集聚具有促进效应（张鹏等，2019）。②拥有更优质人力资本积累地区的金融产业集聚水平往往更高。陈启亮等（2017）验证了外贸依存和人才机制对金融产业集聚的显著促进作用；李大垒等（2014）研究发现，非金融类企业发展越成熟，政府投入越多，群众的文化教育水平越高，越有利于该地区的金融产业集聚发展；同时，区域创新作为人力资本积累程度最重要的体现，也对金融产业集聚具有促进作用（李政等，2016；王丹等，

2012；任英华等，2010）。③更完善的基础设施降低了金融机构获取信息的成本，从而促进了金融产业集聚（车欣薇等，2012；张浩然，2016）。④政府推动能够提高区域内金融产业集聚水平（Zhao et al.，2004；李勇等，2015；梁颖，2006；冯林等，2016），该因素对金融产业集聚的影响仅次于地区经济发展程度（李静等，2014），但各地政府的地方保护阻碍了金融要素的跨区域流动（陈启亮等，2017），进而抑制了金融集聚。⑤在不同的地区，影响金融产业集聚的因素存在差异，东部地区的金融产业更多选择经济发展状况较好的地区集聚，而中西部地区的金融产业往往选择在区域行政中心集聚（张浩然，2016）。

（2）规模经济优势。规模经济的本质是金融产业集聚，在某一区域内大量金融产业集聚能够实现金融机构间的基础设施贡献共享、分工协作与降低沟通成本（Park，1982）。Kindleberger（1974）提出外部规模经济和自我强化作用，以此来解释金融产业集聚的成因，由于外部规模经济的存在，金融产业较为发达的地区会通过吸收周围金融资源不断强化巩固自身的金融产业发展，提高金融资源利用效率，更易形成金融产业集聚。在此基础上，Tschoegl（2000）对金融产业集聚的成因做进一步研究，发现外部规模经济和地区的自我强化作用还会通过增强该地区对投资者的吸引力，成为金融产业集聚的持续动力。

（3）信息成本优势及信息溢出效应。由于金融产业发展对信息的高度依赖特征，获取信息成本的高低影响了金融产业的空间分布，金融机构之间的地理位置越接近，越有利于信息的搜集（Clark，2016）和竞争力的形成（Group，1984），进而形成金融产业集聚。Davis（1990）、Porteous（1995）、Gehrig（1998）和 Zhao 等（2004）认为，信息沟通成本、信息流通效率以及信息质量对于金融产业集聚起着尤为关键的作用；Gehrig（1998）从“信息腹地”的视角出发，研究了不对称信息所导致的“信息路径依赖”机制的扭曲，这种扭曲不仅在微观上对金融机构要素分配产生影响，而且在宏观上影响到金融产业的集聚效果。这一研究也得到了李正辉等（2012）的证实，后者实证表明，信息不对称所产生的逆向选择和道德风险对金融产业集聚有显著的阻滞作用，且其负向效应大于规模经济和政府政策对金融集聚的正向效应。

2.2.2 金融产业集聚的测度方法

在已有研究中关于金融产业集聚水平的测度方法可分为 2 种：一种是基于单个指标计算地理集中度，得出金融产业集聚度，如区位熵指数（李大垒，2010；王锋等，2017）；另一种是基于多指标计算金融产业，如因子分析法（张同功等，2018）、主成分分析法等（孙志红等，2017）。

基于单个指标计算地理集中度的方法在已有研究中使用较多，如区位熵指数、泰尔指数、基尼系数等。其中，以区位熵指数使用最多，它能够反映关注的产业相对全国规模的大小。学者们多基于金融产业增加值计算区位熵指数（李大垒，2010；张浩然等，2015；王锋等，2017）。也有学者将金融产业细分为银行、保险和证券 3 个行业，分别计算金融产业细分行业的区位熵指数（丁艺等，2010；Liu et al.，2013；李凯风等，2017）。更有学者借鉴泰尔指数的分解方式，将金融产业集聚度分解为区域间集聚度和区域内集聚度（孙维峰等，2012）。但区位熵指数无法给出判断产业集聚程度的临界值（Martin et al.，2003），并且学术界尚未在区位熵指数临界值的选取上达成一致意见，而较为常用的标准是将区位熵指数大于 1 判定为存在集聚现象。针对这一缺陷，Donoghue 等（2004）在区位熵指数研究的基础上，强调统计意义的重要性是判断产业集聚程度的一个先决条件，并由此提出了标准区位熵指数。

由于金融产业集聚现象是一个地区金融产业在规模集聚、专业化、集聚环境和经济依赖等方面的综合体现，因此部分学者使用因子分析法（张同功等，2018）、主成分分析法（孙志红等，2017）和熵权法（周海鹏等，2016）等多指标评价方法对金融产业集聚度进行测算。在多指标评价体系的构建上，除了与金融产业直接相关的金融产值、金融资本、金融机构、金融从业人员规模等（于雁洁等，2012；何宜庆等，2015；张同功等，2018）以外，实体产业发展程度（周海鹏等，2016）、经济竞争力（张晓燕，2012）、固定资产投资（孙志红等，2017）也被纳入其中。也有学者从细分行业的角度建立指标体系，如丁艺等（2009）、王蕾茜（2016）以及何宜庆等（2017）从金融产业总体发展状况、银行业、证券业和保险业 4 个方面建立指标体系测度金融产业集聚水平。

2.2.3 时空视角下的金融产业集聚

已有研究认为，金融产业集聚存在着明显的空间相关性和异质性（张志元等，2009）。金融产业集聚是一个时间和空间动态变化的过程，在时空变化视角下，现有研究认为，我国金融产业集聚水平与经济背景密切相关（张帆，2016），且呈现明显的非均衡特征（孙武军等，2013；张浩然，2016）。

从时间维度来看，我国的金融产业集聚水平与经济背景密切相关，并整体上经历了上升、平稳、下降 3 个阶段。张帆（2016）研究认为，金融产业集聚的 3 个阶段分别对应了中国加入世界贸易组织（WTO）后的金融市场、金融资源向经济欠发达地区转移的西部大开发、东北振兴和中部崛起等金融资源争夺阶段。

从空间维度来看，中国的金融产业集聚水平地区差异显著。金融集聚水平从东部、东北部、中部、西部依次降低（何宜庆等，2016；陈俊等，2013；孙武军等，2013），并且近年来金融资源进一步向东部地区集中，差异持续扩大（孙武军等，2013）。在东部地区，金融资源主要集中在长三角、京津冀和珠三角地区（茹乐峰等，2014；李静等，2014；王艳华等，2020），并且三大城市群的金融集聚网络逐渐由分割走向融合（李伟军等，2020）；而在中西部地区，金融产业主要在区域行政中心集聚（张浩然，2016）。我国金融产业集聚在省份之间存在着显著的空间依赖性和正向的空间溢出效应（张志元等，2009；任英华等，2010；李林等，2011；陈俊等，2013），具有由金融中心向邻近区域扩散、东部向中西部地区扩散的趋势（茹乐峰等，2014）。

还有部分学者考察了中国金融发展水平的敛散性，以揭示金融差异的长期变动趋势。研究发现，中国金融发展具有显著的收敛特征（陆文喜等，2004；赵伟等，2006；李敬等，2008）。

2.3 经济增长质量的相关研究

2.3.1 经济增长质量的内涵

现有研究对经济增长质量内涵的理解可分为狭义和广义 2 种：一种是从狭义角度将经济增长质量单纯理解为经济增长效率；另一种是从广义多元角度来理解经济增长质量的内涵，如经济规模、经济效率、经济结构等维度。

狭义层面上经济增长质量的概念核心内涵在于要素资源的利用效率，主要是指全要素生产率，体现经济增长效率的改变，从粗放型向集约型的转变。俞安军等（2007）认为，经济增长的质量是指经济系统素质的改善，并以透出要素的产出效率来衡量。沈利生（2009）则认为，增加率是从宏观上度量一国经济增长质量的综合指标。Denison（1985）将经济增长因素分为 3 类：劳动投入量、资本投入量和全要素生产率，并将全要素生产率视为经济增长质量的度量指标，具体包括知识进步、资源配置改善与规模经济。钞小静等（2008）认为，经济增长质量涉及经济增长的后果与前景，质量型经济增长是指主要依赖于技术进步、资源配置效率以及要素利用效率提高等实现的一种经济增长模式。经济增长质量水平的提高不是依靠要素投入的数量增加，而主要是依靠技术进步，即通过提高全要素生产率来实现。高新才等（2011）、郭峰等（2013）、楚尔鸣等（2014）都将经济增长质量理解为全要素生产率。

广义层面上经济增长质量的内涵是多元的，主要可分为 2 种视角：第一种是从经济增长的方式、过程与结果来界定。现有研究多将经济增长质量划分为经济增长的稳定性、可持续性、包容性、效率等。Xia 等（2011）认为，经济增长质量包含平衡性增长、包容性增长、可持续性增长、创新性增长和稳定性增长 5 类。随洪光（2013）认为，经济增长质量可理解为增长的效率、稳定性与可持续性。张继海等（2014）将经济增长质量分解为4个维度，即增长过程中的可靠性和稳定性、经济增长的可持续性、经济增长效率和对经济增长结果的评价。Aglietta（2015）指出，质量型增长的两大方向为包容性和可持续性。包容性指社会福利的改善和收入差距的缩小，尤其是社会弱势群体对公共卫生、基本教育、环境商品等初级产品的可获得性增强。可持续性定义为实际财富中的净投资占比不断上升。第二种是从经济、社会与环境的品质优劣来界定。Barro（2002）认为，经济增长质量是一个很宽泛的概念，是与经济增长紧密相关的社会、政治及宗教等方面的因素，具体包含受教育水平、预期寿命、健康状况、法律与社会秩序发展程度以及收入分配不均等。戴武堂（2003）把经济效益、劳动生产率、就业率、居民消费水平与质量、收入差距合理化程度等因素作为经济增长质量的主要组成因素。Prohnitchi等（2006）将经济增长质量分解为人类发展、社会凝聚力、环境可持续性、经济可持续性和经济结构合理性5个层面。任保平（2012）指出，经济增长质量不仅取决于最优增长路径的选择，还取决于经济增长最佳社会效益的实现以及经济增长系统耦合机制的建立，并认为增长质量是经济数量增长达到一定阶段背景下的产物，经济增长的效率提高、结构优化、稳定性提升、福利分配改善、创新能力增强，从而使经济增长能够长期持续，数量型增长反映增长速度，质量型增长反映增长的优劣品质。廖筠等（2015）提出，经济增长质量内涵包括经济发展状况、经济发展潜力、人民生活水平和环境保护质量4个方面。任保平等（2018）在全面深化改革的对话中提出，新时代中国高质量发展的决定因素包括人口的质量与结构、资源环境的质量、资本积累的质量、技术进步的质量、对外贸易的质量、制度因素。与高速度增长的含义不同，高质量发展意味着经济发展不再简单追求量的扩张，而是量质齐升，以质取胜，反映经济增长的优劣程度，是量与质相协调的演进发展（任保平等，2018）。朱子云（2019）将其内涵定义为一个国家或地区在一定时期内的经济活动增长的物质产品和服务产品满足社会扩大再生产和人民大众持续改善生活需要的程度。

2.3.2　经济增长质量的测度方法

基于对经济增长质量内涵的不同理解，其测度方法有狭义层面的全要素生产率测算（钞小静等，2008；刘帅，2019）和广义层面的多维指标综合评价法（钞小静等，2009；李俊江等，2016）。

狭义层面上的经济增长质量被视为全要素生产率，基于生产函数的参数方法（钞小静等，2008；张健华等，2016；黄先海等，2017）和以数据包络分析法（刘文革等，2014；林春，2017；刘帅，2019；余泳泽等，2019）为代表的非参数方法是全要素生产率常用的测算方法。但以全要素生产率来度量经济增长质量存在着若干局限性。易纲等（2003）认为，由于发达国家与新兴经济体存在着技术进步机制的不同及投资方向的差异，适合于测算发达国家的全要素生产率测算方法并不适用于新兴经济体，会导致测算结果偏低。郑玉歆（2007）指出，这些全要素生产率测算方法使全要素生产率难以全面反映生产要素的经济效果，尤其是固定资产投资的长期经济效果，且不能全面反映资源配置状况，同时也往往低估资本积累的重要性。

大多数学者认为，经济增长质量的内涵较为丰富。因此，现有研究多使用主成分分析法（钞小静等，2009）、熵值法（刘小瑜等，2014）等多指标评价方法测算经济增长质量。现有文献主要采用的经济增长质量指标合成方法有相对指数法（赵英才等，2006；李俊霖，2007；Mlachila et al.，2014）、层次分析法（王君磊等，2007；李荣富等，2014）、熵值法（单薇，2003；宋利格等，2006；刘小瑜等，2014）和主成分分析法（钞小静等，2009；李俊霖等，2009；钞小静等，2011；李俊江等，2016）。

2.3.3 时空视角下的经济增长质量

世界经济发展的不可逆性以及世界经济在科技进步道路上的运动，决定了新的经济增长质量的时代性（Elena et al.，2010）。经济增长结构的质变是由社会的一般客观历史进程决定的，现代经济增长质量的新问题是其时空发展不平衡（Elena et al.，2010）。因此，现有学者对经济增长质量的研究中从时间视角和空间视角分别进行了探讨。

从时间维度来看，整体上经济增长质量呈现波动上升的趋势。但是，各地区之间存在差异，经济增长质量水平和规模水平并不完全匹配。中国整体层面和区域层面的经济增长质量在波动中上升（师博等，2018；钞小静等，2011；李强等，2018；詹新宇等，2016）。

从空间维度来看，不同地区间的经济增长质量分布不均，存在较为明显的空间差异（师博等，2018；钞小静等，2011；詹新宇等，2016），总体呈现“东高、中平、西低”的分布格局（魏敏等，2018；丁焕峰等，2017；任媛等，2016）。并且，刘帅（2019）研究发现，经济增长质量的差异主要来源于地区之间经济发展的不平衡，而地区内部不平衡对全国整体经济差异的影响较小，同时各省份经济增长质量的差距在不断缩小（李强等，2018）。还有部分学者从收敛和发散的角度对经济增长质量的地区差异进行了考察，研究发现，我国经济增长质量存在显著的β收敛特征（刘帅，2019；师博等，2019；宁朝山等，2020），各省份的经济增长质量水平伴随时间推移将收敛于相同的稳态水平。但肖攀等（2016）研究结果显示，中国经济增长质量存在“贫者越贫，富者越富”的俱乐部收敛。

2.4　金融产业集聚与经济增长质量关系的相关研究

现有研究多考察了金融产业集聚对 GDP 增长的影响，较少关注其对经济增长质量的影响。并且，在金融产业集聚的经济增长效应和空间溢出效应中存在争论，但大部分研究均肯定了金融产业集聚对经济增长的积极影响和正向空间溢出效应。

2.4.1　金融产业集聚经济增长效应的争论

关于金融产业集聚对经济增长的影响，现有研究有 2 种相反的观点：部分学者从规模经济、资源配置、产业升级等角度分析了金融产业集聚对经济增长的积极影响，并得到了较多实证结果的支持（潘辉等，2013；于斌斌，2017）；但也有部分学者基于成本拥挤等视角否定了金融产业集聚的经济增长效应（Pandit et al.，2003）。

金融产业集聚通过降低融资成本促进产业结构升级和技术创新，最终有利于经济增长，但并非简单的线性影响。金融机构在地理上的接近有利于信息和资源共享（Park et al.，1989）、便利协作（Park，1989）、激发竞争（Sosnovskikh，2017），从而提高金融服务水平和服务效率，最终降低融资成本，为产业结构升级提供更坚实的资金保障（黎平海等，2009；于斌斌，2017）；金融产业集聚形成的金融网络，降低了融资双方的信息搜寻成本和机会主义倾向，良好的信誉机制不仅为实体企业带来额外收益（Bencivenga et al.，1995），更提高了资源配置效率（Greenwood et al.，1990；季书涵等，2016），进而通过企业数量的增长（Dong et al.，2016）、高新企业技术创新（李标等，2016；黎杰生等，2017）来促进经济增长。另外，金融产业集聚与区域经济增长之间并不是简单的线性关系，而是存在着“水平 S”形关系，即在不同的区域发展水平下，随着金融产业集聚度的提高，其对区域经济增长的影响呈现出先下降再上升然后下降的趋势（纪玉俊等，2015）。

但是，金融机构的过度集聚将导致市场拥挤、恶性竞争等现象的产生（Pandit et al.，2003），进而增加了资本市场的波动性，不利于经济的稳定增长。Chauvet 等（2017）、Diallo（2017）均指出了银行业集聚在促进企业绩效方面的不利影响，尤其是对依赖外部融资的行业的负面影响更大。Pandit 等（2010）研究发现，英国金融产业的集聚由于高拥堵成本正达到饱和状态，以至于阻碍了其他企业的进入。

2.4.2　金融产业集聚空间溢出效应的争论

与经济增长效应相似，学者们在金融产业集聚的空间溢出效应上也存在着争论：一部分研究认为，金融产业集聚对周边地区的经济增长产生了辐射带动作用（周海鹏等，2016；仲深等，2018）；另一部分研究则发现，金融产业集聚产生的“虹吸”效应阻碍了周边地区经济增长（初春等，2018；周恩泽等，2020）。

金融产业集聚对经济增长具有显著的正向空间溢出效应和辐射效应，但效应大小受到具体金融行业、地区和地理距离的影响。金融产业集聚具有扩散效应（刘红，2008），能够对周边地区的经济增长产生正向影响（陈俊等，2013；李红等，2014；周海鹏等，2016；仲深等，2018；斯丽娟等，2019；张振等，2021）。对于溢出效应的作用路径，李延军等（2018）、孙志红等（2017）认为，金融产业集聚通过扩大金融规模和提高金融效率2种主要途径，显著影响邻近地区的经济发展，并且两者的空间溢出效应有所不同；吴炎芳（2020）则发现，金融从业人员集聚对珠三角城市群经济增长存在显著促进作用，而京津冀和长三角城市群经济增长受银行存款集聚的影响显著。不同金融行业、不同地区以及地理距离影响了金融产业集聚的空间溢出效应大小。胡东婉等（2017）研究发现，银行业的空间溢出效应最为明显，证券业和保险业的溢出效应较弱，经济发展区域不平衡与金融行业结构不平衡相互交织，最终导致金融集聚的溢出效应分布不平衡；李思霖等（2017）研究发现，在金融集聚程度相对较高的区域，能够形成较强的空间集聚效应，对周边区域形成辐射和带动，从而促进周边区域经济增长，但金融产业集聚程度相对较低的地区这种作用表现较弱；张振等（2021）发现，西部地区由于金融产业发展相对滞后，其空间溢出效应未能通过显著性检验也支持了这一结论；斯丽娟等（2019）认为，金融产业集聚外部性通过促进资本要素流动对经济增长发挥着积极作用，且金融产业集聚外部性随着距离的变化呈倒U形趋势。

但也有部分学者研究发现，金融产业集聚产生了负向的空间溢出效应。唐松（2014）研究发现，外地金融资源对本地经济增长的负面影响在中部和东部地区大幅度增加，而在西部地区逐渐减小。初春等（2018）发现，在经济权重矩阵下，金融集聚的空间溢出效应并不显著，并且当替换为地理权重矩阵后表现为显著的负向空间溢出效应，进一步加剧了地区经济增长的不平衡。周恩泽等（2020）认为，银行业结构性竞争在短期内促使邻近地区银行业资源向竞争激烈的地区集聚，导致邻近地区银行业资源供求不匹配，抑制了邻近地区的经济增长。

2.5 文献评述

本章分别从内涵、成因、测度方法和时空视角下的研究进展，对金融产业集聚、经济增长质量、金融产业集聚与经济增长质量的关系进行了综述。通过对该领域国内外学者研究的归纳与梳理，发现现有研究多对金融产业集聚与传统经济增长之间的关系进行检验，而缺乏对经济增长质量的考察，并缺乏时空演化的研究视角。已有研究成果为本研究奠定了基础，具有较强的启示与借鉴意义，但仍存在以下不足。

（1）多指标体系法得到的测度结果仅能反映金融产业的综合发展水平，不能准确反映金融产业的集聚程度。金融产业集聚的核心内涵是金融产业在某一特定地理空间聚集，从而形成专业化优势。区位熵指数等地理集中程度测度指标可以通过区域金融集聚水平与全国金融集聚平均水平的差异反映该区域该产业的专业化优势和要素的地理空间分布，更适合用来测度金融产业集聚水平，反映产业空间分布。

（2）多数研究在经济增长质量的定量评估中采用的评价指数较为简单，仅使用全要素生产率或其他单一维度作为评价指标，测度不全面。经济增长质量属于规范性概念范畴，包含经济增长的方式、过程与结果，其内涵涉及经济、社会和环境3个方面。从经济增长的方式来看，经济增长质量是指经济增长的投入产出效率；从经济增长的过程来看，经济增长质量是指经济结构的优化及经济系统运行的稳定性；从经济增长的结果来看，经济增长质量是指社会福利分配的变化情况及资源环境的代价。因此，应该从广义角度对经济增长质量进行测度，正确评价中国经济增长质量：①要以新经济增长理论为依据，结合质量的概念及增长过程中面临的新问题对经济增长质量内涵进行科学界定；②要选择恰当的测度方法，与中国经济增长质量评价的问题特征相匹配。

（3）已有研究多是探讨金融产业集聚对经济增长的直接影响，少有研究关注在时空演化视角下金融产业集聚对经济增长质量的影响。由于我国各省份在经济发展水平和金融产业发展上存在的差异较大，异质性极其明显，因此有必要从时空观的研究视角对二者关系的影响机制构建理论分析框架，并使用空间面板数据，结合空间计量模型对金融产业集聚与经济增长质量的关系进行检验。

综上可知，已有研究成果中存在的不足之处正是本研究的切入点和核心研究内容。在经济高质量发展背景下，需要发挥金融产业的支持作用。我国各地方政府已经普遍认识到金融产业集聚对于地方经济的促进带动作用，在此背景下，本研究以我国30个省份为研究样本，从时间维度和空间维度探讨金融产业集聚与经济增长质量的演化特征，并检验金融产业集聚对经济增长质量影响效应的时间滞后性和空间溢出性。本研究的主要贡献之处在于揭示当前我国各省份的金融产业集聚程度对经济增长质量的内在影响关系，并从优化金融产业合理集聚、引导金融产业空间流动等角度为我国的经济增长质量提升问题提出合理的政策性建议。

第3章 理论基础及影响机理分析

本章首先对金融产业集聚和经济增长质量的概念进行界定，其次对金融产业集聚和经济增长质量的相关理论基础进行梳理。在此基础上，本章构建金融产业集聚影响经济增长质量的理论分析框架。进一步地，通过严密的理论推演探究金融产业集聚对经济增长质量的影响机制与具体的作用路径，从而提出本研究假设，并在后续章节中进行验证。

3.1 概念界定

3.1.1 金融产业集聚

金融产业集聚发展至今，已逐渐成为现代金融产业组织的基本表现形式之一，但因其内涵较为丰富和深刻，理论界对其尚未有明确的定义。关于金融产业集聚的研究最早出现于19世纪20年代，Powell（1915）从金融产业空间演化的角度详细分析银行业的空间集聚现象及伦敦金融机构演进过程，随后关于金融产业集聚的研究逐渐发展起来。

国内外学者主要从金融中心、机构功能、动态过程和静态结果4个方面揭示金融产业集聚的内涵。金融中心被定义为集聚大量金融机构及相关服务产业的城市或地区，一些学者认为，金融中心的出现是金融产业集聚的最终表现形式。例如，Gehrig（1998）对金融产品的流动性和信息敏感程度进行分析，认为金融交易容易发生在信息汇合与交流充分的中心区域，从而形成金融集聚现象；Pandilt（2002）指出，金融产业集聚会使金融机构以集群的形式出现并形成金融中心；Davis（1990）发现，集聚现象普遍存在于各种不同规模的金融企业中心。机构功能是产业本质特征的体现，有学者认为，金融产业集聚是具有金融机构功能的组织或产品在空间上的聚集。例如，连建辉等（2006）认为，金融产业集聚是多功能金融产品生产交易的中间组织，也是金融中心形成的基础；梁颖（2006）在研究中指出，金融产业集聚是指各种具有总部功能并与其他跨国公司、国内大型企业联系密切的金融部门向某一区域集聚的产业空间结构。此外，随着产业集聚动态性研究的深入，一些学者结合动态过程和静态结果研究金融产业集聚的内涵。例如，黄解宇等（2006）认为，从动态过程来看，金融产业集聚是金融机构相互合作以及金融资源与自然条件协调配合的过程；而从静态结果来看，金融产业集聚则是指各金融机构制度体系完善，金融产业发展达到一定规模的状态。林江鹏等（2008）阐述了金融产业集聚的理论内涵，认为其具有明显的空间地理特征和层级性，具有累积经济效应和区域耦合效应。张同功等（2018）认为，金融产业集聚内涵丰富，从动态角度来看，金融产业集聚是具有金融资源特征的要素流向特定区域，进而在该区域内部发育、扩散的动态变化过程；从静态角度来看，金融产业集聚是指数量庞大的金融及其相关因素，在特定区域内达到一定的集中度和规模的状态。

基于产业集聚相对成熟的理论和定义，结合已有的关于金融产业集聚内涵的研究，本研究将金融产业集聚界定为：金融企业发展与区域禀赋条件相适应，而产生的自发性的空间集中现象。此外，本研究假设这些金融企业提供服务的对象主要是集聚区域内部的组织或个人，不考虑金融企业跨区服务行为。

3.1.2 经济增长质量

质量不仅带有主观满足程度的价值判断，还包括兼顾成本和损失的分析，损失较少则质量优秀。虽然经济增长不同于生产产品或服务，质量的量化标准和方法有其特殊性，但分析视角上仍可以充分利用两者的共性。经济增长质量包含“质”和“量”的统一。一方面，“质量”范畴更多地涉及价值判断，带有较多规范经济学的色彩，难以量化并形成统一认识，并且“质量”天然地蕴含着对立统一、联系发展的辩证逻辑，加之外延更为广阔，这也制约了问题研究和静态分析的展开；另一方面，由于经济发展理论（增长理论）长期将数量问题作为经济增长的主要内容，对经济增长质量的忽略也决定了能利用的研究成果较为缺乏。已有研究主要从狭义和广义 2 个视角对经济增长质量进行界定。

狭义视角下对经济增长质量主要是指经济增长效率。一方面，经济增长质量的效率内涵可以从政治经济学和宏观经济学中得以体现。马克思（1975）认为，扩大再生产的来源可以划分为“资本逐年增长”和“资本使用效率提高”；在宏观经济学视角下，经济增长是通过增加要素投入、通过源于技术进步的生产率提高和生产能力增强实现的（Dornbusch et al.，2003）。由此可知，经济增长既包含数量的扩张，也包含质量的改善，后者则主要表现为生产效率的提高。另一方面，部分学者直接将经济增长效率用于考量经济增长质量。卡马耶夫（1983）认为，不能仅从经济增长数量的角度来研究经济增长，还要根据增长的代价来兼顾经济增长的质量问题，经济增长代价则主要取决于全部生产资源和非生产资源的利用效率。国内学者的研究中，王积业（2000）分别将生产要素投入、资源利用效率作为经济增长中数量扩张、质量提高的主要源泉。刘亚建（2002）直接将经济增长效率等同于经济增长质量，认为实现单位经济增长率所要求的生产要素投入越少，经济增长质量就越高。康梅（2006）将体现在生产资料中的技术进步（硬技术）和未体现在生产资料中的技术进步（软技术）对经济增长的贡献度视为经济增长的质量。赵可等（2016）将城市资本存量、城市总就业人员和城市建设用地面积作为投入变量，非农产业产值作为产出变量，测算出全要素生产率，以此来衡量经济增长质量。向敬伟等（2018）测算了农业经济增长质量的Malmquist生产率，进一步分解为农业经济增长质量的技术效率变化指数和技术进步指数，实证检验了贫困山区耕地利用转型对这3个指数的影响。

随着研究逐步将公平性、贫富差距、能源环境作为经济增长的代价纳入发展经济学的分析框架，经济增长质量的外延内涵更为广泛。广义上看，经济增长质量包含与经济增长数量相对的众多范畴，由于研究角度不同，界定范围非常宽泛。郭克莎（1996）提出，质量型经济增长的主要特征为经济增长效率高、国际竞争力强、通货膨胀率低、环境污染程度低。Barro（2002）将经济增长质量仅限定为非经济因素，包括教育程度、预期寿命、健康状况、法制程度以及收入分配等。刘树成（2007）则从经济增长的持续性和稳定性、经济结构状态、经济增长效率、居民生活以及生态环境等方面界定经济增长质量。钞小静等（2009）、钞小静等（2011）从经济增长的结构和稳定性、福利变化和成果分配、资源利用和生态环境代价等方面界定经济增长质量。王博等（2015）则更注重考察经济增长的要素驱动、结构、稳定性和福利效应。李强等（2016）认为，经济增长质量包含经济结构、科技与创新、民生、资源与环境、对外开放5个维度。随洪光等（2017）使用经济增长效率、稳定性和可持续性3个分类指标来考察经济增长质量。

通过对经济增长质量概念的梳理，本研究对经济增长质量的界定包含广义外延中的2个层次。既包括经济增长结构性、经济增长效率、经济增长稳定性等经济增长内在规律和性质，也包括经济增长成本性和经济增长分享性等方面。此外，按照质量的辩证法逻辑，经济增长质量是一个动态概念，在定量分析时必须比较其纵向变迁特征。其中，经济增长结构性衡量中国三次产业结构变动。产业结构的调整实际上是传统产业与新兴产业相互支持和梯次升级的结构深化过程，随着经济规模的不断增长，应更加重视经济结构的优化升级，从而促进结构主导型经济增长（任保平，2010）。经济增长效率的实质是生产要素的投入产出效率，即在经济运行过程中投入与产出之间的数量关系。效率的提高有2种方式：一是通过技术创新提升原经济部门的相同要素投入条件下的产出；二是直接改变要素投向，使之投入具有更高产出效率的经济部门。经济增长的成本性衡量经济规模扩大过程中所带来的资源消费与污染排放等生态环境代价，是增长模式的体现。“粗放式”增长过分强调资源的投入，忽略浪费及可能由此引发的环境污染问题，不利于经济质量的提高。反之，“集约式”增长有利于提高经济增长质量。经济增长稳定性是指经济增长的波动情况，以及其他与经济增长波动相关的内容，如价格波动、就业波动。经济增长的波动用经济增长率的相对变动情况来衡量，价格波动、就业波动可以通过通货膨胀率和失业率来衡量。若经济增长的波动越大，通货膨胀率越高，失业率越高，经济增长的稳定性越差。经济增长分享性指经济增长成果带来的所有人福利水平变化，以及在这些人之间的分配。整体福利水平越高，经济质量越高。收入分配越平等，低收入群体的有效需求增加，同时，他们有更多机会进行知识技能提升方面的投资，促进人力资本积累，从而推动经济长期可持续增长。

综上可知，狭义的经济增长质量主要围绕全要素生产率为核心的经济增长效率评价。广义上对经济增长质量的界定大体可分为2个层次：第一个层次为经济增长质量本身的内在规律和性质，主要包括经济增长效率和经济增长可持续性、稳定性、协调性等维度；第二个层次则延伸至经济发展带来的代价和成果共享等各个方面，包括教育、健康、法制、公平、生态环境代价等。

3.2　金融产业集聚的理论基础

3.2.1　规模经济理论

Maskell（1890）最早正式提出“规模经济”概念，指单位产品的生产成本随着生产规模的扩大而降低，从而提高了生产效率。按照产品生产成本下降的原因不同，规模经济可以分为内部规模经济和外部规模经济（Scitovsky，1954）。内部规模经济是指单个企业本身产出水平的增加引起平均成本的下降；外部规模经济也称经济的正外部性，是指整个行业的产出水平增加引起平均成本的下降。根据Maskell的规模经济理论，为了获得集聚产生的外部规模经济，企业尽可能地选择在空间上彼此接近的产业布局。

就具体的金融产业而言，规模经济既能直接降低金融产业的生产成本使得集聚成为可能，又能通过降低其他产业的生产成本反过来进一步促进金融产业集聚。金融产业内部的规模经济主要通过扩大经营规模、形成专业化分工、节约营销成本等举措，实现金融机构的规模经济，使金融产业集聚成为可能。而金融产业外部规模经济的作用体现在2个方面：一方面，金融机构之间通过共享公共设施、相互协调配合，极大地降低了生产成本，同时伴随着金融辅助行业的产生与发展，区域的金融环境得到改善，更加有利于金融产业集聚；另一方面，金融产业属于服务行业，能够为其他产业提供借贷、资金管理等金融服务，金融产业集聚产生的服务分工使得金融服务范围扩大、服务更加专业化，提高了其他产业获取资金、融资的便利性，从而其他产业对金融需求的不断增多促进了金融产业集聚程度的扩大与深化。

3.2.2 竞争优势理论

最早关注产业集聚现象的理论是产业区位理论。Thunnen（1826）提出了农业区位理论，从到消费地的空间距离角度解释了农业土地利用类型的圈层分布。Weber（1909）提出的工业区位理论则从最少费用的角度解释了工业企业的布局选择。Lösch（1939）提出了市场区、市场网理论模型，指出产业正确的区位选择是获得最大的市场和市场区。以上理论的共同点在于，在土地的选择或者企业的布局过程中，到消费市场的运输费用多寡决定了企业的布局选择。但就金融业而言，尽管其属于产业集聚的范畴，但是由于金融产业基本不存在运输费用，所以并不能用以上理论给予很好的解释。

Porter（1990）把产业集聚定义为产业内相互竞争或者相关联的企业在地理空间范围上的聚集现象，从企业竞争优势的视角解释了产业集聚的形成，认为产业集聚之所以产生是因为该地具有发展该产业的竞争优势。产业的竞争优势受生产要素、需求状况、相关产业和竞争策略的共同影响：由于基本的生产要素无法保持持久的竞争优势，因此产业需要建立起特殊的优势来保持长久的竞争力，或是更为专业的服务，或是更为先进的技术等，但无论是哪一种特殊优势都要以该地的需求状况为基准，同时由于产业之间密切的联系，任何一个产业想要保持长久的竞争优势都需要相关产业的辅助与支持，并在竞争中不断调整优化竞争策略。

对于金融产业而言，所有金融机构的布局选择也并非偶然，需要综合考虑布局在该地的竞争优势。我国金融产业集聚最为显著的区域在长三角、京津冀和珠三角地区（茹乐峰等，2014），这 3 个地区对应着长三角、环渤海和珠三角经济圈，经济圈的地理位置优势解释了金融产业集聚的原因：整体收入水平更高带来更加旺盛的金融服务需求；高校科研单位更多带来更具有独特性的高素质人才优势，获取当地知识溢出效应以提高从业人员素质、促进创新水平；经济发展水平更高带来更加密切联系的产业结构，获取多元的非标准信息以降低经营成本；优势竞争企业带来更加优良的竞争环境。

3.2.3 金融地理学理论

尽管规模经济理论和竞争优势理论均能在一定程度上解释金融产业集聚的形成，但是金融是高度依赖信息的产业，显然上述理论并未考虑到这一特别的因素，其对集聚的解释更偏向于对实体产业展开的。20 世纪 50 年代金融地理学开始萌芽，在 70 年代进入初步发展阶段。金融地理学关于金融产业集聚的解释主要是从信息理论的角度展开的，主要理论观点包括信息腹地、信息不对称、信息外部性、路径依赖。

Thrift（1994）和 Porteous（1995）将信息划分为标准化信息和非标准化信息。标准化信息如企业财务报表在空间传播过程中不会发生“损耗”，而非标准化信息如企业营运治理能力会随着传播距离的增加而不断“折损”。金融机构为了及时准确地获得企业的经济信息、降低使用折损的非标准信息带来的损失，将倾向于靠近信息的发源地，而经济发展程度更高的地区能产生更丰富的经济信息，成为信息腹地。因此，金融产业会在这些信息腹地聚集，以充分利用信息腹地的信息优势，获得最大的经济效益。

信息不对称的观点和信息腹地的观点有一定相似性，但信息腹地强调信息资源更加充分，而信息不对称强调信息更加准确。伴随互联网技术的飞速发展，许多信息能够突破空间距离的限制，及时准确地到达信息需求者手中，因此产生了“地理已死”的观点（O'Brien，1992）。但实际上金融产业处在资金需求者和资金供给者之间，仍旧面临着信息不对称的劣势，如在农村金融市场上，正规金融机构对农户还贷能力的了解远不如扎根于农村的非正规金融机构，因此正规金融机构和非正规金融机构具有合作的动机，有产生集聚的可能。从这个角度来讲，金融产业的集聚并不仅仅是为了获得更多的信息，还存在获得更准确信息、降低信息不对称的目的。

金融产业大体上可以划分五大类：银行、保险、证券、信托和租赁。不同类别的金融机构专注于不同的金融领域，在各自的领域内存在信息优势。各类金融机构在地理位置上的集聚实际也带来了各自信息流的汇集，由此产生带有公共产品性质的信息，产生信息的正外部性。因此，信息的正外部性也是吸引金融产业集聚的因素。

路径依赖观点认为，金融产业集聚有 2 种类别：一类是政府主导的集聚，另一类是自然形成的集聚。无论是哪一种模式下的金融产业集聚，都对所处的制度环境存在依赖，并力求在这些制度环境中实现产业的发展壮大。因此，一旦形成了集聚，金融产业便会在此基础上不断强化集聚程度，使得集聚形态深入发展。

3.2.4 中心-外围模型

规模经济理论、竞争优势理论和金融地理学理论均从不同角度解释了金融产业集聚的动因，但是并没有深入分析产业集聚活动形成的内在机制和集聚形态的变化过程。新经济地理学在解释经济活动空间分布上具有重要的地位，而其以中心-外围模型为基础不断完善发展。因此，本研究试图利用中心-外围模型分析金融产业集聚形成的内在机制和动态变化过程。

Krugman（1991）建立的中心-外围模型奠定了新经济地理学的理论基础，

其以规模收益递增和垄断竞争为前提假设，结合 D－S（迪克西特-斯蒂格里茨）垄断竞争模型（Dixit et al.，1977）、Samuelson（1954）提出的“冰山运输成本”，从动态演化的角度把空间因素纳入一般均衡的分析框架之中，解释了经济活动的空间集聚现象。

在中心-外围模型中，经济活动的空间分布形态取决于集聚力和分散力的共同作用，而决定这 2 对力大小的核心因素是交易成本，整体上，集聚程度和交易成本的关系是单调递减的。当交易成本非常大时，经济规模对称的 2 个地区之间不会发生经济活动的转移，而非对称的 2 个地区之间，中心区会产生极大的市场竞争效应，促使该地部分企业迁移至另一个地区，最终产生 2 个对称的区域；当交易成本非常小时，原本对称的 2 个地区之间会发生企业都向同一个地区集聚的现象，但是刚开始交易成本的降低不会影响企业的生产区位选择，当交易成本降低至突破点时，才会使所有的企业向一个地区集中，导致中心-外围的非对称结构。

对于金融产业而言，基本不存在产品的运输成本，其交易成本主要是获取信息的成本。当金融信息获取成本比较高的时候，金融机构开展跨区域的金融活动十分受限，这使得金融机构必须在空间范围内均匀布局。但是，当互联网的广泛运用降低了标准信息的获取成本后，金融机构便可以在一定程度上脱离均匀布局的限制，去选择具有竞争优势的地方布局，从而分享到集聚的规模经济优势，这形成了金融产业的集聚力。而对于会伴随空间距离增加而折损的非标准信息，金融机构需要在地理位置上尽可能接近信息的发源地，如果这些非标准信息也来源于竞争优势地区，那么这将进一步强化金融产业的集聚力；但如果非标准信息来源于非竞争优势地区，这就增加了金融产业获取非标准信息的成本，从而产生了金融产业的分散力。

但是，按照中心-外围模型，企业布局的改变和产业集聚是突发性的。这在自然现象中很普遍，但在经济现象中并不常见。随着金融信息获取成本的下降，必定会先引起使用标准信息多的金融机构改变产业布局，初步形成产业集聚。这些先行金融机构的集聚会形成规模经济优势和经济增长效应，经济增长又使得该地具有竞争优势，这将吸引其他使用标准信息相对少的金融机构快速参与到集聚的过程当中。通常情况下，具有竞争优势的地区往往是经济发展程度较高的地区，众多产业在此地区产生大量非标准信息并使该地区成为信息腹地，继续形成金融产业的集聚力，同时由于其他地区实现与该地区同等的经济发展水平需要一段较长的时间，因此该地区会长期保持信息腹地的优势，并产生路径依赖强化金融产业集聚程度，在此背景下该地区的金融产业集聚进入稳定发展阶段。伴随金融产业集聚地经济的深入发展，一些非金融产业开始向周边地区迁移，非标准信息的发源地也跟着这些企业的迁移而迁移，此时互联网节省标准信息获取成本的优势被利用完全，非标准信息的获取成本占据了金融产业交易成本的绝大部分，金融产业在此背景下跟随经济的辐射带动效应进入扩散转移阶段。

因此，本研究认为，金融产业的空间分布形态受其集聚力和分散力的共同作用。但是，金融产业集聚的产生不是从无到有的突变，而是一个从小到大的渐进过程，它随着信息获取成本的下降而逐渐加深。根据这种思路，金融产业集聚的形态应当符合以下的动态演化过程（图 3.1）。

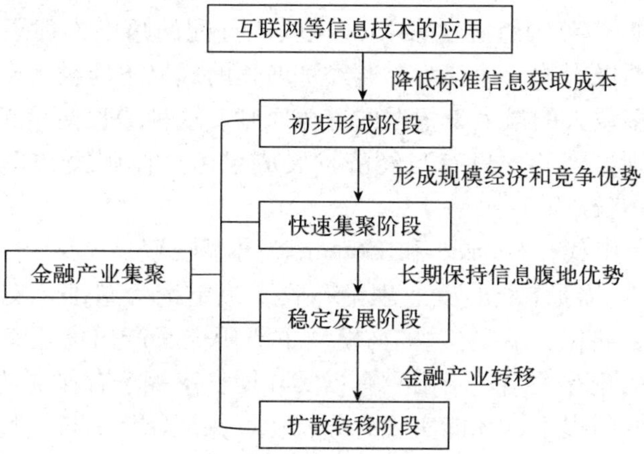

图 3.1　金融产业集聚形态动态演化

3.3　经济增长质量的理论基础

经济增长质量有“质”和“量”两方面的含义。早期的经济增长理论仅仅关注到经济增长的数量含义，并从生产要素投入产出等经济效益最大化的角度分析经济增长的动因。随着经济增长理论和社会实践的不断向前发展，经济学家对经济增长内涵的理解也逐渐深入，他们开始关注到经济增长的质量含义，从而在对经济增长动因的分析中加入了社会效益最大化的视角。本研究对经济增长质量的分析，主要是以古典经济增长理论、内生经济增长理论为基础分析数量型经济增长的动因，以发展经济学理论中的经济增长质量思想、经济增长代价理论为基础分析质量型经济增长的内涵和动因。

3.3.1　古典经济增长理论

Smith（1776）论述了经济增长理论，他认为，经济增长取决于劳动分工和资本积累。劳动分工能够通过提高工作熟练程度、节省劳动时间、产生机械发明 3 种方式提高产量，从而成为经济增长的推动力。劳动分工程度的提高增加了产量，引起收入和消费水平的提高，国民财富增加使得储蓄率提高，从而产生大量的资本积累，资本积累又促进劳动分工程度的进一步提高。因此，经济增长是一个循环的过程。除此之外，他还注意到技术进步和对外贸易等因素对经济增长的重要影响。即使在要素投入保持不变的前提下，技术进步也可以促使资源合理配置，提高要素生产效率，提升产出水平。在经济制度方面，Smith 注意到提倡重商主义的经济政策与不良政治制度对英国产业发展的阻滞作用，因此将社会经济制度环境纳入经济增长的影响因素之中。

18 世纪中叶，英国经济学家 Mill 从收入分配的角度论述了国民收入不均对经济增长的消极影响。他认为，若经济增长的成果不能被大众分享，就违背了追求“最大多数人的最大幸福”的道德原则，这种增长便毫无意义，同时也违背了伦理原则。因此，只有当经济发展成果由全体国民共享时，才是有意义、有质量的增长。

20 世纪 40 年代，Harrod 和 Domar 提出了哈罗德-多马模型（Harrod - Domar model），以凯恩斯的就业理论和收入决定论为基础，实现了凯恩斯理论的动态化和长期化。哈罗德-多马模型主要研究了产出增长率、储蓄率与资本产出比之间的相互关系，指出只有当实际增长率等于有保证的增长率，且等于自然增长率的前提下，才能实现充分就业，保证经济的长期均衡增长。该模型尽管存在非均衡等缺陷，但是强调了资本积累对经济增长的重要作用。

综上可知，古典经济增长理论分析的经济增长实际上是产出水平的提高，是经济增长的数量维度，虽然穆勒从收入分配的角度分析了经济增长的意义，但是仍旧没有突破经济数量的范畴。在古典经济增长理论里，经济增长的主要影响因素是分工、劳动力和资本积累，这也构成了决定经济增长的最基本要素，经济增长实际上是由要素投入决定的。但古典经济增长理论中也包含了对经济质量的初步思考，如制度环境和收入分配，这也对后来经济增长理论的形成产生了重大影响。

3.3.2 内生经济增长理论

内生经济增长理论产生于 20 世纪 80 年代中期，其核心思想是经济能够不依赖外力推动实现持续增长，内生的技术进步是保证经济持续增长的决定因素。

内生经济增长理论中最基本的模型是 AK 模型。AK 模型首先假定了一个简单的生产函数，在这个生产函数中，不存在资本边际收益递减的特征。其中，Y 表示产出；K 表示资本存量；A 表示常数，衡量单位资本的生产能力；s 表示储蓄率或者投资率；δ 表示折旧率；资本存量的变动 ΔK 等于投资减去折旧。由生产函数方程式和资本积累方程式可以得出产出增长率$\frac{\Delta Y}{Y}$，它取决于 sA 和 δ 的大小关系，只要 $sA>\delta$，经济就能实现增长。这意味着，储蓄率 s 越高，产出增长率也将越高，并且不同于新古典经济增长理论，储蓄率提高带来的经济增长不是暂时的，而是会长期发挥作用。用公式（3.1 表示）。

$$\begin{cases} Y=AK \\ \Delta K=sY-\delta K \end{cases} \Rightarrow \frac{\Delta Y}{Y}=\frac{\Delta K}{K}=sA-\delta \tag{3.1}$$

由于物质资本的边际收益是递减的，不符合 AK 模型中资本边际收益非递减的特征，因此 AK 模型中的资本应该是更广义的资本，如人力资本。人力资本对知识的生产遵循学习曲线的规则，过去人力资本的存量越高、生产的知识越多，后期继续生产知识的成本将下降，由此实现人力资本的边际收益递增和社会产出的无限增长。这启示政府可以通过投资教育、保护知识产权等方式促进新知识的产生和运用，从而促进经济增长。

内生增长理论模型表明，在知识时间维度外溢效应的作用下，一个国家的经济能够实现长期持续的增长，而经济增长质量强调的重要内容之一就是增长的可持续性。因此，从这个方面来说，经济增长质量的内涵中必须包括人力资本和技术运用的内容。同时，内生经济增长理论也体现了储蓄率在经济持续增长中的重要作用，但储蓄率的高低仅仅体现了可利用资金的充足程度，并无法反映资金的使用效率。因此，本研究认为，在经济增长质量的测度指标中，至少应该包含储蓄率、投资率和全要素增长率，从而体现经济增长的效率和可持续性。

3.3.3　发展经济学理论中的经济增长质量思想

古典经济学和新古典经济学理论侧重研究发达国家的经济增长，而发展经济学则重点关注发展中国家的经济增长。我国作为最大的发展中国家，从发展经济学的理论中能够挖掘到诸多包含经济增长质量的思想。

之所以说古典经济学理论是关于经济增长数量的理论，关键原因在于其核心是通过耗费最少的稀缺资源生产出尽可能多的商品和劳务，实现持续增长。而发展经济学超出了单纯经济学的范围，从整个社会系统的角度考察经济增长的动因，包含了经济因素和非经济因素的相互作用。Todaro（1999）定义了发展的 3 个核心含义：基本生活需求、自尊和自由。借鉴这 3 个含义，经济增长质量的内涵除了包括食物、住房和医疗等基本生活必需品的分配以外，还要包括教育的可得性，让每个人都能通过教育实现自我价值从而获得尊重，还要包括更加丰富的社会文化生活，获得精神上的自由。

发展经济学较多地关注了产业结构变化对经济增长的作用，具体来说是通过农业国的工业化来实现经济增长。张培刚（1992）指出，工业化不是狭义的制造业发展，而应当包含农业和工业的机械化及现代化，是生产函数的变革引起的生产过程、经济组织、社会结构、生活方式、消费方式等一系列的变化。初始资本的形成、人力资源的开发、生产技术和管理制度的变革以及基础设施的投资都是实现工业化所需要的条件，这在古典经济增长理论和内生经济增长理论中都有所涉及。本研究不再展开讨论，而是重点讨论工业化带来的产业结构变化和社会环境问题，以期考察经济增长质量的内涵。

在发展中国家工业化的初始阶段，现代工业部门的兴起和传统农业部门的衰落构成了二元经济结构，带来一系列社会经济问题。因此，对于发展中国家来说，必须重视传统农业部门的改造和发展。同时，第三产业的兴起是工业化过程中产业结构转化的另一个重要内容，伴随工业化的深入，客观上要求第三产业的发展以满足社会生产和人民日益增长的物质文化需求。从这个角度来讲，经济要实现高质量的增长，必须重视城乡在收入、医疗、教育等方面的差距，解决农村转移劳动力的就业问题，必须要发展第三产业、振兴第一产业。因此，在经济增长质量的测度指标中，至少应该包含城乡收入差距、失业率以及第一产业、第二产业、第三产业的就业人数比重、产值比重。

实现工业化需要大量的投资，发展中国家为了解决资金供给不足问题会超发货币，导致通货膨胀。通货膨胀对经济增长的影响是积极还是消极的存在很大的争议，一般来说，适度的通货膨胀能够刺激总需求，实现充分就业。但长期来看，通货膨胀打破了商品和要素价格体系的平衡，错误的价格信号将导致错误的生产和投资，扰乱有序的资源分配格局，带来消极的后果。我国在经济建设中也曾投入大量的资金兴建基础设施，这一方面提高了社会福利水平，但另一方面也降低了经济增长的稳定性。高质量的经济增长应当是稳定、可持续的。所以，本研究认为，经济增长质量的测度应该包含体现经济增长稳定性的指标——通货膨胀率。

3.3.4 经济增长代价理论

大部分经济增长模型分析的出发点都是实现经济效益的最大化，较少关注经济增长的代价和经济增长的社会效益，在一些国家“唯 GDP 论”的发展策略当中，也体现了这样的经济增长思想。然而，现实中经济增长带来的资源枯竭、生态环境破坏、收入差距扩大等问题，也说明仅仅关注增长的经济效益是不完整的，真正的经济增长不是收益最大化和成本最小化的非此即彼，应该做到在成本最小化的条件下实现收益最大化。著名的反传统经济学家 Mishan（2011）深入分析了经济增长带来高昂的经济代价和社会代价，探讨了经济增长与社会福利之间的关系，对“经济增长必然带来人民生活福利的提高”这一观点提出了质疑。

经济增长带来的乡村没落、交通拥堵、社会信任缺失、贫富差距等问题，严重损害了居民的社会福利。社会福利来源于经济增长的模式而不是经济增长的结果。因此，Mishan强调要关注经济增长的方向，即经济增长的本质不应该只是工业产品的数量和种类，而更应该关注自然环境的优化和满足人类幸福生活的需要。传统的经济增长理论只重视产品数量、种类、技术等经济指标，而Mishan的经济代价理论将环境资源指标和人文社会指标也纳入分析经济增长的范围之中，使得对于经济增长的内涵理解更加丰富和全面。

自然资源属于公共资源的范畴，因而市场机制在公共资源的分配和管理上是失灵的，这也就造成了公共自然资源的过度使用，带来“公地的悲剧”问题。想要实现公共资源的市场化、解决公共资源过度利用问题，需要界定明确的产权、降低交易成本，从而实现外部效应的内部化。从这个角度来讲，高质量的经济增长应该是产权明晰、交易成本较低的经济增长，它的资源消耗和环境污染问题被控制在一个合理的范围之内。因此，在经济增长质量的测度中至少应该包含能源消耗、废水废气排放量等指标。

3.4 金融产业集聚影响经济增长质量的理论基础

金融产业集聚是金融产业在空间上的聚集，既有时间视角下金融产业的含义，也包含了空间视角下产业集聚的含义。基于本研究的时空视角，本研究分别以这两方面含义为切入点分析金融产业集聚对经济增长质量的影响。从时间视角下金融产业的角度来讲，金融产业集聚属于金融范畴，其对经济增长质量的影响可以以金融发展理论、金融功能理论为分析基础；从空间视角下产业集聚的角度来讲，金融产业集聚是空间地理上的集聚现象，其对经济增长质量的影响可以以增长极理论、局部溢出模型和知识溢出双增长模型为分析基础，其中增长极理论中关于极化效应和扩散效应的研究，还奠定了本研究分析金融产业集聚在时间和空间维度对经济增长质量的影响。

3.4.1 金融发展理论

早期的金融发展理论可以追溯至17—18世纪，这一时期欧洲资本主义经济的逐步发展要求金融提供相应的资本支持。因此，这个时期的金融发展理论大多阐述了运转良好的资金借贷体系对产业部门发展的重要作用。Schumpeter（1912）从企业家才能和创新的角度论述了金融体系在经济发展中的重要性，指出企业家试用新技术、开展创新需要取得借贷资金，而金融体系为其创新行为提供的信贷支持，能够使得经济发展进入新的阶段。

20 世纪 50—60 年代，伴随部分国家在经济发展中面临的储蓄不足、资金短缺等金融发展滞后和金融体系运行低效的制约，现代金融发展理论开始形成。这一时期的金融发展理论从金融的中介作用、资金配置作用等方面阐述了金融发展对于经济增长的重要影响。Gurly 等（1973）阐述了金融机构和多样化的金融工具在储蓄转化为投资过程中的重要作用，他们认为金融制度的重要性体现在其实现了资金从盈余部门向短缺部门的转移。Goldsmith（1969）阐释了金融机构对经济增长的支持作用，具体为资金通过金融体系运用到收益较高的项目当中。

20 世纪 90 年代兴起的内生金融增长理论基于不完全竞争市场和信息不完全的假设，阐释了金融对降低经济增长过程中产生的交易成本方面的积极作用。例如，Levine（1997）将金融体系的功能分为转移和分散风险、配置资源、监管经理层和实行公司治理、动员储蓄、便利商品和服务交易这 5 个方面。他认为，当这 5 项功能都充分发挥作用的时候，金融体系就会通过资本积累、技术创新来促进经济增长。Pagano（1993）从高比例的储蓄转化为投资、提高资本配置效率、改变储蓄率这 3 种机制分析了金融中介和金融市场对经济增长的作用。

3.4.2 金融功能理论

Merton 等（1995）提出金融功能理论，认为金融体系有三大核心功能，分别是便利清算和支付功能、聚集和分配资源功能、风险分散功能。当金融体系充分发挥上述 3 项功能时，便能够极大地促进经济增长。金融功能理论突破了仅从金融机构业务范围考虑金融对经济增长作用的视角，金融功能理论的出发点是整个金融体系提供的服务（Allen et al.，1997）。后来经过发展完善，提出了金融体系的六大核心功能：清算支付服务功能、聚集资金和分割股份的功能、风险管理功能、资源配置功能、信息披露功能、解决激励问题的功能。

结合 Levine（1997）提出的金融五大功能，本研究认为，金融产业集聚对经济增长发挥的金融功能主要有中介功能、资金配置功能、风险管理功能。通常情况下资金供给者和资金需求者对资金的流动性要求并不匹配，资金供给者更愿意在短期内供给资金，而资金需求者往往需要长期使用借贷资金，金融体系的存在发挥了中介作用，同时满足了两者对资金使用的需求。金融体系在开展信贷活动的过程中，能够筛选出最具有发展前景的公司进行投资借贷，从而引导资金流向，实现金融资源的有效配置。金融市场不仅通过提供多样化的金融工具为资金盈余者提供多种选择来避免投资集中带来的风险，还通过金融创新畅通了资金变成现实购买力的渠道。例如，通过股市二级市场进行有价证券买卖，实现了流动性风险在不同的风险偏好主体之间的分散。

3.4.3 增长极理论

增长极理论是不平衡发展理论的典型代表之一，Perroux（1950）认为，“极”是经济增长和经济活动集聚的引擎，而具有创新能力的企业或主导部门往往优先形成增长极。Perroux 首先提出了一个不同于地理空间的抽象的经济空间，他认为，经济单位不存在于地理上的某一区位，而是存在于产业间的数学关系中，表现为存在于经济元素之间的经济关系，这种经济关系就是经济空间。在经济单位之间存在着不平等的影响，有的经济单位能够对其余单位强行推行其战略而形成一种不对称的关系，这种经济单位之间产生的不对称的影响被称为“支配效应”，增长极就是具有支配效应的经济单位。但增长极并不存在于任何地理区位之上，它是围绕推进性的主导工业部门而组织的有活力的高度联合的一组产业，它不仅能迅速增长，而且能通过乘数效应推动其他部门的增长。

在 Perroux 提出增长极理论以后，法国经济学家 Boudeville（1966）在他的基础上进行了扩展。Perroux 认为，经济空间是抽象的，不具有地理色彩；Boudeville 则将经济空间赋予了地理色彩，认为经济空间是经济变量在地理空间之上的运用，而增长极必须存在于一定的地理区位之上。他认为，增长极是推进型单位在区域空间上的集中，增长极可以不用考虑产业的概念，只要是增长速度快、创新能力强、能带动周边地区经济发展的区域，都可以称为增长极。由此，Boudeville 将 Perroux 的产业增长极扩展为空间增长极。

Perroux 和 Boudeville 主张的增长极含义并不相同，前者主张增长极的产业含义，而后者主张增长极的空间含义。实际上，这 2 个含义并不矛盾，纯经济意义上的增长极不可能脱离地理空间而单独存在，纯地理意义上的增长极也不可能脱离产业而单独存在。因此，应该同时从产业和空间的角度理解增长极的含义。

增长极理论中还有一对重要的概念——极化效应和扩散效应。极化效应是指，增长极吸引生产要素向产业或地区集中，加快了该增长极地区自身的经济增长。扩散效应是指，增长极推动生产力向其他地区扩散从而推动其他地区的发展。从概念中可以看出，极化效应扩大了区域间的差异，而扩散效应缩小了差异，两者的大小关系决定了产业集聚对区域经济发展的影响是积极还是消极的。经济学家在这对效应的大小关系上有着不同的观点。Perroux 主要强调了增长极的积极作用，几乎没有提及增长极的消极作用。Myrdal（1957）在“循环的或积累的因果关系”理论基础上，提出了回波效应和扩散效应的概念，认为增长极地区对周边地区劳动力的选择性吸收造成了两地区间工资的差异，使得增长极地区越来越发达、周边地区越来越落后，但由于扩散效应的存在，增长极与周边地区的差异并不会无限制地扩展下去。Hischman（1958）则提出了极化效应和涓滴效应，认为这 2 种效应会同时起作用，但在市场机制作用下，极化效应占据了主导地位。上述经济学家仅从空间角度探讨了极化效应和扩散效应的关系，当加入时间维度后，这对效应的关系变得更加丰富起来。Willamson（1965）认为，经济发展阶段和地区间不平衡程度的关系呈现倒U形。在经济起飞阶段，区域经济倾向于非均衡增长，区域差异逐渐扩大；在经济起飞之后，区域间不平衡程度趋于稳定；在经济成熟阶段，区域差异逐渐缩小，区域经济呈现均衡增长。Richardson（1978）将Boudeville的溢出效应和Willamson的倒U形理论结合起来，提出在经济初期，极化效应大于扩散效应，溢出效应为负值；随着时间推移，极化效应不断减弱而扩散效应不断增强，直到某一时刻两者作用相互抵消；该时点之后，扩散效应开始占据主导地位，溢出效应为正值。

对于金融产业而言，金融产业集聚是金融产业在地理空间上的集中分布，同时具有产业和空间的增长极含义。通过增长极的极化效应和扩散效应，一个地区的金融产业集聚不仅影响着该地区的其他产业，也影响着周边地区的金融产业和其他产业。金融产业的极化效应和扩散效应具体表现为：在金融产业集聚的早期，由于改善了集聚地的金融环境，缓解了企业的融资约束，并且通过集聚地更为强劲的发展能力，进一步吸引周边地区劳动力、资本等生产要素向它聚集，因此在这一阶段金融产业集聚对经济增长的作用更多地体现在促进集聚地经济的增长。在金融产业集聚的后期，伴随集聚地产业结构的升级和经济发展程度的深化，部分产业转移出该地，迁移至相对落后地区，这部分产业的迁移带走了部分金融需求，金融资源会跟随金融需求的迁移而迁移至相对落后地区，从而在相对落后地区实现小规模的金融产业集聚，同时相对发达地区先进的金融技术和金融知识能够传播至相对落后地区，在改善该地区的金融环境的同时也提高了金融市场运行效率，最终将促进相对落后地区的经济增长。

3.4.4 局部溢出模型和知识溢出双增长模型

Baldwin等（2001）提出的局部溢出（local spillovers）模型将知识资本产生的溢出效应与空间结合起来，分析了溢出效应对经济活动空间分布和内生经济增长率的影响。

局部溢出模型在考虑空间距离对知识传播重要影响的基础上，扩展了资本创造模型。局部溢出模型认为，知识资本能够跨区域传播，但空间距离越远，知识传播的障碍就越大，从而造成知识资本的空间溢出效应越弱。但只有公共知识资本能够跨区域传播，私人知识资本在不同区域间不能流动，同时外地公共知识传播越容易，本地新资本的形成成本就越小，资本积累效率就越高。因此，一个地区知识资本的存量不仅取决于自身前期的资本积累状况，还取决于相邻地区的知识资本状况，若相邻地区的知识资本存量水平较高，则相邻地区的知识资本能够以较低的成本传播到该地区，从而提高该地区资本积累效率。

实际上，除了空间距离的远近以外，地区之间的经济开放程度也会显著影响知识资本的跨区域传播程度。地区之间经济越开放，即交通、通信等基础设施和市场制度越完善，地区间的贸易成本和资本流动成本会越低；反过来，成本的降低也会促进经济的进一步开放，加快本地和外地的物质、信息和人才交流速度，这使得外地的知识、信息和技术越有可能溢出到本地。知识溢出双增长模型（曹骥赟，2007）正是从经济开放程度层面分析了知识的空间溢出效应，分析知识溢出对提高资本创造效率和消费品生产效率的影响，进而探讨知识溢出下的经济增长和资本积累下的投资创造效率与消费生产效率的内生提高。

在知识溢出双增长模型下，知识存在时间溢出、空间溢出和产业溢出。时间溢出意为知识资本积累过程满足学习曲线特征，前期知识资本的存量越大，后期创造资本的成本越小。空间溢出意为在两地区经济开放程度较高的情况下，发达地区的知识资本能够扩散至相对落后地区，从而使得后者能够以较低的成本进行知识资本积累，提高知识资本积累效率。产业溢出意为创造知识资本的部门存在正外部性，其他产业如制造业能够从知识资本积累的正外部性中获益，提高了制造业部门的生产效率，从而使得制造业部门的生产效率和可利用的知识资本存量之间呈现正相关关系。

金融产业对劳动力的素质要求较高，因而金融产业集聚过程中也产生了大量的高素质人才的聚集。高素质人才创造的金融知识资本，其积累过程同样遵循学习曲线，即前期的知识资本存量越多，后期创造新资本的成本越小。一个地区的金融产业集聚水平越高，也意味着该地区的金融知识资本存量越高，即该地区越容易通过金融知识资本提高资金在实体产业之间的配置效率，从而提高实体产业的投资效率和生产效率，最终实现经济的内生增长。同时，由于知识资本可以跨区域传播，金融产业集聚水平较高地区产生的金融知识资本，还能够传播到与它空间距离小、经济往来密切的地区，并降低这些地区的金融知识资本积累成本，带动其经济增长。

3.5　金融产业集聚影响经济增长质量的机制与路径

金融产业集聚是一个动态演化的过程，在演化的不同阶段，其对经济增长质量的主要影响效应并不相同。在金融产业集聚的早中期，它主要通过金融功能效应、产业升级效应、规模经济效应影响本地区的经济增长质量；在金融产业集聚的中后期，它主要通过知识溢出效应和信息溢出效应影响周边地区的经济增长质量；在金融产业集聚的整个动态演化过程中，它又通过集聚强化效应形成“金融产业集聚加深-经济增长质量提高”的循环。本研究先分析如上影响的理论机制，再将经济增长质量定义为经济增长结构性、经济增长效率、经济增长成本性、经济增长稳定性、经济增长分享性5个维度后，分析金融产业集聚影响经济增长质量的具体路径。

3.5.1 金融产业集聚影响经济增长质量的理论模型

在时空视角下探讨金融产业集聚对经济增长质量的影响，必然要跳出传统金融发展理论的范围，进入区域经济学、新经济地理学、金融地理学等带有地理空间性质的学科范围中去。新经济地理学中提供了很多研究产业集聚与经济增长的理论模型，其中以局部溢出模型和知识溢出双增长模型的假设更贴近金融产业集聚的特征。但是，该模型以经济开放程度度量2个区域间的交易成本，而金融产业的交易成本更多是信息获取成本，两者并不能完全等同。因此，本研究以知识溢出双增长模型为基础，在对其交易成本修正的基础上建立金融产业集聚影响经济增长质量的理论模型。

(1) 对交易成本的修正。新经济地理学已经把产业区位理论中的产品运输成本扩展为广义的交易成本，但没有体现金融产业以信息为基础开展业务的特征。陈国亮（2010）以信息传递成本分析生产性服务业的集聚现象，假设信息传递成本与两地间的信息化水平和信息化效率呈负向关系。吴远仁（2016）分析高端服务业集聚时，将其交易成本定义为高端服务业提供信息或服务的传递成本。对于金融产业而言，信息传递成本仅是其信息获取成本中的一部分。因此，本研究将金融产业的交易成本定义为阻碍金融产业所需信息准确传递和限制金融机构及时获取的成本。信息的准确传递与及时获取受到信息的复杂程度、两地间的时间距离、金融开放程度和以互联网通信为代表的信息化水平的制约：复杂信息在传递过程中的损耗越大，金融机构准确获取信息的成本越高；相比地理距离，两地间的时间距离更能够体现及时获取信息的重要性，时间距离越大，及时获取信息的成本越高；根据知识溢出模型，金融开放程度也对交易成本产生影响，两地间的金融市场对外越开放，准确、及时获取信息的成本越低；信息化水平越高，金融机构获取信息越及时、越准确。因此，信息复杂程度和时间距离与金融产业交易成本呈反比，金融开放程度和信息化水平与金融产业交易成本呈正比。借鉴吴远仁（2016）的做法，本研究设定的金融产业交易成本的表达式见公式（3.2）。

$$C_{sn}=e^{\frac{BD_{sn}}{IE_{sn}}} \tag{3.2}$$

式中，C_{sn}表示金融机构在s和n两地区之间开展业务的成本；B表示所需信息的复杂程度；D_{sn}表示金融机构在s和n两地区之间开展业务的时间距离；I表示全国整体的信息化水平；E_{sn}表示s和n两地区之间的金融开放程度。

(2) 模型假设。与知识溢出双增长模型的假设类似，本研究假设经济体中存在南部（s）和北部（n）两个初始经济规模对称的地区，两地区分别具有农业部门（A）、工业部门（M）和金融部门（F），整个经济生产以劳动力（L）和金融知识资本（K）为投入要素。为了体现金融部门对劳动力高素质的要求，本研究将劳动力区分为熟练劳动力和非熟练劳动力，南部和北部的金融部门分别使用1/2的熟练劳动力，其他2个部门均使用非熟练劳动力，并且假设两类劳动力的工资均为w。因此，本研究仅是在概念上区分了不同部门使用的劳动力，该区分并不影响理论模型的建立和分析。工业部门使用2种生产要素，农业部门和金融部门仅使用劳动力作为投入要素，并且金融知识资本为金融部门所创造。

农业部门以完全竞争和规模报酬不变为特征，无论跨区贸易与否，农产品均不存在交易成本。农业部门仅使用劳动力作为投入要素，每单位农产品需要投入a_A单位劳动力，单位农产品价格为P_A。

工业部门以不完全竞争和规模报酬递增为特征，跨区贸易时存在以“冰山运输”成本为特征的交易成本，即跨区贸易时工业部门需要运输τ（$\tau \geqslant 1$）单位工业产品，因为有$\tau - 1$单位工业品在运输中“融化”掉了。工业部门使用金融知识资本和劳动力作为生产要素，工业企业把一单位金融知识资本作为固定投入，每单位产出需要投入a_M单位劳动力。假设金融知识资本的收益率为π，工业产品总量为x，则工业企业的成本函数为$\pi + wa_M x$。

金融部门产出每单位金融知识需要投入a_F单位熟练劳动力，本地区金融部门创造的金融知识能够被本地区完全利用，而其他地区创造的金融知识利用程度受两地区之间金融知识开放程度ϕ的影响，本地区金融知识开放程度ϕ和其他地区金融知识利用程度f（ϕ）满足简单的递增线性函数关系，具体为$f(\phi) = \frac{1+\phi}{2}$。南部和北部的金融知识存量分别为$F_s$和$F_n$，金融知识创造受到自身过去金融知识积累水平和其他地区金融知识积累水平的影响：金融知识的创造遵循学习曲线特征，前期金融知识的存量越高，后期创造新金融知识的成本越低，即需要的熟练劳动力数量越低；其他地区金融知识存量越高，对其的利用程度越高，本地区创造金融知识所需的熟练劳动力数量越低。

（3）金融知识资本创造成本函数和工业生产效率函数。假设金融部门创造金融知识的成本函数是以“可利用的金融知识资本存量”为分母的反比例函数，则南部地区创造每单位金融知识所需的熟练劳动力数量$a_{Fs} = \frac{1}{F_s + f(\phi) F_n}$。南部和北部创造金融知识的成本函数分别为

$$C_{Fs} = wa_{Fs},\ a_{Fs} = \frac{1}{F_s + f(\phi) F_n},\ f(\phi) = \frac{1+\phi}{2} \qquad (3.3)$$

$$C_{Fn} = wa_{Fn},\ a_{Fn} = \frac{1}{F_n + f(\phi) F_s},\ f(\phi) = \frac{1+\phi}{2} \qquad (3.4)$$

知识溢出双增长模型的“双增长”体现在知识的时间溢出和产业溢出之

中，知识的时间溢出带来知识资本积累效率的增长，知识的产业溢出带来产品生产效率的增长。金融知识同样也能实现“双增长”：金融知识创造遵循学习曲线，现有金融知识资本存量能够降低后期创造新金融知识的成本，从而提高了金融知识资本的积累效率；金融知识资本作为中间产品能够运用到工业部门的生产经营中，通过为工业部门企业提供更多金融服务的方式促进工业部门企业生产效率的提高。金融知识的时间溢出和产业溢出的共同作用能够带来工业产品生产效率的持续提高，即工业产业生产效率伴随“可利用的金融知识资本存量”的增加而提高。新经济地理学常用产出的边际投入表示生产效率，因此，工业产品生产效率可以用其金融知识资本的边际投入表示，并且边际投入越低，生产效率越高。假设边际投入 a_F 与“可利用的金融知识资本存量” $F_s+f(\phi)F_n$ 呈负相关关系，这里采用“负幂函数”的形式，则南部和北部地区工业部门产出的边际投入函数分别为

$$a_{Fs}=[F_n+f(\phi)F_s]^{\frac{1}{1-\sigma}}=\left(F_n+\frac{1+\phi}{2}F_s\right)^{\frac{1}{1-\sigma}} \quad (3.5)$$

$$a_{Fn}=[F_s+f(\phi)F_n]^{\frac{1}{1-\sigma}}=[F_s+\frac{1+\phi}{2}F_n]^{\frac{1}{1-\sigma}} \quad (3.6)$$

（4）消费者效用函数。用 Cobb - Douglas（柯布-道格拉斯）生产函数表示消费者购买农产品和工业产品时的总效用：

$$U=U_M{}^{\mu}\cdot U_A{}^{1-\mu} \quad (3.7)$$

式中，U_M 表示对工业产品的消费效用；U_A 表示对农业产品的消费效用。子效用函数 U_M 为

$$U_M=\left(\int_{i=0}^{n^W}u_i{}^{\frac{\sigma}{\sigma-1}}\mathrm{d}i\right)^{\frac{\sigma}{\sigma-1}},0<\mu<1<\sigma \quad (3.8)$$

式中，$n^W=n_s+n_n$，表示整个经济中的工业产业种类；n_s 和 n_n 分别表示南部和北部地区工业品的种类数量；U_i 表示消费者对第 i 种工业产品的消费数量；μ 表示消费者对工业品的支出份额；σ 表示不同工业品之间的替代弹性，由于本研究假设所有工业产品均使用相同的金融知识资本，因此 σ 也代表了对金融知识资本的替代弹性。

消费者效用最大化受到消费者可支配收入的约束：

$$P_AU_A+\int_0^{n^W}P_iU_i\mathrm{d}i=Y=E^W \quad (3.9)$$

式中，P_A 和 P_i 分别表示农产品价格和第 i 种工业品的价格；Y 表示消费者收入；E^W 表示南部和北部两个地区的总支出。

（5）短期均衡。短期均衡指不考虑区位变动的影响因素以及资本价值和资本成本间的关系，仅仅考虑企业利润最大化下的最优定价、产品市场完全出清和消费者效用最大化决策这 3 个方面（安虎森，2009）。下面，本研究推导各

个部门、各个变量之间关系的短期均衡条件。

农业部门在完全竞争的市场条件下进行生产，市场价格等于边际成本。由于南部和北部 2 个地区农产品的贸易不存在交易成本，因而 2 个地区农产品的价格相同，从而劳动力在南部和北部的工资相同。将农业部门单位劳动投入 a_A 作为计价单位，则有：

$$P_s = P_n = w_s = w_n = 1 \tag{3.10}$$

推导工业部门的短期均衡，需要确定工业部门的产出量、产品价格、资本收益率、市场支出份额和最优跨期支出。

企业的产出量以消费者的消费量为标准，以南部为例，假设南部消费水平 E = 南部劳动力收入＋金融知识收益－金融知识的创造投资，对工业品的支出比例为 μ，则南部对工业品的支出为 μE。根据在收入约束下的消费者效用最大化条件，消费者对工业品的 j 的消费量 C_j 为

$$C_j = \mu E \frac{P_j^{-\sigma}}{P_M^{1-\sigma}} = \mu E \frac{P_j^{-\sigma}}{\Delta n^W}，\Delta n^W = \int_{i=0}^{n^w} P_i^{1-\sigma} \mathrm{d}i \tag{3.11}$$

式中，P_j 表示工业品 j 的价格；n^W 表示工业品种类数或者工业企业数量（工业部门专业化分工，每一个企业生产不同的产品）。由于工业品跨区贸易，因此南部地区生产 j 产品企业面临的需求包括本地市场需求和外地市场需求。由于工业品跨区贸易存在的“冰山运输成本”，因而运往外地的产品因高于或等于外地市场需求量，从而南部地区产出量 x_j 为

$$x_j = C_{js} + \tau C_{jn} (\tau \geqslant 1) \tag{3.12}$$

根据 D－S 垄断竞争模型，企业自由进入和退出市场，因此短期均衡时净利润为 0，各个企业实现均衡产出和均衡价格。由于“冰山运输成本”的存在，南部地区的产品在北部的销售价格高于南部本地市场。

$$P_s = \frac{w a_M}{1 - \frac{1}{\sigma}} \tag{3.13}$$

$$P_n = \frac{\tau w a_M}{1 - \frac{1}{\sigma}} \tag{3.14}$$

式中，$w a_M$ 表示每多生产 1 个单位工业品所增加的可变成本；$\frac{1}{\sigma}$ 表示固定成本份额；$1 - \frac{1}{\sigma}$ 表示可变成本份额。

由于工业部门在垄断竞争的市场条件下进行生产，因此工业品均衡价格高于边际成本，高出的部分称为“加成”，即金融知识资本收入。因此，企业的收入被劳动力和金融知识资本 2 种生产要素“瓜分”，金融知识资本在企业生

产中当成固定成本来使用，产品销售量越高，金融知识资本收益率就越大，金融知识资本的收益率 π 就等于企业营业利润率$\frac{px}{\sigma}$。

$$\pi=\frac{Px}{\sigma}=\frac{\mu P^{1-\sigma}}{\sigma}\left[\frac{E^w S_E}{n^W P^{1-\sigma}[\chi S_n+\phi(1-S_n)]}+\frac{E^w(1-S_E)\phi}{n^W P^{1-\sigma}[\chi\phi S_n+(1-S_n)]}\right]\chi$$

$$=\frac{\mu E^w}{\sigma n^W}\left[\frac{S_E}{\chi S_n+\phi(1-S_n)}+\frac{(1-S_E)\phi}{\chi\phi S_n+(1-S_n)}\right]\chi=\frac{\mu E^w}{\sigma n^W}\left[\frac{S_E}{\Delta_s}+\frac{(1-S_E)\phi}{\Delta_n}\right]\chi,$$

$$\chi=\left(\frac{a_{MS}}{a_{MN}}\right)^{1-\sigma}=\frac{S_n+\frac{(1+\phi)(1-S_n)}{2}}{(1-S_n)+\frac{(1+\phi)S_n}{2}} \tag{3.15}$$

南部和北部地区企业的金融知识资本收益率分别为

$$\pi_s=\frac{\mu E^w}{\sigma n^W}\left[\frac{S_E}{\Delta_s}+\frac{(1-S_E)\phi}{\Delta_n}\right]\chi \tag{3.16}$$

$$\pi_n=\frac{\mu E^w}{\sigma n^W}\left[\frac{\phi S_E}{\Delta_s}+\frac{(1-S_E)}{\Delta_n}\right]\chi \tag{3.17}$$

市场支出份额指经济体达到短期均衡时其中某个地区消费支出占整个经济体消费支出的比例。由于存在本地市场效应，因此某个地区的市场支出份额是整个经济体企业 S_E 的函数，同时市场支出份额 S_E 的变化也会引起金融知识资本空间分布 S_n 的变化。见公式（3.18）。

$$S_E=\frac{\frac{\{[S_n+f(\phi)(1-S_n)]S_L L^w-(g+\delta)S_n\}(1-b)}{[S_n+f(\phi)(1-S_n)]L^w-(g+\delta)\left\{S_n+\frac{(1-S_n)[S_n+f(\phi)(1-S_n)]}{1-S_n+f(\phi)S_n}\right\}}+\frac{S_n b\phi}{1-S_n+\chi\phi S_n}}{1-S_n b\left(\frac{1}{\Delta_s}+\frac{\phi}{\Delta_n}\right)} \tag{3.18}$$

（6）长期均衡。长期均衡考虑了资本价值和资本成本之间的关系，因为两者的关系决定了资本是扩张还是收缩。这个过程也是区位变化的过程、经济增长的过程，长期均衡下有对称均衡、中心-外围均衡 2 种模式（安虎森，2009）。无论是哪一种均衡，均表示金融知识资本的空间分布 S_n 和区域市场支出份额 S_E 保持长期稳定状态。要使金融知识资本空间分布 S_n 保持不变，则南部和北部地区的金融知识资本增长速度必须相同，否则金融知识资本增长速度较快的地区将会有更多的金融知识资本，从而改变了金融知识资本 S_n 的空间分布。金融知识资本是否增长取决于金融知识创造成本和价值的对比关系，若金融知识资本创造成本远低于价值，金融知识资本会快速增长，反之亦然。因此，金融知识资本的增长速度要保持稳定，金融知识创造成本和价值需要保持一致。对称均衡和中心-外围均衡的长期均衡条件分别为

$$q_s=\frac{v_s}{F_s}=1,\ q_n=\frac{v_n}{F_n}=1,\ 0<S_n<1 \tag{3.19}$$

$$q_s=\frac{v_s}{F_s}=1，q_n=\frac{v_n}{F_n}<1，S_n=1 \text{或} q_s=\frac{v_s}{F_s}<1，q_n=\frac{v_n}{F_n}=1，S_n=0 \tag{3.20}$$

式中，q 表示金融知识资本收益与创造成本的比例。

长期均衡下，本研究更关心金融知识资本的增长和经济的增长，接下来推导 2 种不同长期均衡下的金融知识资本和经济的增长率。

由公式（3.19）长期对称均衡的条件可得，南部地区长期对称均衡条件 q_s 为

$$q_s=\frac{bE^w\left[K_s+\frac{(1+\phi)K_n}{2}\right]}{(\rho+g+\delta)\ K^w}=\frac{bE^w\left[S_n+\frac{(1+\phi)\ (1-S_n)}{2}\right]}{(\rho+g+\delta)}=\frac{bE^w\ (3+\phi)}{4\ (\rho+g+\delta)}=1 \tag{3.21}$$

整个经济的总支出 $E^w=L^w+bE^w-(g+\delta)(K_s a_{Fs}+K_n a_{Fn})$，代入金融知识资本创造成本［公式（3.3）和公式（3.4）］后，整个经济总支出为

$$E^w=\frac{L^w-(g+\delta)\left[\frac{S_n}{S_n+\frac{(1-S_n)(1+\phi)}{2}}+\frac{1-S_n}{(1-S_n)+\frac{S_n(1+\phi)}{2}}\right]}{1-b}$$

$$=\frac{L^w-\frac{4\ (g+\delta)}{\phi+3}}{1-b} \tag{3.22}$$

对称均衡下，2 个地区金融知识资本增长速度相同，因此 $g_s=g_n=g$。由公式（3.21）和公式（3.2）可得金融知识资本增长率 g 为

$$g=\frac{bL^w\ (3+\phi)}{4}-(1-b)\rho-\delta，L^w=E^w-\frac{4\rho}{3+\phi} \tag{3.23}$$

结论 1：由公式（3.23）可知，在对称长期均衡条件下，金融知识资本增长率与金融知识开放程度、工业品支出份额、劳动力数量呈正相关关系，与产品替代弹性、金融知识资本折旧率和收益率呈负相关关系。

中心-外围长期均衡下，假设南部为中心地区，北部为外围地区，则根据公式（3.20）可得南部地区的金融知识资本增长率 g_s 为

$$g_s=bL^w-(1-b)\rho-\delta \tag{3.24}$$

显然，中心-外围长期均衡下，南部地区的金融知识资本增长率高于对称均衡时其增长率，2 种情况下金融知识资本增长率之差为 $\frac{bL^w\ (1-\phi)}{4}$。

结论 2：由公式（3.24）可知，中心-外围长期均衡下，金融知识资本增长率与金融知识开放程度无关，但与工业品支出份额、劳动力数量呈正相关关系，与产品替代弹性、金融知识资本折旧率和收益率呈负相关关系。

经济总收入=劳动力要素收入+金融知识资本要素收入-补偿资本折旧和维持金融知识资本增长的投入，而劳动力和金融知识资本的要素收入构成了名义 GDP。因此，经济总收入和名义 GDP 的表达式为

$$E^w = L^w + bE^w - (g+\delta)K^w a_F,\ GDP = L^w + bE^w \tag{3.25}$$

经济增长率是剔除物价因素后的实际 GDP 增长率，为了得到实际 GDP 增长率，首先要得到名义 GDP 和物价指数的表达式：

$$\text{GDP} = L^w + bE^w = (1+b)L^w + \frac{4b\rho}{3+\phi} \tag{3.26}$$

$$P = P_A^{1-\mu} P_M^{\mu} = P_A^{1-\mu} P_M^{\mu}(0)\mathrm{e}^{\frac{\mu g t}{1-\sigma}} \tag{3.27}$$

从而对称长期均衡下，南部和北部地区的经济增长率 G 为

$$G = \frac{\mu g}{\sigma - 1} \tag{3.28}$$

结论 3：由公式（3.28）可知，对称长期均衡下，在资本支出份额 μ 和替代弹性 σ 不变时，经济增长率 G 与金融知识资本增长率 g 呈正相关关系。进而根据公式（3.23）可知，对称长期均衡下，金融知识开放度 ϕ、工业品消费份额 μ 和劳动力数量 L^w 与经济增长率呈正相关关系，产品间替代弹性 σ、资本收益折现率 ρ 和资本折旧率 δ 与经济增长率呈负相关关系。同时还暗示出，当地区间差异较小时，可以通过提高金融知识开放程度来提高经济增长率，实现 2 个地区经济的增长。

在中心-外围长期均衡下，属于中心南部地区的经济增长率 G_s 固定为

$$G_s = \frac{\mu g_s}{\sigma - 1} \tag{3.29}$$

结论 4：由公式（3.29）可知，中心-外围长期均衡下，南部地区的经济增长率与金融知识开放程度无关，但与工业品支出份额、劳动力数量呈正相关关系，与产品替代弹性、金融知识资本折旧率和收益率呈负相关关系。并且，同样大于对称均衡下的经济增长率，但南部地区无法通过提高地区金融知识开放程度来提高经济增长率。

由结论 4 可以得到 2 个推论：

推论 1：经济增长率与集聚程度呈正相关关系。

推论 2：集聚度低的区域同金融知识开放程度的关系更为密切，提高金融知识开放程度更有利于经济增长。

3.5.2 金融产业集聚影响经济增长质量的作用机制

根据前文分析，金融产业集聚同时包含了产业集聚和空间集聚 2 种含义。如果侧重于从产业集聚的角度分析其对经济增长质量的影响机理，能够从金融

发展理论和金融功能理论中得到解释；如果侧重于从空间集聚的角度分析其对经济增长质量的影响机理，则需要从增长极理论、局部溢出模型和知识溢出双增长模型出发。概括来讲，时间视角下金融产业集聚影响经济增长质量的理论机制有金融功能效应、产业升级效应和规模经济效应，空间视角下金融产业集聚影响经济增长质量的理论机制有知识溢出效应和信息溢出效应，时空视角下金融产业集聚影响经济增长质量的理论机制为循环强化效应。

（1）金融功能效应。由于现实中的市场是不完全竞争市场，因此企业在融资、交易过程中存在信息搜寻成本和交易费用。金融产业的集聚不仅可以为该地企业的交易提供更加便捷的支付方式，还能够发挥金融中介作用，利用自身的金融信息优势降低企业融资的搜寻成本，提高资金从盈余者向亏缺者的转移效率，并通过对企业的监督管理进一步提高资金的使用效率。这加速了资本积累过程，也提高了经济增长速度。同时，金融市场具备风险分散功能，通过对金融产品、金融工具的创新，为企业提供多渠道的融资方式，将企业生产投资中的风险转移到金融市场上。这提高了企业进行研发和技术创新的动力，从而提高了整个地区的技术创新水平，实现经济的内生增长。金融体系在开展信贷活动的过程中，出于对企业还款能力的评估、对企业投资价值的评估，能够自觉筛选出最具有发展前景的公司进行借贷投资，从而在实现金融资源有效配置的同时也淘汰了落后产业，通过促进产业结构的升级促进经济增长。

（2）产业升级效应。产业的调整升级需要大量的资金去改造落后的生产设备、研发新的生产技术，企业在这一过程中往往面临资金约束，而金融产业集聚水平高的地方拥有更加丰富的金融资源。这不仅使该地区的产业结构调整和升级所需资金能够得到充分的保障，还能够将实体产业升级失败的风险转移到金融市场，提高企业升级产业的动力和升级的成功率。另外，金融产业在该地区的集聚，本身就能创造更多的金融产业增加值，同时金融产业集聚带来的大量高素质人才的聚集，也进一步优化了该地区的就业人员分布情况，从而以提高该地区第三产业产值和就业人数占比的方式实现产业结构升级。

（3）规模经济效应。根据规模经济理论，金融产业集聚能够产生内部和外部两种规模经济。从内部规模经济来看，从事不同业务的金融机构在某一地区集聚，能够发挥各自的比较优势，通过分工协作提高整个金融产业的运行效率，同时通过共享基础设施、共享信息实现金融产业的规模报酬递增。从外部规模经济来看，该地区因内部规模经济效应而提高了金融效率，实体经济部门的融资成本会降低，提高其获得金融支持的效率，当实体经济部门拥有充足的金融资源保障后，实体经济部门的资本积累效率、生产效率也能得到大幅提升，最终提高了该地区的经济增长效率。

（4）知识溢出效应。由于金融产业需要较高素质的劳动力，因此金融产业的集聚同时也是高素质人才的集聚，从而使得金融产业集聚地能够创造大量的金融知识。根据LS模型，知识资本的传播受到空间距离的限制。因此，这些金融知识首先在该地区的金融机构之间扩散、传播，并逐渐成熟。当熟练地运用这些金融知识后，该地区金融产业的生产效率得到提升，支持实体产业发展的效果得到增强，从而提高了该地区的经济增长效率。由于知识资本的创造遵循学习曲线的规律，因此该地区后期金融知识资本的创造变得更加容易，金融技术更新换代的频率得到提高。同时，金融产业本身受空间距离的制约程度较小、互联网技术飞速进步、各地区之间经济贸易往来日益密切、生产要素尤其是人力资本流动越发频繁，这一系列因素使得金融产业集聚水平较高地区的金融知识越容易突破空间距离的阻碍流动到外围地区，淘汰的前一期金融技术也能够伴随该地区与相对落后地区的经济贸易往来实现扩散，外围地区运用这些金融知识和创新的金融技术，将促进自身金融产业的发展和经济增长。

（5）信息溢出效应。金融产业是高度依赖信息的产业，从贷款前的信息搜集到贷款后的还款监督，都需要付出较高的信息搜寻成本。但是，当众多的金融机构聚集到一起，从事不同领域业务的金融机构之间能够相互利用信息，弥补各自信息搜寻的成本劣势，既能拓宽金融机构的投资渠道，也能提高实体企业获得贷款的效率，从而实现中心地区的经济增长。后期随着中心地区的经济在金融产业集聚的促进下深入发展，产业结构完成调整升级，部分产业将从中心地区迁移至外围地区。同时，这部分迁移的企业也带走了部分金融需求，并在外围地区生产与之相关的非标准信息，中心地区的金融机构为了满足这部分金融需求以获得利润，在非标准信息空间传播会发生折损的情况下，它们将尽可能在地理位置上接近这些迁移的企业，从而中心地区的金融产业会跟随实体产业迁移，这些跟随迁移的金融产业落户外围地区后，将增强外围地区金融产业的集聚程度、改善外围地区的金融环境，从而通过中介作用、风险转移、资源配置、规模经济等效应促进外围地区的经济增长。

（6）循环强化效应。在中心-外围模型中有一个重要的特征，就是循环因果链，金融产业集聚同样存在该种特征。当金融产业集聚通过上述五大效应带动了该地区经济增长后，面对扩大的市场需求，这些实体企业将有进一步扩大生产和投资的需求，从而产生新的融资需求和投资机会。这将吸引更多的金融机构和金融资源向该地区聚集，这些融资需求再次得到满足后将带来新一轮的经济增长、市场需求和融资需求，如此产生需求循环累积因果关系，该地区的金融产业集聚程度将不断得到强化。同样成本循环累积因果关系也成立，伴随金融产业集聚程度的不断强化，规模经济效益日益明显，面对金融集聚区显著的成本优势，更多金融机构会向其聚集。

综上可知，金融产业集聚影响经济增长质量的作用机制如图 3.2 所示。

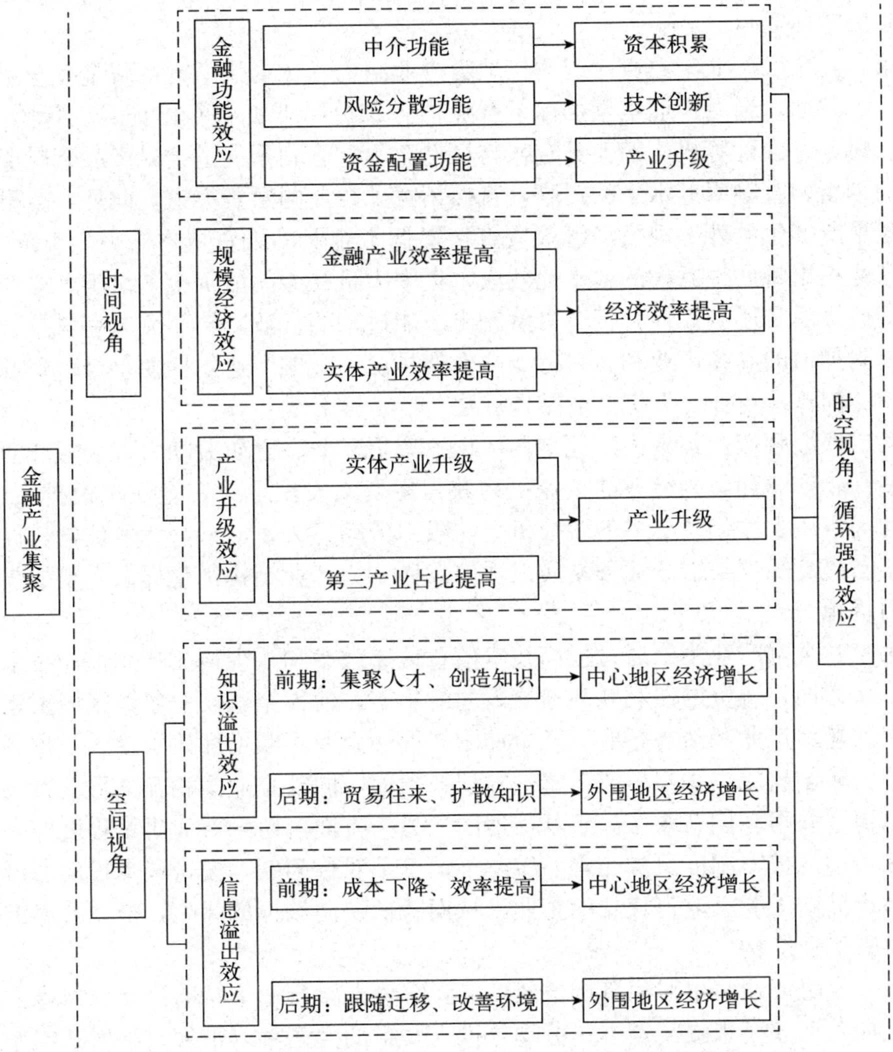

图 3.2　金融产业集聚影响经济增长质量的作用机制

3.5.3　金融产业集聚影响经济增长质量的具体路径

金融产业集聚属于金融的范畴，根据前文对经济增长质量的概念界定，将经济增长质量定义为经济增长结构性、经济增长效率、经济增长成本性、经济增长稳定性、经济增长分享性 5 个维度后，金融产业集聚对核心地区经济增长质量的影响机理如下。

（1）金融产业集聚对经济增长结构性的影响。金融产业集聚通过增加资源供给和推动技术进步促进产业结构优化，提升经济增长的结构性，从而提高经济增长的整体质量。

第一，金融产业集聚直接或间接地为产业结构优化提供所需的资金和金融服务。一方面，金融产业集聚加深了产业内各细分行业如银行、证券、保险、信托、财务、会计等机构的业务合作与良性竞争，有利于促进金融产品和融资方式的创新、金融服务水平的提高，直接拓宽了企业的融资渠道。此外，金融产业集聚所产生的外部规模经济效应直接降低了企业的融资成本。另一方面，金融产业集聚将产生巨大的蓄水池效应，集中大量社会闲散资金，由于金融产业的商业本质和逐利天性，资金自然流出产能过剩的行业，转而流向高科技含量、高附加值的高新产业和新兴行业。也就是说，金融产业集聚使得金融资源更多地流向这些行业，促进产业结构优化。

第二，金融产业集聚为产业结构优化聚集更多的高素质劳动力。金融产业集聚使高新产业和新兴行业的企业更易获得融资去发展业务，企业规模扩大，能够为高素质人才创造更多的就业机会，吸引劳动力大量涌入，竞争加剧，促使其不断提高知识技能和业务素质以适应发展，为产业结构优化提供充足的优质人力资源。

第三，金融产业集聚通过提高技术信息传递效率和减少逆向选择推动技术进步。一方面，融资的便利和高素质人才的集聚，使得金融产业集聚区域聚集了更多的高新产业和新兴行业，竞争加剧，促使企业不断增加研发投入，提高创新能力，创新成果积累形成丰富的知识技术库，同时企业间相互学习使得技术信息传递效率和创新效率高于其他地区。另一方面，金融产业集聚程度较高的地区，信息披露制度更加完善，缓解了信息不对称问题，使得资本投向最可能在新产品新工业上取得成功的企业，从而降低逆向选择的风险，推动技术进步，改善产业结构。

（2）金融产业集聚对经济增长效率的影响。金融产业集聚通过推动技术创新和企业营运效率来提高资本、劳动等投入要素的生产率，带来经济增长效率的增益效应，并最终促进经济增长整体质量的提升。

第一，金融产业集聚通过提高金融资源的配置效率和人力资本要素积累推动技术创新。①金融产业集聚蓄积了大量社会盈余资金，是金融资源合理配置的前提；②金融产业集聚程度较高的地区，投资机构或资金拥有者通过金融系统的信息揭示功能，可以更容易地了解企业的最新经营动态，带动资金投入成长潜力大的企业，为其创新技术和业务扩张提供资金支持，减少因金融资源错配带来的经济增长效率损失；③金融产业集聚区完善的基础设施和高效的信息网络传递机制吸引了大量高新技术产业和新兴行业企业在此扎根发展，创造了许多优质的就业岗位，吸引高素质人才流入，为技术创新积累了人力资本。

第二，金融产业集聚通过提高金融服务水平、促进公司治理和便利交换推动企业营运效率的提高。①金融产业集聚地区的激烈竞争，促使各类金融机构为企业生产经营提供更高水平的金融服务，从而促进企业营运效率的提高；②金融产业集聚区内高效的信息通信网络推动企业更积极地提高公司治理水平，如果企业在证券市场直接融资，那么股价和信息披露制度会促使企业优化公司治理，提高营运效率；如果企业通过金融机构间接融资，长期从事研究分析且经常接触各类企业的专业人员更易了解到企业真实情况，那么企业必须提升公司治理水平、提高营运效率以获得融资，从而带来经济增长效率的提高；③金融集聚区内有更普及的便捷支付体系，方便了企业与客户或消费者之间、企业相互之间的交易往来，提高企业的营运效率，进而提高经济增长效率。

（3）金融产业集聚对经济增长成本性的影响。金融产业集聚通过产业结构优化淘汰高能耗、高污染的企业，提高资源利用效率和降低环境污染强度；加大环境保护投入，促进污染治理新技术的研发，降低经济增长的成本性，从而提高经济增长整体质量。

第一，金融产业集聚通过淘汰落后产能降低经济增长的成本性。金融产业集聚降低了获取信息的成本，提高了信息获取的便利程度，金融企业能够更好地识别企业发展状况，逐利性促使金融资源流向生产效率高的企业，淘汰资源消耗高、环境污染严重的落后产能，降低经济增长的成本性。

第二，金融产业集聚促使金融资源投入污染治理新技术的研发和环境治理领域。金融产业集聚程度高的区域聚集了更多高素质劳动者，对生存环境有更高的要求，对经济发展有更长远的眼光，也更加注重环境保护和污染治理问题，推动金融资源投入环保产业，为污染治理技术的研发和环境保护提供支持。

（4）金融产业集聚对经济增长稳定性的影响。金融产业集聚通过杠杆效应影响经济增长的稳定性，进而影响经济增长整体质量。发展经济学理论中的经济增长质量思想提到，发展中国家为了缓解工业化和产业结构升级过程中的资金约束，会向市场大量地投放货币，从而产生通货膨胀的风险。金融产业作为与资金最直接相关联的产业，不仅承载着央行的基础货币，还汇集着社会的闲置资金，当某地为了尽快实现经济增长时，当地政府首先会以行政的方式迫使金融机构支持当地的产业融资。这不仅扭曲了金融资源的配置，还提高了该产业的财务杠杆率。同时，金融产业集聚区内更强的金融创新能力促使更多依附于上述被支持产业的新金融衍生品被创造出来，衍生工具杠杆率不断提高，一旦被支持的产业发生营运风险，金融市场的系统性风险将数倍放大。并且，由于金融机构连接着大量的企业与消费者，这便扩大了风险的影响范围。一旦风险不可控，金融机构的去杠杆行为导致信贷紧缩，企业业务萎缩，将会解雇工人，引起失业率上升，消费减少，经济产出波动，经济增长稳定性降低，对经济增长整体质量产生不利影响。

（5）金融产业集聚对经济增长分享性的影响。金融产业集聚推动产业结构升级调整，产业结构升级调整通过改善经济成果分配格局和提升居民整体福利水平促进经济增长分享性，从而提高经济增长的整体质量。

第一，产业结构升级促进农村居民收入水平提高，城乡收入差距缩小，收入分配格局改善。一方面，产业结构的升级调整使劳动力生产要素供需状况发生变化，改变劳动力要素价格，从而影响要素所有者收入。第三产业的发展创造了许多就业机会，农村剩余劳动力向城市转移，提高了农村居民收入。另一方面，农村闲置土地增加，为土地集中利用集约发展提供了可能性，未进城务工的农村居民通过发展家庭农场、专业合作社等新型农业经营组织，提高经济效益，增加收入。

第二，产业结构升级调整通过提高消费能力和改善资源配置带来更高的经济增长质量，从而提高居民生活的物质、精神条件，改善医疗、教育状况，提升居民整体福利水平。一方面，产业结构升级促进农民收入水平提高、消费能力增强，农村消费潜力得到释放。同时，农村居民将多余的钱用于储蓄投资，财富积累效率提高，带来更好的经济增长质量。另一方面，产业结构升级吸引生产要素从劳动生产率低的产业向劳动生产率高的产业转移，要素投入产生更高的回报，带来更好的经济增长质量。

（6）金融产业集聚对经济增长质量的影响。综合以上分析，金融产业集聚对经济增长质量的5个维度（结构性、效率、成本性、稳定性、分享性）分别产生不同影响。具体说来，集聚对结构性、效率、成本性和分享性具有正效应，对稳定性具有负效应。由于经济增长质量是反映各维度综合表现的指标，金融产业集聚对经济增长质量的影响，实际上是其对各维度影响的博弈结果。金融产业集聚对经济增长质量的影响机制如图3.3所示。金融产业集聚通过金融功能效应、产业升级效应、规模经济效应、知识溢出效应和信息溢出效应作用于经济增长质量的5个维度，最终影响了经济增长质量。经济增长质量水平的提高又产生更多的金融需求，并改善了金融发展环境，带来新一轮的金融产业集聚，形成循环强化效应。

3.5.4 研究假设

基于以上分析，本研究提出如下研究假设。

假设1：伴随金融产业集聚程度的提高，经济增长结构性将得到改善。

假设2：随着金融产业集聚程度的提高，经济增长的效率将得到提高。

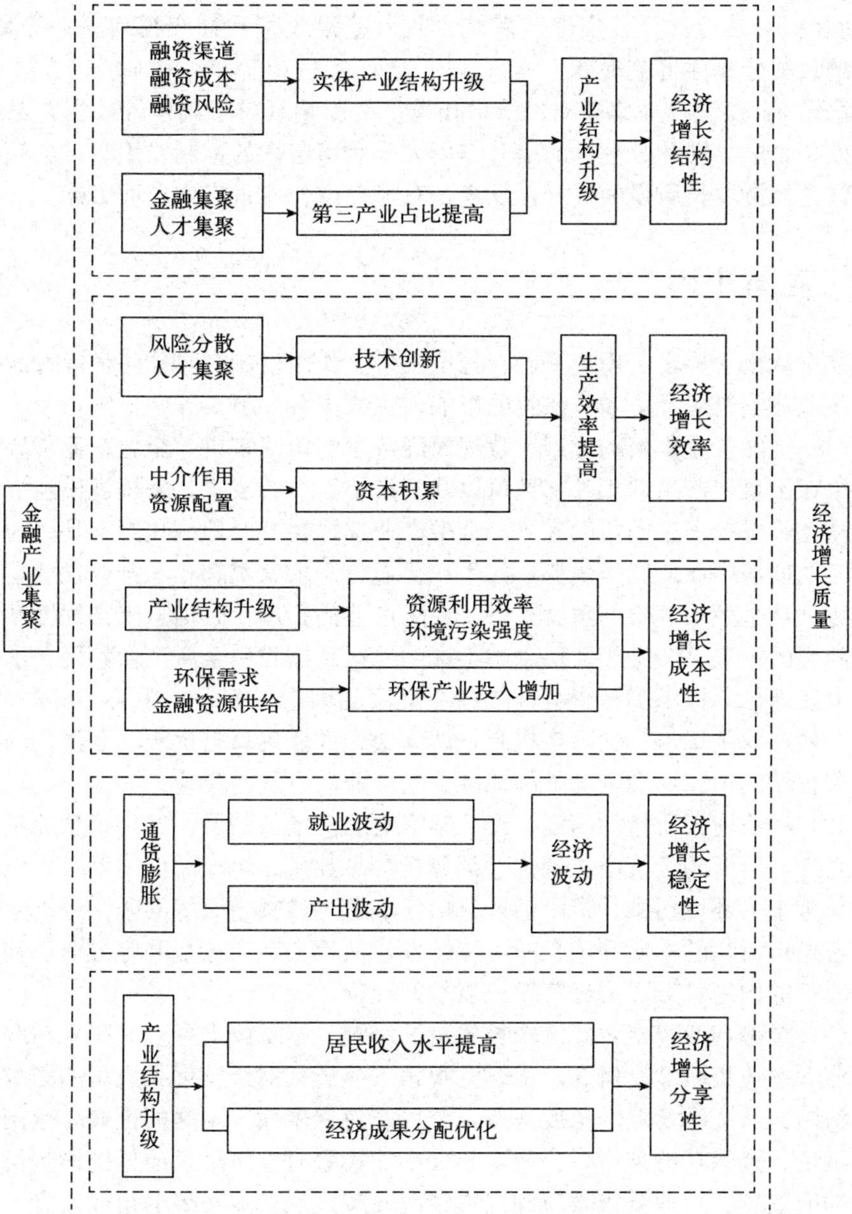

图 3.3　金融产业集聚影响经济增长质量的机制

假设 3：当金融产业集聚程度提高带来资源消耗和环境污染的减小时，经济增长的生态环境性将会变得更好。

假设 4：如果金融产业集聚程度的提高加剧了经济波动，经济增长的稳定性将会降低。

假设 5：当金融产业集聚带来城乡收入差距改善和社会福利水平提高时，经济增长的分享性将会提高。

假设 6：金融产业集聚对经济增长质量的影响具有不确定性，当它对结构性、效率、成本性和分享性的提升作用大于对稳定性的抑制作用时，金融产业集聚促进经济增长质量的提升；反之，对经济增长质量产生负面影响。

3.6 本章小结

本章从概念界定、理论基础、理论模型、作用机制、具体路径等方面分析了金融产业集聚对经济增长质量的影响，主要内容如下。

（1）金融产业集聚的成因。从规模经济学的角度来讲，金融产业集聚形成的原因在于集聚产生的正外部性可以共享设施、节约成本，发挥规模经济的优势；从竞争优势理论的角度来讲，金融产业选择在某个地区集聚，是因为该地区具有发展该产业的竞争优势，如生产要素、需求状况和相关产业发展具有比较优势；从金融地理学的角度来讲，金融产业的布局受到信息丰富程度和信息流动障碍的影响，金融相关信息越丰富的地区越能吸引金融产业集聚。本研究运用上述理论分析了多种影响金融产业集聚的因素，而运用中心-外围模型解释了金融产业集聚形成的内在机制，认为金融产业集聚是逐步动态演化的，伴随集聚程度的加深，会带动外围地区金融产业的发展与集聚。

（2）经济增长质量的内涵。经济学家对经济增长的关注经历了从数量到质量的转变，早期的经济增长理论大都分析产品数量、生产总值的增长，但是经济增长带来了环境污染、资源消耗、信任危机、贫富差距等问题，经济学家开始思考经济增长的本质和增长的可持续性，从社会和个体福利等方面，补充了经济增长的内涵，形成了经济增长质量的理论。

（3）金融产业集聚对经济增长质量的影响。本章将金融产业集聚拆解为金融产业和产业集聚 2 个概念，在时空视角下分析其对经济增长质量的影响变得更加清晰。从金融产业的角度来看，金融产业集聚属于金融的范畴，运用金融发展理论、金融功能理论，分析出金融产业集聚对经济增长质量的影响机制有金融功能效应、产业升级效应和规模经济效应。从产业集聚的角度来看，金融产业集聚是金融产业在地理位置上的集聚，运用增长极理论、局部溢出模型和知识溢出双增长模型，分析出金融产业集聚对经济增长质量的影响机制有知识溢出效应、信息溢出效应。最后从金融产业和产业集聚 2 个角度综合考虑金融产业集聚对经济增长质量的影响，本研究分析得出金融产业集聚与经济增长质量之间存在循环强化效应。另外，金融产业集聚对周边地区金融和经济的影响为：在金融产业集聚的早期，通过极化效应进一步强化了本地的金融产业集聚程度；在金融产业集聚的后期，通过扩散效应将“极地”的金融资源扩散到周边地区，从而带动周边地区金融产业的发展。周边金融产业的发展，在金融产业集聚外部性等因素的作用下，又继续带动周边经济增长质量的提高。

（4）本章把经济增长质量的内涵区分为经济增长结构性、效率、成本性、稳定性和分享性后，金融产业集聚对经济增长质量影响的具体路径为：①金融机构通过集聚实现信息共享，借贷资金的配置遵循“优胜劣汰”，增加对新兴产业和高技术产业等高效率产业的资金供给，提高了金融资源的利用效率，从而缓解了产业结构优化面临的资金约束，实现经济增长质量结构性水平的提升；②金融产业集聚促进的产业结构升级利用了更多的高素质人才，并节省了物质资本投资，从而提高了整个社会生产要素的利用率，最终提高了经济增长质量的效率水平；③金融产业集聚不仅能通过产业结构优化淘汰高能耗、高污染的企业，还能通过对环保有益项目的投资促进节能环保生产技术的研发，从而降低经济增长的生态环境成本；④金融产业集聚程度较高的地方，企业财务杠杆和衍生工具杠杆更高，增加了系统性风险，从而降低了经济增长的稳定性；⑤金融产业集聚带来的产业升级效应，促进了农村人口向城市的流动，改变了他们原有的就业方式、生活方式，从而缩小了城乡居民的收入差距、生活差距，同时产业升级也带来整个社会收入水平的提高、社会产品更加多样化，从而增加了整个社会的福利水平。

第 4 章　中国金融产业集聚的时空演化特征分析

本章首先对中国各省份的金融产业发展状况进行分析，从金融产业增加值变化特征、金融产业对全国金融发展及经济发展的贡献度 3 个方面进行阐述；其次，使用区位熵法测算了各省份的金融产业集聚度，并从时间和空间 2 个维度对金融产业集聚度的演化特征进行分析；最后，基于泰尔指数考察金融产业集聚度的地区差异。

4.1　各省份金融产业发展情况概述

4.1.1　金融产业增加值变化分析

在测度金融产业总体发展水平的指标中，金融产业增加值能够反映金融部门在一定时期内创造的国民财富价值总量，衡量地区整体金融业发展状况。因此，本节以中国 1997—2017 年各省份的金融产业增加值，分析中国各省份的金融产业发展情况，各省份金融产业增加值变化情况见图 4.1。

（1）中国各省份金融产业增加值整体呈增长趋势，2007 年以后增速明显。从中国金融产业发展整体情况来看，中国各省份的金融产业增加值整体呈现增长趋势；金融产业发展存在明显的分阶段特征。1997—2006 年，六大地区内部多数省份的金融产业增加值差距较小，该阶段金融产业增加值增长较为缓慢；2007 年以后，各省份的金融产业增加值增长速度明显提升，各省份金融发展速度产生差异，导致 2008—2017 年六大地区内部各省份的金融产业增加值的差距越来越大。

具体来看，从图 4.1（a）中可以看出，北京的金融产业增加值位列华北地区第 1 位，其增速也快于其他省份，天津和河北的金融产业增加值与北京有较大差距，山西和内蒙古的金融产业增加值在华北地区垫底；图 4.1（b）中，辽宁的金融产业增加值位列东北地区首位，在 2007 年以前，东北 3 省的金融增加值相差不大，但 2007 年以后，辽宁的发展速度远快于吉林和黑龙江，东北 3 省金融发展水平的差异开始显现；图 4.1（c）给出了华东 7 省份金融产业增加值情况，在 2006 年以前，华东地区各省份的金融产业增加值差距较小，但自 2007 年以后华东地区各省份的金融产业增加值差距逐步凸显，以江苏的

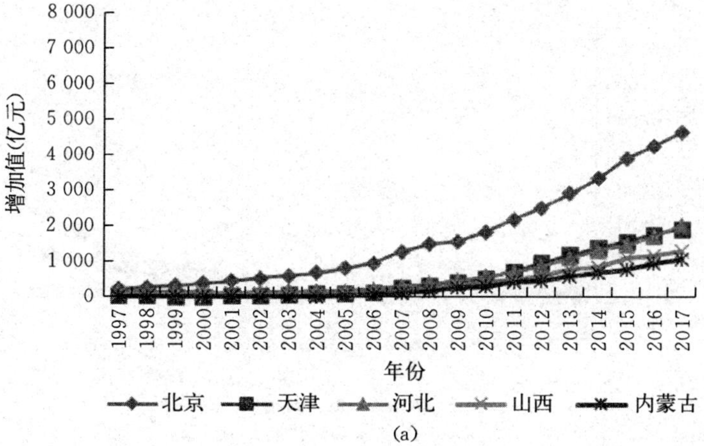
8 000
7 000
6 000
5 000
4 000
3 000
2 000
1 000
0
增加值(亿元)
1997 1998 1999 2000 2001 2002 2003 2004 2005 2006 2007 2008 2009 2010 2011 2012 2013 2014 2015 2016 2017
年份
北京
天津
河北
山西
内蒙古

(a)

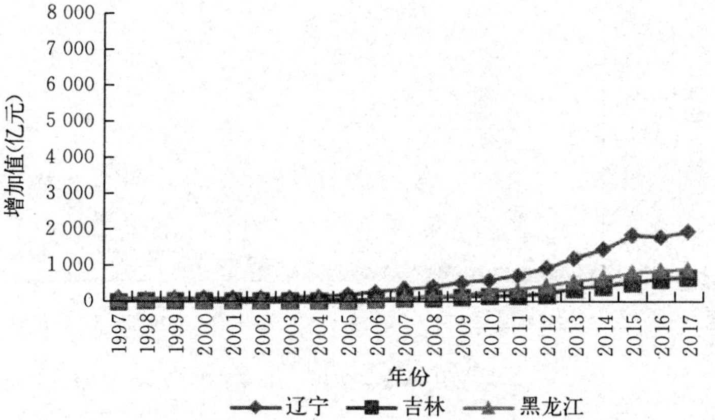
8 000
7 000
6 000
5 000
4 000
3 000
2 000
1 000
0
增加值(亿元)
1997 1998 1999 2000 2001 2002 2003 2004 2005 2006 2007 2008 2009 2010 2011 2012 2013 2014 2015 2016 2017
年份
辽宁
吉林
黑龙江

(b)

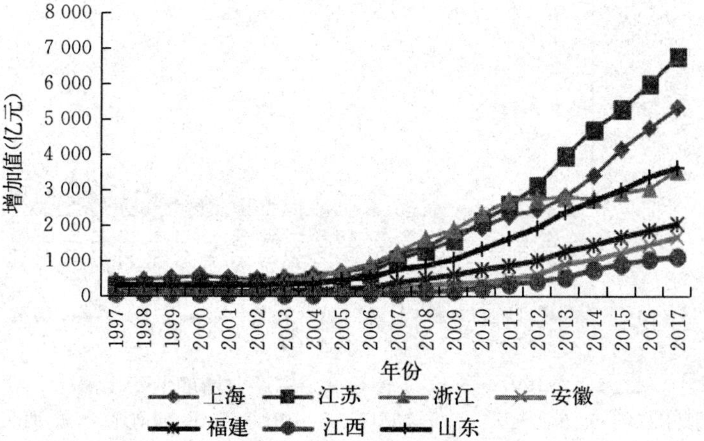
8 000
7 000
6 000
5 000
4 000
3 000
2 000
1 000
0
增加值(亿元)
1997 1998 1999 2000 2001 2002 2003 2004 2005 2006 2007 2008 2009 2010 2011 2012 2013 2014 2015 2016 2017
年份
上海
江苏
浙江
安徽
福建
江西
山东

(c)

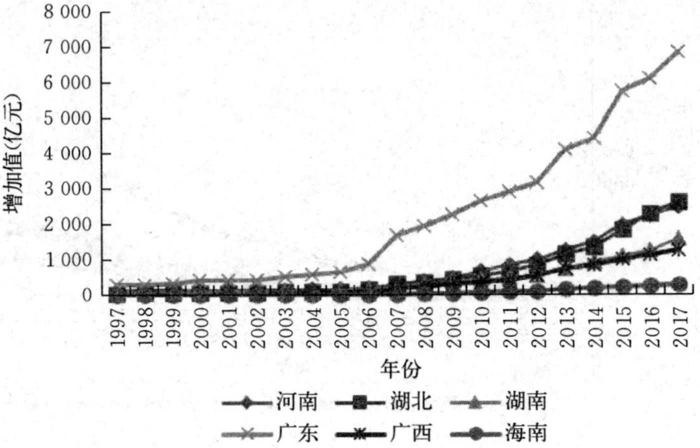

(d)

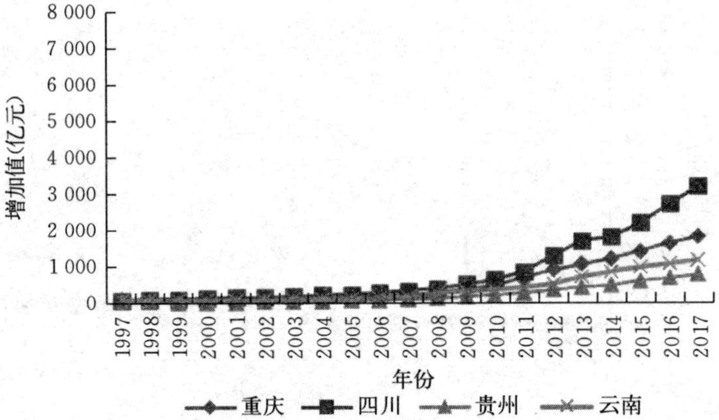

(e)

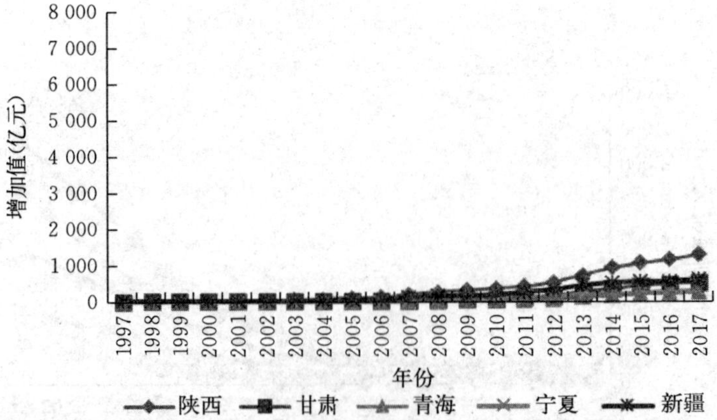

(f)

图 4.1　1997—2017 年各省份金融产业增加值变化情况

a. 华北地区　b. 东北地区　c. 华东地区　d. 中南地区　e. 西南地区　f. 西北地区

数据来源：根据《中国统计年鉴》数据整理测算。

金融产业增加值最高，并与上海拉开较大差距，浙江和山东次之，江西、福建和安徽的金融产业增加值较低；图 4.1（d）中以广东的金融产业增加值“一骑绝尘”，位居中南地区首位，并且自 2007 年开始其金融产业增加值以较快速度增长，而中南地区其他省份金融产业增加值的提速在 2010 年以后才开始显现；图 4.1（e）中西南地区 4 省份的金融产业增加值在 2010 年以后开始分异，四川的金融产业增加值居于西南地区首位，其次是重庆、云南和贵州，各省份之间金融产业增加值的差距不断扩大；从图 4.1（f）中可以看出，西北地区各省份的金融产业增加值普遍较低，以陕西的金融产业增加值最高，并与排名第 2 位的新疆拉开较大差距，甘肃、宁夏和青海的金融产业增加值在 2012 年才开始明显提速增长。

（2）金融产业增加值较高的省份多集中于珠三角、长三角和环渤海地区，西部省份金融产业增加值普遍相对较低，呈现“东高西低”的空间分布格局。金融产业增加值均值排名前 6 位的省份分别是广东（2 238 亿元）、江苏（2 028 亿元）、上海（1 774 亿元）、北京（1 704 亿元）、浙江（1 506 亿元）和山东（1 248 亿元），其值均在 1 000 亿元以上，这 6 个省份地处珠三角、长三角和环渤海地区；年均增加值排名末 7 位的省份为青海（74 亿元）、海南（86 亿元）、宁夏（102 亿元）、甘肃（154 亿元）、吉林（221 亿元）、新疆（227 亿元）和贵州（233）亿元，其值均不足 300 亿元，这些省份多分布在西北地区。由此可见，金融产业增加值呈现明显的“东高、中平、西低”分布格局，东部沿海省份和西北内陆省份金融产业发展差距较大。但值得注意的是，四川和河南的金融产业增加值均值分别为 839 亿元和 714 亿元，位居第 7 位和第 8 位，为西部和中部地区均值最高的省份。这说明“西部大开发”战略给四川金融产业带来了前所未有的发展机遇，在支持西部经济发展的同时，四川金融产业自身也取得了较大进步。

（3）初始金融发展水平较低的省份其增长速度越快，年均增速大体呈现“西高东低”的分布格局。全国整体金融产业增加值年均增速为 16.51%，排名前 4 位的省份为广西（25.99%）、海南（20.61%）、湖北（20.49%）和陕西（20.47%），其年均增速超过了 20%，并且这些省份在 1997 年金融产业增加值均值不超过 70 亿元，说明初始金融发展水平较低的省份其增长速度较快。排名末 5 位的省份有河北（12.38%）、新疆（13.20%）、辽宁（13.23%）、吉林（13.84%）和山东（13.84%），其增速均不足 14%，其中山东、河北和辽宁在 1997 年的金融产业增加值位于前 10 位，资本边际报酬递减的作用下其增速较慢；但新疆（49 亿元）和吉林（56 亿元）在 1997 年的金融产业增加值不足 60 亿元，较低的初始值和年均增速也导致这两省份 2017 年金融产业增加值较低，说明新疆和吉林应提高金融产业发展速度。

（4）金融产业增加值较高的省份对周边省份的金融产业发展具有一定的辐射带动作用。从各省份金融产业增加值的年均增速来看，靠近珠三角、长三角和环渤海地区等金融产业增加值较高地区的省份其金融产业增加值年均增速更高。具体来看，年均增速较高的省份中广西（25.99%）和海南（20.61%）在地理位置上与珠三角地区相对靠近，而内蒙古（19.88%）和天津（18.74%）则与环渤海地区较为靠近。这在一定程度上表明，金融产业增加值较高的省份对周边省份金融产业发展具有一定的辐射带动作用（表 4.1）。

表 4.1　1997—2017 年各省份金融产业增加值和增速

省份	金融产业增加值（亿元）			年均增速（%）	增速排名	年均增加值（亿元）	增加值排名
	1997 年	2007 年	2017 年				
北京	268	1 303	4 655	16.51	11	1 704	4
天津	68	288	1 952	18.74	7	592	13
河北	203	348	2 053	12.38	30	636	12
山西	116	219	1 320	14.11	25	434	17
内蒙古	31	148	1 100	19.88	5	321	21
辽宁	124	386	1 965	13.23	28	657	10
吉林	56	126	710	13.84	27	221	26
黑龙江	109	155	932	17.18	9	301	23
上海	424	1 209	5 331	14.87	21	1 774	3
江苏	318	1 054	6 784	16.89	10	2 028	2
浙江	164	1 251	3 533	16.39	13	1 506	5
安徽	76	224	1 664	15.58	17	460	15
福建	109	386	2 056	15.82	16	663	9
江西	97	101	1 107	14.31	24	313	22
山东	298	735	3 652	13.84	26	1 248	6
河南	145	302	2 509	15.45	18	714	8
湖北	70	337	2 641	20.49	3	652	11
湖南	83	260	1 610	16.26	14	445	16
广东	303	1 705	6 853	17.98	8	2 238	1
广西	17	191	1 273	25.99	1	369	20
海南	9	34	309	20.61	2	86	29

（续）

省份	金融产业增加值（亿元）			年均增速（%）	增速排名	年均增加值（亿元）	增加值排名
	1997 年	2007 年	2017 年				
重庆	117	247	1 814	15.06	20	556	14
四川	93	359	3 203	19.47	6	839	7
贵州	44	122	788	16.46	12	233	24
云南	100	169	1 195	14.55	22	384	19
陕西	32	231	1 300	20.47	4	391	18
甘肃	36	62	554	15.96	15	154	27
青海	19	28	275	15.21	19	74	30
宁夏	22	51	315	14.42	23	102	28
新疆	49	149	624	13.20	29	227	25
均值	120	406	2 136	16.51	—	677	—

数据来源：根据《中国统计年鉴》数据整理测算。全书同。

4.1.2 金融产业发展的经济贡献度分析

4.1.2.1 各省份金融产业对全国金融发展的贡献度分析

为进一步探讨中国各省份金融产业对全国金融发展的贡献程度，本节以各省份金融增加值占全国金融增加值的比重变化情况衡量各省份的金融贡献度（图 4.2）。表 4.2 列出了各省份在样本初期（1997 年）、中期（2007 年）与末期（2017 年）的金融产业对全国金融产业发展的贡献度、贡献度均值、年均增速及其排名情况。

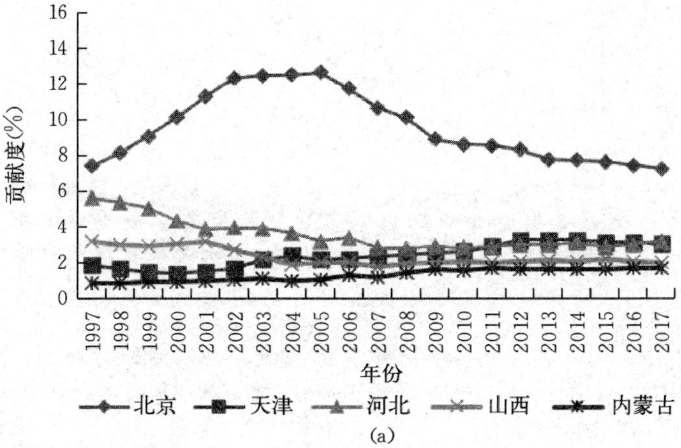

(a)

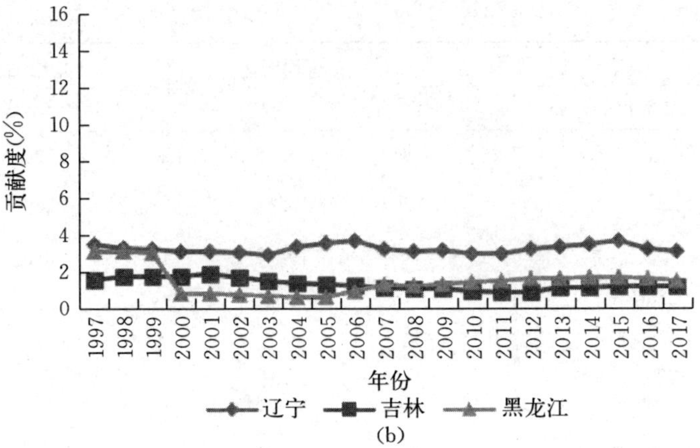

(b)

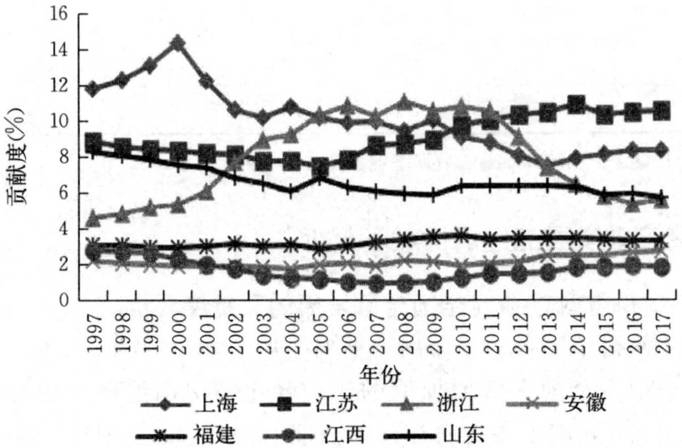

(c)

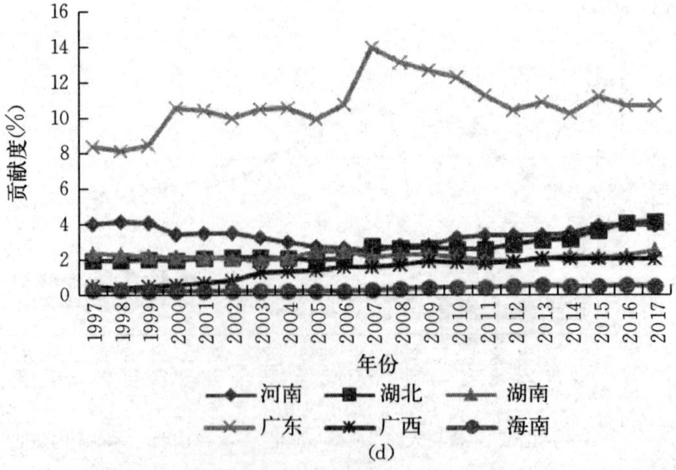

(d)

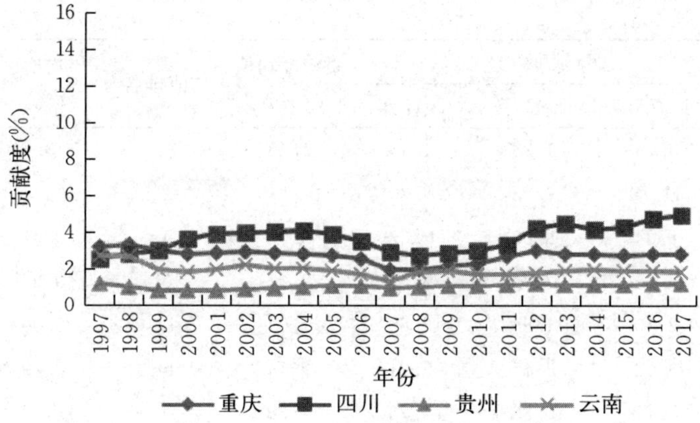

(e)

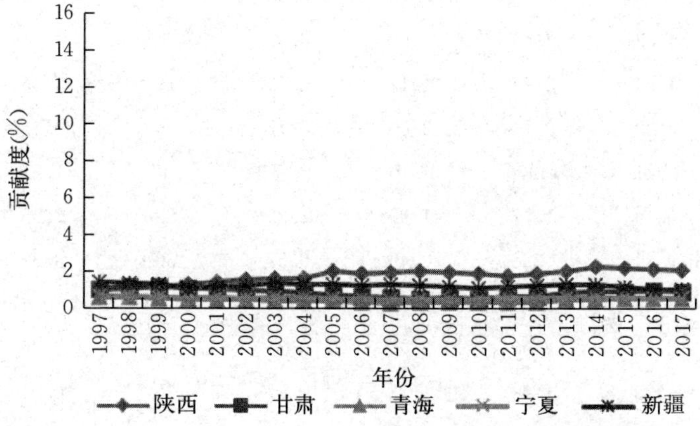

(f)

图 4.2　1997—2017 年各省份金融产业对全国金融产业发展的贡献度变化

a. 华北地区　b. 东北地区　c. 华东地区　d. 中南地区　e. 西南地区　f. 西北地区

表 4.2　1997—2017 年各省份金融产业对全国金融产业发展贡献度的样本期均值与年均增速

省份	贡献度（%）			贡献度均值（%）	均值排名	年均增速（%）	增速排名
	1997 年	2007 年	2017 年				
北京	7.45	10.69	7.27	9.58	3	−0.12	15
天津	1.90	2.37	3.05	2.42	14	2.39	7
河北	5.64	2.85	3.20	3.58	8	−2.79	29
山西	3.22	1.80	2.06	2.33	15	−2.20	27
内蒙古	0.85	1.22	1.72	1.33	23	3.55	5
辽宁	3.45	3.17	3.07	3.21	10	−0.59	17
吉林	1.54	1.03	1.11	1.26	24	−1.64	22

（续）

省份	贡献度（%）			贡献度均值（%）	均值排名	年均增速（%）	增速排名
	1997 年	2007 年	2017 年				
黑龙江	3.03	1.28	1.46	1.43	21	−3.61	30
上海	11.79	9.93	8.32	10.04	2	−1.73	24
江苏	8.84	8.65	10.59	9.06	4	0.91	11
浙江	4.55	10.27	5.51	7.87	5	0.97	10
安徽	2.10	1.84	2.60	2.04	17	1.06	9
福建	3.03	3.17	3.21	3.14	11	0.29	13
江西	2.71	0.83	1.73	1.58	20	−2.22	28
山东	8.29	6.03	5.70	6.58	6	−1.86	25
河南	4.03	2.48	3.92	3.37	9	−0.14	16
湖北	1.94	2.77	4.12	2.59	13	3.85	3
湖南	2.30	2.14	2.51	2.17	16	0.45	12
广东	8.41	14.00	10.70	10.74	1	1.21	8
广西	0.48	1.57	1.99	1.39	22	7.32	1
海南	0.24	0.28	0.48	0.32	30	3.59	4
重庆	3.24	2.03	2.83	2.75	12	−0.67	18
四川	2.59	2.95	5.00	3.71	7	3.35	6
贵州	1.23	1.00	1.23	1.07	26	0.01	14
云南	2.78	1.38	1.86	1.98	18	−1.97	26
陕西	0.90	1.90	2.03	1.68	19	4.14	2
甘肃	0.99	0.51	0.86	0.78	27	−0.70	19
青海	0.53	0.23	0.43	0.36	29	−1.01	20
宁夏	0.61	0.42	0.49	0.50	28	−1.08	21
新疆	1.36	1.22	0.97	1.17	25	−1.65	23

（1）样本期内大部分省份的金融贡献度表现较为平稳，部分省份变化特征具有多样性。从年均增速来看，贡献度波动下降和波动上升的省份各占 50%，根据各省份金融产业增加值对全国金融产业发展贡献度（以下简称金融贡献度）波动情况，可以分为 4 类：第一类，金融贡献度呈先增后减的变化特征，如北京、浙江和广东。北京的金融贡献度在 2005 年达到最大值（12.65%），在此之前，1997—2005 年北京的金融贡献度处于逐年递增阶段，2006—2017 年其金融贡献度持续下降，至样本末期维持在了 8%左右；广东的金融贡献度以 2007 年（14.00%）分界，在 2007 年以前呈现波动上升的特点，2007 年以

后呈现波动下降的特征，2017 年为 10.70%；浙江的金融贡献度先增后减的变化特征相对更加平缓，其在 2006 年以前呈递增特征，而在随后的 5 年里比重维持在 11%上下，直到 2012 年才开始呈现递减的特征。可以发现，这 3 个省份的共同特征是经济发展较好，且 3 个省份金融产业增加值占全国的比重变化的拐点均在 2007 年前后。在 4.1.1 小节中已发现，全国各省份的金融产业增加值以 2007 年为分界，2007 年以前各省份的增加值相差不大；2007 年以后，伴随各省份金融发展的提速，各省份增加值体量差距才开始拉大，这就使北京、浙江和广东金融贡献度呈现的先增后减特征得到了解释——2007 年开始，各省份金融发展提速，原本金融增加值体量较小的省份有了较大的提高，从而“稀释”了北京、浙江和广东所占的比重，使得这 3 个地方呈现这样的特征。第二类，金融贡献度呈现先减后增的特征，如黑龙江和河南。黑龙江的金融贡献度在 2000 年出现了大幅下降，从 1999 年的 3%降到了 2000 年的 0.74%，黑龙江 1999 年增加值为 117.8 亿元，而 2000 年为 30.9 亿元，这便解释了大幅下降的原因。在随后的 5 年里黑龙江的金融贡献度以较小的幅度持续下降，到 2005 年的时候，黑龙江的金融贡献度达到最低值（0.53%），此后金融贡献度才开始逐渐提高，2017 年金融贡献度为 1.46%，但远远低于 1997 年的 3.03%。河南的金融贡献度以 2007 年为分界，呈现先减后增的变化特征。第三类，金融贡献度呈现波动递增的特征，如四川和陕西。样本期内，四川金融贡献度的波动较大，但整体呈现上升的趋势，从 1997 年的 2.59%提高到 2017 年的 5.00%；陕西增加值占全国的比重逐年提高的趋势较为明显，由 1997 年的 0.90%提高到 2017 年的 2.03%。第四类，金融贡献度呈现波动递减的特征，如上海和山东。上海的金融贡献度在 2000 年以前有小阶段的提高，但 2000 年（14.38%）以后，便呈现长期的下降特征，由 1997 年的 11.79%下降到 2017 年的 8.32%；山东由 1997 年的 8.29%下降到 2017 年的 5.70%。

（2）金融贡献度较高的省份集中在珠三角、长三角和环渤海地区，呈现“东高西低”的特征。从表 4.2 中可以看出，各省份金融贡献度的均值排名与金融产业增加值均值排名相一致，前 6 位均为广东、上海、北京、江苏、浙江和山东，这 6 个省份地处珠三角、长三角和环渤海地区，其金融产业发展对全国金融产业发展贡献度领先于全国其他省份，且 6 个省份的金融产业对全国金融产业发展的贡献度达到了 53.87%，并且广东的贡献度最高（10.74%），上海次之（10.04%）。西部的青海、宁夏、甘肃等省份金融产业增加值较低，也导致了这部分省份的金融贡献度居于全国末位。

4.1.2.2　各省份金融产业对该省份经济发展的贡献度分析

为探讨中国各省份金融产业增加值对所在省份经济发展的贡献程度，本节以各省份金融增加值占所在省份生产总值的比重变化情况衡量各省份金融产业发展对经济发展的贡献度（经济贡献度）（图 4.3）。表 4.3 列出了各省份在样本初期（1997 年）、中期（2007 年）与末期（2017 年）的金融产业对该省份经济发展的贡献度、贡献度均值、年均增速及其排名情况。

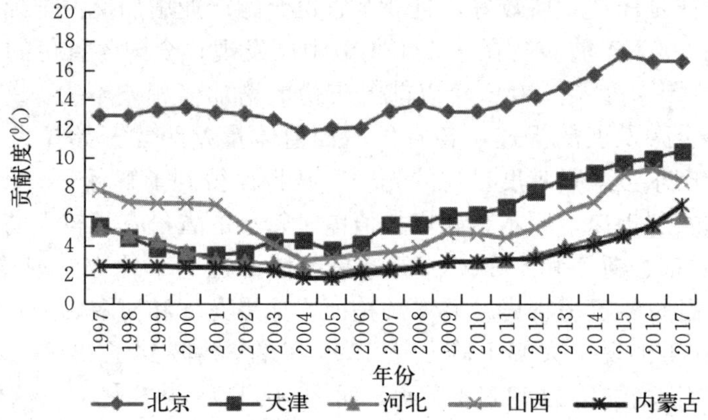

(a)

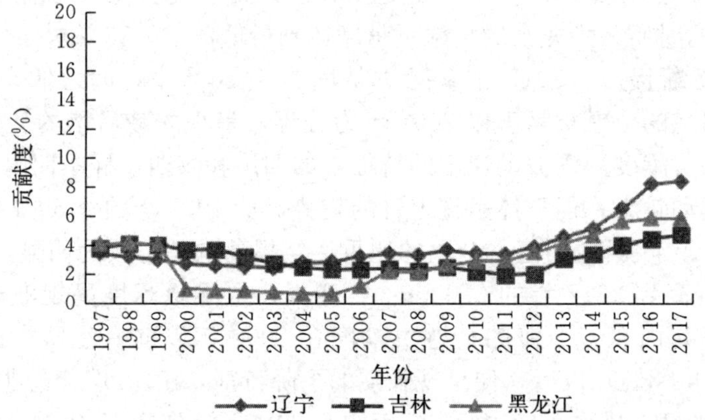

(b)

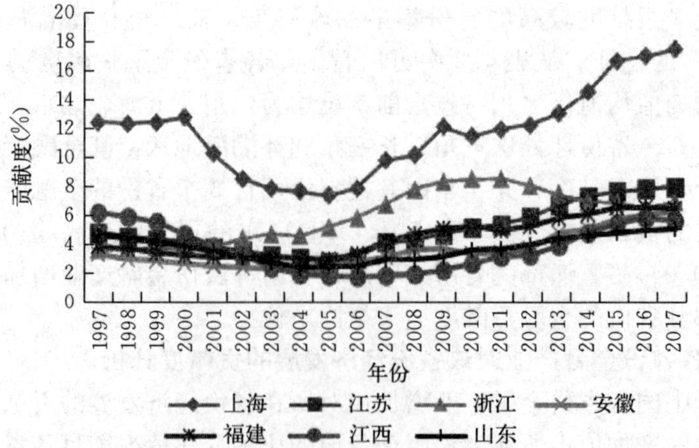

(c)

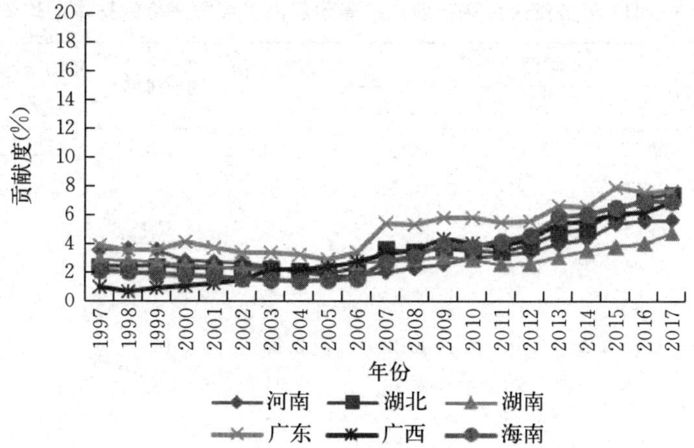

(d)

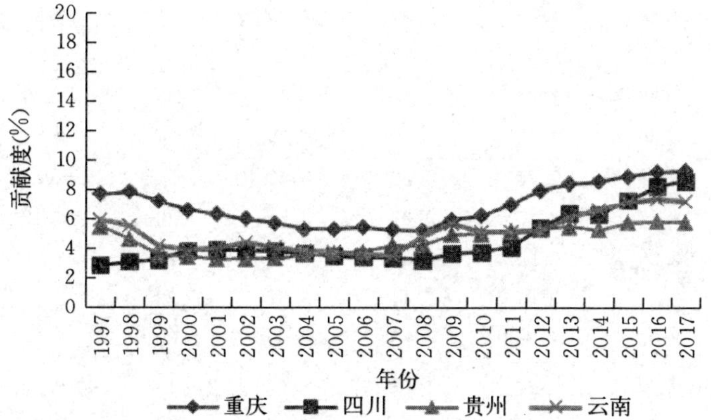

(e)

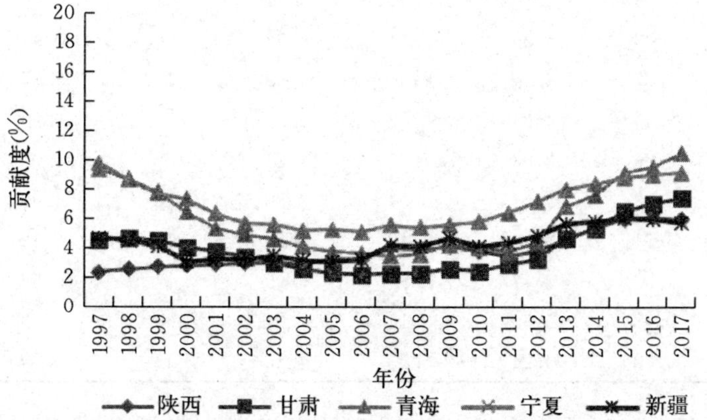

(f)

图 4.3　1997—2017 年各省份金融产业对该省经济发展贡献度的变化

a. 华北地区　b. 东北地区　c. 华东地区　d. 东南地区　e. 西南地区　f. 西北地区

表 4.3 1997—2017 年各省份金融产业对该省份经济发展贡献度的样本期均值与年均增速

省份	贡献度（%）			贡献度均值（%）	均值排名	年均增速（%）	增速排名
	1997 年	2007 年	2017 年				
北京	12.91	13.23	16.62	13.79	1	1.27	19
天津	5.41	5.49	10.52	6.04	5	3.38	10
河北	5.13	2.55	6.04	3.65	19	0.81	24
山西	7.85	3.63	8.50	5.82	8	0.40	27
内蒙古	2.67	2.31	6.83	3.13	27	4.82	5
辽宁	3.47	3.46	8.39	3.95	16	4.52	7
吉林	3.79	2.38	4.75	3.12	28	1.13	20
黑龙江	4.09	2.19	5.86	2.91	29	1.81	17
上海	12.34	9.68	17.40	11.62	2	1.73	18
江苏	4.76	4.05	7.90	4.89	11	2.56	13
浙江	3.49	6.67	6.82	5.92	7	3.40	9
安徽	3.22	3.04	6.16	3.49	23	3.29	11
福建	3.80	4.17	6.39	4.39	14	2.63	12
江西	6.07	1.75	5.53	3.62	21	−0.46	30
山东	4.57	2.85	5.03	3.64	20	0.48	26
河南	3.59	2.01	5.63	3.25	26	2.28	16
湖北	2.44	3.61	7.44	3.57	22	5.74	3
湖南	2.90	2.76	4.75	2.90	30	2.50	15
广东	3.90	5.37	7.64	4.99	10	3.42	8
广西	0.96	3.28	6.87	3.29	25	10.35	1
海南	2.09	2.75	6.92	3.41	24	6.18	2
重庆	7.72	5.29	9.34	6.96	3	0.96	23
四川	2.87	3.40	8.66	4.59	12	5.67	4
贵州	5.49	4.24	5.82	4.55	13	0.29	28
云南	5.96	3.53	7.30	5.14	9	1.01	21
陕西	2.38	4.01	5.94	3.80	18	4.68	6
甘肃	4.51	2.28	7.42	3.90	17	2.52	14
青海	9.33	3.47	10.46	5.99	6	0.57	25
宁夏	9.78	5.55	9.14	6.94	4	−0.34	29
新疆	4.70	4.24	5.73	4.35	15	0.99	22

（1）大部分省份金融产业的经济贡献度呈现先降后升 U 形变化特征，部分省份的经济贡献度波动递增。多数省份金融产业增加值对所在省份经济发展的贡献度呈现先降后升的变化特征，如辽宁、宁夏、青海、甘肃、山西、重庆

和上海。宁夏在1997年金融产业增加值占地区生产总值的比重为9.78%，高于同期大部分经济较发达省份，如广东（3.90%）、山东（4.57%），但此后宁夏的经济贡献度呈现波动下降的特征，直到2006年其经济贡献度降至最低值5.10%之后才开始逐年提高，2017年宁夏经济贡献度提升至9.14%；重庆金融产业增加值占其省份生产总值的比重也出现了先降低后逐渐上升的特征，1997年为7.72%，最低点出现在2008年，为5.23%，2017年提高至9.34%，该比重一直位居西南地区第1位。但也有少部分省份的金融产业增加值对所在省份经济发展的贡献度逐年提高，如广西和四川。广西的经济贡献度呈现波动上升的特征，由1997年的0.96%提高至2017年的6.87%；四川的比重也呈现波动上升的特征，由1997年的2.87%上升至2017年的8.66%。另外，浙江的金融产业增加值对所在省份经济发展的贡献度先上升后降低，浙江在1997年该比重为3.49%，之后呈增长趋势，2011年比重最高，为8.45%，之后该比重开始降低，直到2017年该比重降至6.82%。

（2）金融产业增加值较高的省份其金融产业对经济发展的贡献度不一定高。从表4.3中可以看出，贡献度较高的省份为北京、上海、重庆、宁夏和天津，以上省份的金融产业发展对当地经济发展作出的贡献相对较大，其中北京和上海的贡献度均超过10%，分别为13.79%和11.62%。而广东的金融产业增加值最高，但其金融产业发展对经济发展的贡献度均值为4.99%，排名全国第10位；宁夏和重庆金融产业增加值虽然相对较低，但其对经济发展的贡献度位居全国前5位。

（3）金融产业经济贡献度较低的省份正在迅速提升金融对经济的贡献水平，但金融产业经济贡献度较高的省份面临提速乏力的困境。从表4.3可知，平均经济贡献度较低的广西（3.29%，第25位）和海南（3.41%，第24位）其贡献度的年均增速较高，分别为10.35%（第1位）和6.18%（第2位），与之相似的还有内蒙古和湖北，说明部分中西部金融产业经济贡献度较低的省份正在以较快的增速提升金融产业对经济的贡献水平；与之相反，金融经济贡献度较高的宁夏（6.94%，第4位）和重庆（6.96%，第3位）其贡献度的年均增速较慢，分别为−0.34%（第29位）和0.96%（第23位），类似情况也发生在青海和山西，说明这部分省份面临金融产业经济贡献度提升乏力的困境。

4.2 金融产业集聚度时空演化特征分析

4.2.1 金融产业集聚度的测度方法

在上一节对金融产业发展的分析中，从金融产业增加值来看，长三角、珠三角和环渤海地区金融产业发展较好，全国形成了一定的金融产业集聚格局。

因此，本节对中国金融产业集聚度进行测度，从定量的角度对中国各省份的金融产业集聚特征进行阐述。

本节基于前文理论分析中金融产业集聚形成的竞争优势，对中国金融产业集聚度程度的衡量借鉴了现有研究中常用的区位熵指数。Haggett 等（1969）提出区位熵并运用于区位分析中，是衡量某产业区域集聚程度、产业布局规模效益与产业专业化水平的重要指数。其核心思想在于若某地区某产业集聚水平较高，那么相比于其他地区或该地区其他产业而言，该地区的该产业在全国同一产业中占有较大比例，且其规模也大于该地区的其他产业，具有较高的专业化程度（丁艺等，2010）。区位熵指数能够测度产业集聚水平并反映产业相对规模的大小（李大垒，2010；张浩然等，2015；王锋等，2017），测度方法为

$$LQ_{ij}=\frac{q_{ij}}{q_j}\bigg/\frac{q_i}{q} \tag{4.1}$$

式中，LQ_{ij} 表示 i 省份金融产业的区位熵值，反映 i 省份 j 产业（金融产业）的集聚度；$\frac{q_{ij}}{q_j}$ 表示 i 省份金融产业产值对该省份 GDP 的贡献程度；$\frac{q_i}{q}$ 表示全国的金融产业产值占全国 GDP 的比重。学者对于区位熵指数临界值的选取，常以区位熵值大于 1 作为其存在金融产业集聚现象的标准。若该省份的金融产业的区位熵值大于 1，可以认为该省份的金融产业在全国具有相对优势；反之，则可以认为该省份的金融产业发展在全国处于相对劣势（王澍雨，2018）。

4.2.2 金融产业集聚度的测度结果

根据金融产业集聚度的区位熵测度方法，表 4.4 列出了 1997—2017 年各省份金融产业集聚度的测度结果。

表 4.4 1997—2017 年各省份金融产业集聚度变化情况

省份	1997 年		2007 年		2017 年		1997—2017 年		1997—2017 年	
	集聚度	排名	集聚度	排名	集聚度	排名	均值	排名	年均增速（%）	排名
北京	2.740 1	1	3.034 4	1	2.193 6	2	2.910 0	1	−1.11	19
天津	1.148 0	10	1.258 2	5	1.389 0	3	1.201 3	7	0.96	10
河北	1.089 7	11	0.586 0	24	0.796 9	21	0.746 4	20	−1.55	24
山西	1.665 4	5	0.832 7	13	1.122 2	8	1.187 8	8	−1.95	27
内蒙古	0.565 8	26	0.529 5	26	0.902 0	17	0.623 6	28	2.36	5
辽宁	0.735 9	22	0.793 7	17	1.107 9	9	0.784 7	16	2.07	7
吉林	0.804 9	19	0.547 0	25	0.626 8	30	0.654 1	24	−1.24	20
黑龙江	0.868 9	16	0.502 0	28	0.773 9	23	0.548 3	30	−0.58	17

（续）

省份	1997年		2007年		2017年		1997—2017年		1997—2017年	
	集聚度	排名	集聚度	排名	集聚度	排名	均值	排名	年均增速（%）	排名
上海	2.619 5	2	2.219 5	2	2.297 1	1	2.371 4	2	−0.65	18
江苏	1.010 6	12	0.929 3	11	1.042 9	10	0.978 5	11	0.16	13
浙江	0.741 7	21	1.530 4	3	0.900 9	18	1.234 6	5	0.98	9
安徽	0.684 1	23	0.697 5	20	0.812 8	20	0.697 8	23	0.87	11
福建	0.806 4	18	0.956 8	10	0.843 2	19	0.889 9	15	0.22	12
江西	1.287 4	7	0.400 7	30	0.730 5	27	0.735 4	21	−2.79	30
山东	0.969 0	14	0.653 9	21	0.663 6	28	0.749 6	19	−1.88	26
河南	0.762 2	20	0.461 8	29	0.743 5	26	0.650 8	25	−0.12	16
湖北	0.517 8	27	0.828 8	14	0.982 6	12	0.699 1	22	3.25	3
湖南	0.615 8	24	0.632 1	22	0.627 0	29	0.599 0	29	0.09	15
广东	0.826 9	17	1.230 6	6	1.008 5	11	1.005 8	10	1.00	8
广西	0.203 5	30	0.751 2	19	0.907 5	16	0.636 7	27	7.76	1
海南	0.442 9	29	0.629 6	23	0.913 9	15	0.645 9	26	3.69	2
重庆	1.638 3	6	1.213 7	7	1.232 6	5	1.444 7	3	−1.41	23
四川	0.610 2	25	0.779 8	18	1.143 5	7	0.924 9	13	3.19	4
贵州	1.164 8	9	0.972 2	8	0.768 1	24	0.943 1	12	−2.06	28
云南	1.266 0	8	0.810 0	15	0.963 0	14	1.054 2	9	−1.36	21
陕西	0.505 1	28	0.920 3	12	0.783 7	22	0.774 4	18	2.22	6
甘肃	0.957 0	15	0.522 5	27	0.979 6	13	0.782 4	17	0.12	14
青海	1.980 3	4	0.795 9	16	1.381 0	4	1.218 2	6	−1.79	25
宁夏	2.075 4	3	1.273 9	4	1.206 4	6	1.443 5	4	−2.68	29
新疆	0.998 1	13	0.971 4	9	0.756 4	25	0.892 9	14	−1.38	22
均值	1.076 7	—	0.942 2	—	1.020 0	—	1.001 0	—	0.21	—

（1）具有显著金融产业集聚趋势的省份多在珠三角、长三角、环渤海地区，以及重庆和宁夏，金融产业集聚度与经济发展水平之间并非一一对应关系。从1997—2017年中国各省份金融产业区位熵的平均值来看，区位熵大于1的省份有10个，分别是北京（2.910 0）、上海（2.371 4）、重庆（1.444 7）、宁夏（1.443 5）、浙江（1.234 6）、青海（1.218 2）、天津（1.201 3）、山西（1.187 8）、云南（1.054 2）和广东（1.005 8），表明这10个省份的金融产业发展在全国具有相对优势。从金融产业集聚的成因分析来看，可以分为2类。第一类是珠三角、长三角和环渤海地区，包括广东、上海、浙江、北京、天津

等省份。这些省份金融产业集聚度大于1的原因相同：地区经济发展较好、金融发展程度较高、金融资本和金融机构充足，从而金融产业集聚度相对较高。其中，北京和上海的金融产业集聚度远高于其他省份，北京和上海不仅作为中国的金融中心，并且作为国际金融中心，能够吸引金融资源在本地的集聚，并能促进周边地区金融产业发展，因此上海周边的浙江、北京周边的陕西和天津等省份的金融产业集聚度均相对较高。第二类是西部地区，如重庆、宁夏、青海和云南等省份。这些省份虽然地处西部地区，但也具有相对较高的金融产业集聚度，其成因主要为“西部大开发”战略、“一带一路”倡议以及成渝城市群建设等实施，促进了金融资源的流动，并加速金融资源由较发达地区流入西部地区，带动西部地区金融产业发展。其中，重庆和宁夏的金融产业集聚度分别居于西南地区和西北地区前列。宁夏和青海金融产业集聚度较高，一方面是由于其金融产业增加值和地区生产总值均较小，导致区位熵指数较高；另一方面则是由于其地理位置和自然条件导致经济发展较为困难，从而相对较大的贷款规模使得其金融产业增加值增速优于经济增速，金融产业发展具有优势（王澍雨，2018）。而重庆的金融产业集聚度较高则是由于国家计划建立“长江上游金融中心”，大力发展金融产业，金融集聚趋势越来越明显。此外，其他省域的金融产业区位熵指数均小于1，金融产业尚不具有明显的集聚现象，主要是所在地区经济较为落后，其金融发展速度也相对缓慢，不具备专业化优势，如黑龙江和吉林一直以来都是重工业基地且注重农业发展，金融产业发展较为薄弱，因此难以形成金融集聚。宁夏、青海和云南等经济发展较为落后的省份，其金融产业呈现出高集聚度，这也在一定程度上表明金融产业集聚度与经济发展水平之间并非一一对应关系，即经济发展水平越高的省份其金融产业集聚度未必越高。

（2）样本期内大部分省份金融产业集聚度变化较为平稳，金融产业集聚格局更加深入，部分金融产业集聚度较低的省份表现出更大的增长势头。从金融产业集聚度年均增速来看，各省份的金融产业集聚度整体变动较小，全国集聚度年均增速为0.21%，样本期内集聚度年均增速为正和为负的省份各占一半。大部分金融产业集聚度较高的省份其年均增速为负，如北京（−1.11%）、上海（−0.65%）、重庆（−1.41%）和宁夏（−2.68%），但与之邻近的天津（0.96%）、江苏（0.16%）、浙江（0.98%）、四川（3.19%）和湖北（3.25%）集聚度逐年提升，说明金融产业的空间集聚格局更加深入，由集聚走向扩散，扩大了金融产业集聚的空间范围。广西（7.76%）和海南（3.69%）集聚度年均增速较快，但两者的金融产业集聚度却较低，2017年分别排名第16位和第15位。这一结果表明，部分金融产业集聚度较低的省份正在以较快的增速整合金融资源，提升金融产业集聚水平。

4.2.3　金融产业集聚度的时空演化特征

基于通过区位熵指数计算的金融产业集聚度，本节从时间和空间 2 个维度分析 1997—2017 年金融产业集聚度的演化特征，并通过可视化处理以动态视角展现金融产业集聚的时空格局变动情况。

4.2.3.1　金融产业集聚度的时间变化特征

从上文对金融产业发展状况的描述来看，中国金融产业从产业结构的完善到市场规模的扩大，始终保持良好的发展态势。近年来，随着金融改革和金融创新的深入推进，中国金融产业的集聚格局有所变化，不同地区的集聚发展速度存在差异。本小节将从区位熵指数的变动趋势及其增长速度的角度考察中国金融产业集聚发展的时间演化特征。根据金融产业集聚度的测度结果，图 4.4 绘制了各省份金融产业增加值的区位熵变化情况，用以反映各省份金融产业集聚度的时间变化特征。

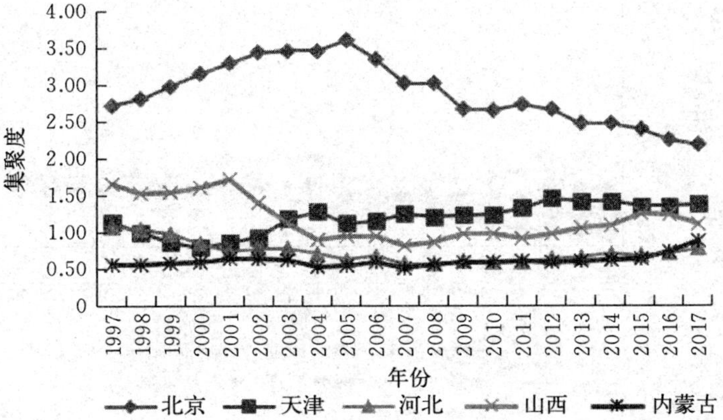

(a)

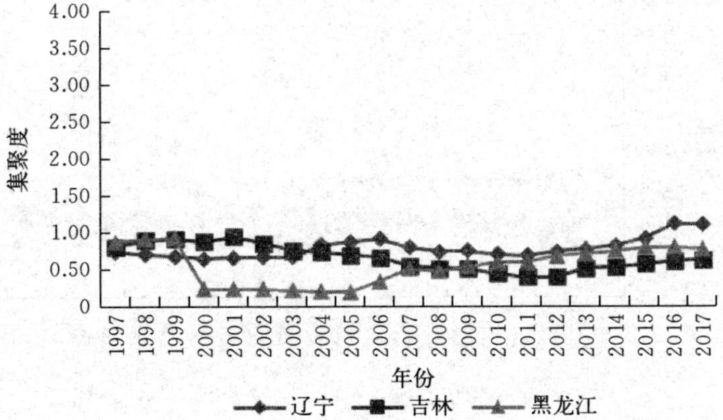

(b)

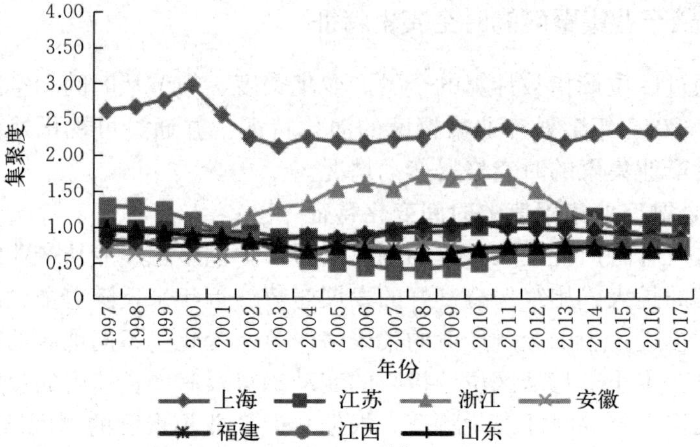
4.00
3.50
3.00
2.50
2.00
1.50
1.00
0.50
0
集聚度
1997
1998
1999
2000
2001
2002
2003
2004
2005
2006
2007
2008
2009
2010
2011
2012
2013
2014
2015
2016
2017
年份
上海
江苏
浙江
安徽
福建
江西
山东

(c)

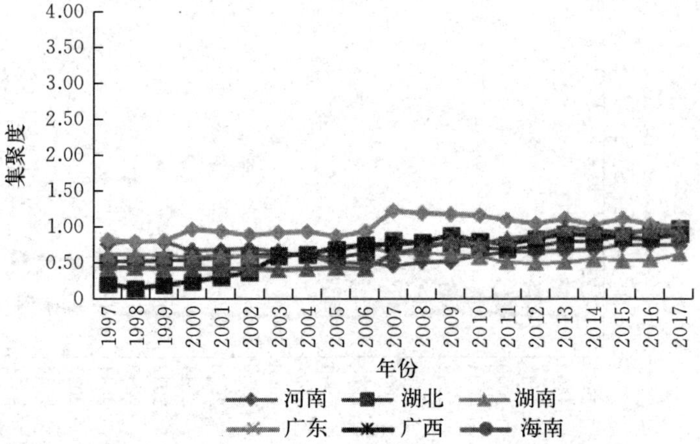
4.00
3.50
3.00
2.50
2.00
1.50
1.00
0.50
0
集聚度
1997
1998
1999
2000
2001
2002
2003
2004
2005
2006
2007
2008
2009
2010
2011
2012
2013
2014
2015
2016
2017
年份
河南
湖北
湖南
广东
广西
海南

(d)

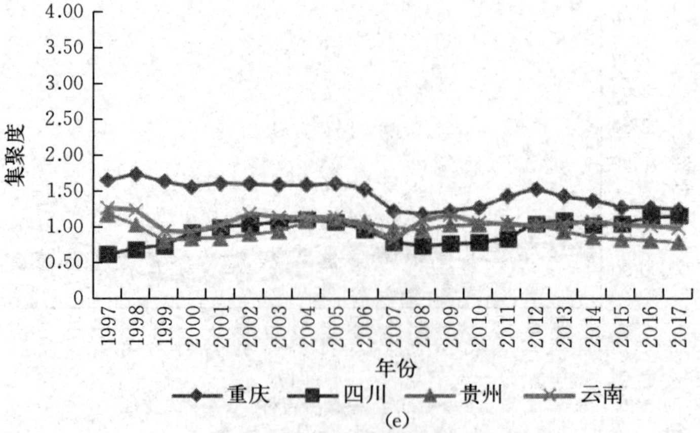
4.00
3.50
3.00
2.50
2.00
1.50
1.00
0.50
0
集聚度
1997
1998
1999
2000
2001
2002
2003
2004
2005
2006
2007
2008
2009
2010
2011
2012
2013
2014
2015
2016
2017
年份
重庆
四川
贵州
云南

(e)

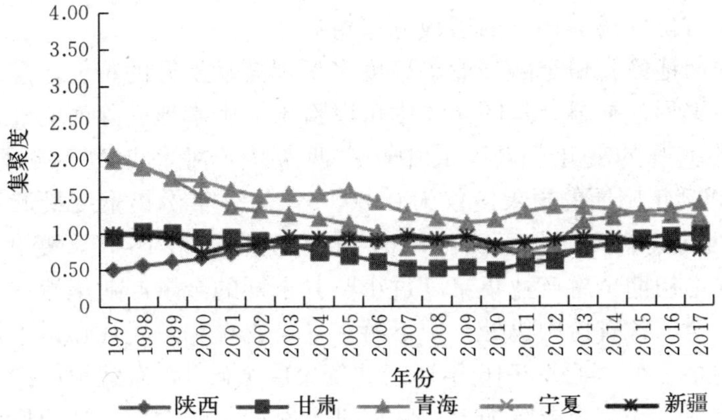

(f)

图 4.4　1997—2017 年各省份金融产业集聚度时间变化趋势

a. 华北地区　b. 东北地区　c. 华东地区　d. 中南地区　e. 西南地区　f. 西北地区

整体上，大部分省份的金融产业集聚度呈现小幅上升的变化特征，样本期内长三角、京津冀和珠三角地区均存在金融扩散现象，同区域内大部分省份金融产业集聚度变化特征较为相似。

（1）金融产业集聚度较高的省份，其集聚度呈现“先增后减”的变化特征。北京、上海、浙江和广东 4 省份的金融产业集聚度呈现明显的“先增后减”变化特征，且各省份变化趋势的转折点存在差异，上海（2000 年）的转折点最早，其次是北京（2005 年）和广东（2007 年），最后是浙江（2011 年）。

（2）样本期内长三角、京津冀和珠三角地区均存在金融扩散现象，且长三角地区金融扩散现象出现时间最早、层次最高。发现自 2000 年上海的金融产业集聚度开始下降后，浙江的金融产业集聚度明显提升，直到 2011 年才显现出下降特征，而 2011 年后江西的金融产业集聚度加速提升。因此，可以推断长三角地区的金融产业存在多层级金融扩散现象。与之类似，自北京的金融产业集聚度在 2005 年开始下降后，天津和河北的金融产业集聚度也开始显现持续的提升特征，当广东的金融产业集聚度在 2007 年波动下降后，海南的金融产业集聚度呈现明显波动上升的趋势，说明京津冀和珠三角地区也存在金融扩散现象，但相比长三角地区出现时间较晚，且程度更低。

（3）华北、华东地区形成了一大一小双金融中心格局，金融产业集聚度呈现梯级分布。华北地区中，北京的金融产业集聚度最高，其次是天津，并且两者金融产业集聚度均高于 1，形成了一大一小双金融中心的格局；与之类似，华东地区的上海和浙江也形成了一大一小双金融中心的格局。而华北和华东地区的其余省份，金融产业集聚度尚未超过 1，但彼此之间较为接近，因而两地区形成了以北京和上海大金融中心为第一梯度、天津和浙江小金融中心为第二梯度、其余省份为第三梯度的层级分布格局。

（4）中南地区省份金融产业集聚度多呈现波动上升的特征，东北地区辽宁金融产业集聚形态初显。从图 4.4 中可以看出，中南地区除河南外，其余省份均呈现波动上升的变化趋势。其中，广西金融产业集聚度的年均增速高达 7.76%，1997 年广西的集聚度仅为 0.203 5，为该年份集聚度最低的省份，至 2017 年广西的集聚度增加至 0.907 5，上升至全国第 16 位，变化幅度较大，这是因为样本初期金融产业集聚度过小，其末期的金融产业集聚水平虽然有所提升，但在全国各省份中仍处于中下游水平。吉林和黑龙江在样本期内金融产业集聚度均小于 1，直到 2016 年辽宁的集聚度突破 1，东北地区的金融集聚形态才开始显现，辽宁应继续加大力度促进金融产业的发展，加快形成东北地区的金融产业集聚中心。

（5）西南和西北地区金融中心的扩散带动作用较弱。样本期内重庆的金融产业集聚度均大于 1，是西南地区的金融中心。但是，西南地区其余各省份金融产业集聚度在 1 上下波动，未能形成稳定的次级金融中心。西北地区有宁夏和青海两大金融中心，但与西南地区类似，西北其余省份金融产业集聚度处于“胶着”状态，还未有省份的集聚度突破 1 的界限。

4.2.3.2 金融产业集聚度的空间变化特征

本小节使用分位数断点法并结合样本极大值和极小值，将金融产业集聚度划分为 5 个等级，分别是第五等级（0.149 1～0.651 5）、第四等级（0.651 6～0.759 6）、第三等级（0.759 7～0.935 8）、第二等级（0.935 9～1.214 8）、第一等级（1.214 9～3.612 4）。随后选取 1997 年、2002 年、2007 年、2012 年和 2017 年为代表性年份，整理各省份所处的等级（表 4.5）。

表 4.5 1997—2017 年各省份金融产业集聚度的等级划分

省份	1997 年	2002 年	2007 年	2012 年	2017 年
北京	1	1	1	1	1
天津	2	2	1	1	1
河北	2	3	5	5	5
山西	1	1	3	3	2
内蒙古	5	4	5	5	5
辽宁	4	4	3	4	4
吉林	3	3	5	5	5
黑龙江	3	5	5	5	5
上海	1	1	1	1	1

（续）

省份	1997年	2002年	2007年	2012年	2017年
江苏	2	3	3	3	2
浙江	4	2	1	1	3
安徽	4	5	4	3	4
福建	3	3	2	2	2
江西	1	3	5	5	5
山东	2	3	4	5	5
河南	3	4	5	5	5
湖北	5	5	3	3	4
湖南	5	5	5	5	5
广东	3	3	1	2	2
广西	5	5	4	3	3
海南	5	5	5	4	3
重庆	1	1	2	1	1
四川	5	2	3	4	4
贵州	2	3	2	2	2
云南	1	2	3	2	2
陕西	5	3	3	3	3
甘肃	2	3	5	5	5
青海	1	1	3	3	1
宁夏	1	1	1	1	2
新疆	2	3	2	3	2

（1）中国金融产业集聚度呈现多极点稳定发展的空间格局。中国各省份的金融产业集聚度在空间布局逐步形成北京、天津、上海、重庆、青海和宁夏等多个极点稳定发展的特征。具体来看，1997年北京、山西、上海、重庆、青海、宁夏等的金融产业集聚度位于第一等级，2007年天津、浙江和广东的金融产业集聚度进入第一等级，并且天津的金融产业集聚优势持续到了2017年，形成中国金融产业集聚多极点稳定发展的空间格局。2017年宁夏的金融产业集聚度有所下降，从1997年的1.7378下降至2017年的1.2064，下降至第二等级。东部地区经济基础深厚且具有较好的地理优势，形成了以北京、天津为极点的环渤海金融圈、以上海为极点的长三角金融圈、以广东为极点的珠三角

金融圈。西部地区中以重庆和宁夏的金融产业集聚度在样本期内始终保持较高水平，宁夏的交通地理环境限制了工业和农业的发展。为此，大力发展第三产业，如旅游业和金融产业，且在国家“西部大开发”政策的扶持下，效果显著。东北地区在前期未形成金融产业集聚极点的原因为：东北 3 省为我国老工业基地，注重农业、能源和重工业发展，工业基础较为稳固且国有企业占比较高，虽然国家实施东北振兴战略，但原有经济体制的根深蒂固使其效果甚微，金融资源匮乏，产业发展缓慢，造成了金融产业集聚度相对较低，近年来逐步形成以辽宁为金融产业集聚极点的发展格局。河南、湖北等中部地区省份的金融产业集聚度相对较低，是由于这些省份较为平坦的地形优势使其大力发展农业等，金融产业所占比重相对较低，由于地理、资源矿产和人口等因素，产业结构难以在短期内发生较大改变，金融产业也难以在短期内形成集聚。

（2）除了东北地区以外，其余地区至少存在一个稳定的金融集聚中心。华北地区由北京单金融中心向京津双金融中心转变，北京在样本期内金融产业集聚度一直处于第一等级，自 2007 年始，天津的金融产业集聚度也进入第一等级并持续保持着金融产业集聚的优势，而山西在 2002 年以前金融产业集聚度属于第一等级，随后年份基本保持在第二或第三等级。东北地区 3 个省份的金融产业集聚度多处于第三等级及以下，辽宁整体来看金融产业集聚度略高于吉林和黑龙江两省，有望成为东北地区的金融产业集聚中心。华东地区与华北地区相似，也经历了从上海单金融中心向沪浙双金融中心的转变，上海在样本期内金融产业集聚度一直处于第一等级，2007 年和 2012 年浙江的金融产业集聚度均进入第一等级，体现了华东地区第二金融中心的崛起，但是 2017 年浙江的金融产业集聚度又回落到第三等级。在中南地区，尽管广东的金融产业集聚度仅在 2007 年进入第一等级，但后来年份均处于第二等级，属于中南地区的金融产业集聚中心，其金融产业集聚特征相对北京、上海来说不够显著，究其原因在于广东仅深圳、广州两市金融产业较为发达，其余城市相对落后的金融产业拉低了广东省整体的金融产业集聚水平。重庆的金融产业集聚度仅 2007 年属于第二等级，其余年份均属于第一等级，是西南地区稳定的金融产业集聚中心。西北地区形成了较稳定的青宁双金融产业集聚中心，青海的金融产业集聚度在 1997 年、2002 年、2017 年均进入第一等级，宁夏则除了 2017 年以外金融产业集聚度均属于第一等级。

4.3 本章小结

（1）中国各省份金融产业增加值持续增长，并且以 2007 年为界出现了明显的提速和分异情况，“东高西低”的显著地区差异与高值省份对低值省份的辐射带动作用同时存在。中国各省份的金融产业发展整体向好，各省份的金融产业增加值都呈现增长趋势，但存在明显的分阶段特征，2008年之后，各省份的金融产业增加值明显开始提速，由于各省份金融产业发展速度的差异，导致了2008—2017年，六大地区内部各省份的金融产业增加值的差距越来越大；金融产业增加值较高的省份多集中于珠三角、长三角和环渤海地区，西部省份金融产业增加值普遍相对较低；年均增速前2位的广西（25.99%）、海南（20.61%）均位于珠三角地区，内蒙古（19.88%）和天津（18.74%）的年均增速位列前10位，均处在环渤海地区，表明金融产业增加值较高的省份对周边省份的金融产业发展具有一定的辐射带动作用。

（2）各省份金融产业对全国金融发展贡献度的变化特征具有多样性，“东高西低”的特征较为明显，各省份金融产业对该省份经济发展贡献度整体呈现U形特征，部分中西部金融产业经济贡献度较低的省份正在以较快的增速提升金融产业对经济的贡献水平。各省份金融产业对全国金融发展贡献度的变化特征大致可分为“先增后减”“先减后增”“波动递增”“波动递减”4类；金融产业增加值较高的省份其金融产业发展对全国金融产业发展贡献度也较高，且集中在珠三角、长三角和环渤海地区，呈现“东高西低”的特征；中国各省份金融产业发展对该省份经济发展的贡献度先降低后逐步提高，贡献度整体呈现先降后升的U形变化特征；部分经济贡献度较低的省份正在以较快的增速提升金融产业发展对经济发展的贡献水平，并且这些省份以中西部居多，如广西和海南，说明中西部地区正逐渐认识到金融产业对于经济增长的提升作用，越发强调金融产业对经济增长的支撑作用。

（3）金融产业集聚度的测度结果表明，具有显著金融产业集聚趋势的省份多在珠三角、长三角、环渤海地区，以及重庆和宁夏。金融产业集聚度与经济发展水平之间并非线性对应关系，同时金融产业集聚度较低的省份表现出更大的增长势头。样本期内各省金融产业集聚度的平均值大于1的省份有10个，分别是北京（2.910 0）、上海（2.371 4）、重庆（1.444 7）、宁夏（1.443 5）、浙江（1.234 6）、青海（1.218 2）、天津（1.201 3）、山西（1.187 8）、云南（1.054 2）和广东（1.005 8）。而根据金融产业集聚的成因，这10个省份可以分为两类：一类是由于其自身地区经济发展较好而产生金融产业集聚的珠三角、长三角和环渤海地区省份；另一类是由于“西部大开发”战略、“一带一路”倡议以及成渝城市群建设等实施而形成集聚的宁夏和重庆两省份。这也在一定程度上表明，金融产业集聚度与经济发展水平之间并非线性对应关系，即经济发展水平越高的省份其金融产业集聚度未必越高。广西和海南的金融产业集聚度较低，但年均增速居于全国首位；而上海和北京的集聚度均值排名全国前列，但其集聚度的年均增速却为负。

（4）大部分省份的金融产业集聚度呈现小幅上升的变化特征，同区域内大部分省份金融产业集聚度变化特征较为相似；样本期内长三角、京津冀和珠三角地区均存在金融扩散现象，且长三角地区金融扩散现象出现时间最早、层次最高；华北、华东地区形成了一大一小双金融中心格局，金融集聚度形成了以北京和上海大金融中心为第一梯度、天津和浙江小金融中心为第二梯度、其余省份为第三梯度的层级分布格局；中南地区省份金融产业集聚度多呈现波动上升的特征，东北地区辽宁金融产业集聚形态初显；西南和西北地区金融中心的扩散带动作用较弱，重庆、宁夏和青海是西南和西北地区的金融集聚中心，但是两地区其余省份集聚度较小，处于“胶着”状态。

（5）中国金融产业集聚度呈现北京、天津、上海、重庆、青海和宁夏等多个金融极点稳定发展的空间格局，并且除了东北地区以外，其余地区至少存在一个稳定的金融集聚中心。其中，华北、华东经历了从单金融中心向双金融中心的转变，华北由北京单中心向京津双中心变化，华东由上海单中心向沪浙双中心转变；西南、中南保持着重庆、广东的单金融中心格局；西北则稳定体现青海、宁夏的双金融中心特征；辽宁有望成为东北地区的金融集聚中心。

综合来看，中国金融产业的集聚发展格局清晰，且在地理空间上存在一定关联性，在区域金融中心的带动下，必然会加快促进各地区金融产业的发展，提升金融产业的专业化优势。下一步将分地区对金融产业集聚进行测度，并对中国各地区内部金融产业集聚度的差异进行量化分析。

第 5 章　中国金融产业集聚度的地区差异及敛散性分析

本章首先对中国各地区的金融产业发展状况进行分析，从金融产业增加值变化特征、金融产业对全国金融产业发展及经济发展的贡献度 3 个方面进行阐述；其次，使用区位熵法测算了各地区的金融产业集聚度，并进行比较分析；再次，基于泰尔指数对金融产业集聚度的整体差异、地区间差异和地区内差异进行测度，并结合各地区内部省份的金融产业集聚度对差异形成的原因进行探究；最后，通过包含空间效应的 β 绝对收敛模型考察全国以及东、中、西部地区金融产业集聚度的敛散性。

5.1　各地区金融产业发展情况概述

5.1.1　金融产业的产值变化分析

1997—2017 年六大地区金融产业增加值的变化趋势见图 5.1。

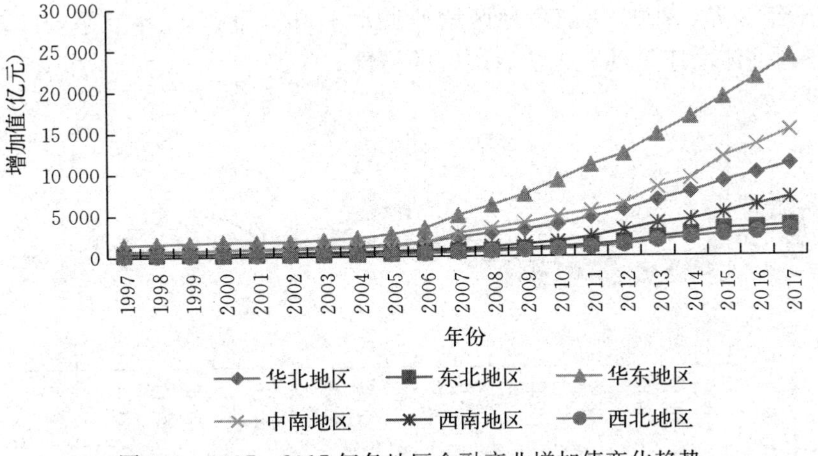

图 5.1　1997—2017 年各地区金融产业增加值变化趋势

（1）各地区金融产业增加值以 2007 年为界呈现“先缓后快”的增长趋势，各地区金融产业增加值差距逐渐扩大。中国六大地区的金融产业增加值在样本期内均呈现不断增长趋势，且在 2007 年之前增长较为平缓，伴随“先缓后快”的增长趋势，六大地区之间金融产业增加值的差距也逐渐拉大。

（2）金融产业增加值呈现“东高西低”的分布格局。1997—2017 年以华东地区金融产业年均增加值最高，达到了 7 992.73 亿元；其次是中南地区（4 504.63 亿元）、华北地区（3 687.69 亿元）、西南地区（2 012.76 亿元）、东北地区（1 179.55 亿元）；而西北地区金融产业年均增加值为 948.46 亿元，是金融产业年均增加值最低的地区。1997—2006 年，各地区金融产业年均增加值从高到低排名分别为华东地区（2 035.27 亿元）、华北地区（1 039.28 亿元）、中南地区（936.71 亿元）、西南地区（483.18 亿元）、东北地区（299.86 亿元）和西北地区（220.77 亿元）；2007—2017 年，各地区金融产业年均增加值从高到低排名分别为华东地区（13 408.61 亿元）、中南地区（7 748.20 亿元）、华北地区（6 095.33 亿元）、西南地区（3 403.29 亿元）、东北地区（1 979.26 亿元）和西北地区（1 610.00 亿元）。

（3）除东北地区和西南地区出现负增长外，其余各地区的金融产业增加值基本上保持连续增长趋势，金融产业增加值增速呈现“南高北低、先快后缓”的分布格局。1997—2017 年六大地区金融产业增加值的增速见图 5.2。1997 年以来，除东北地区和西南地区出现负增长外，其余各地区的金融产业增加值基本上保持连续增长趋势。各地区的年均增长率从高到低依次为中南地区（18.08%）、西南地区（16.50%）、西北地区（16.46%）、华东地区（15.37%）、华北地区（15.12%）和东北地区（14.47%），南方地区增速明显高于北方。以 2007 年为界，2007 年前各地区增速波动上升，而 2007 年后呈现波动下降的趋势，整体增速呈现“先快后缓”的格局。

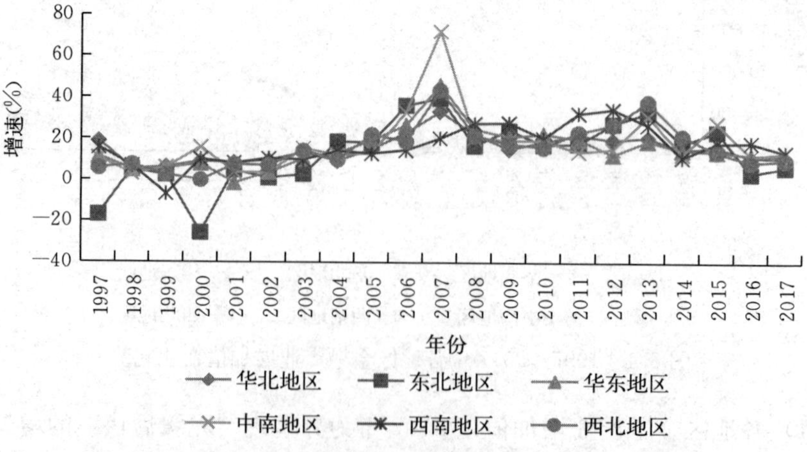

图 5.2　1997—2017 年各地区金融产业增加值增速

5.1.2　金融产业的经济贡献度分析

5.1.2.1　各地区金融产业对全国金融产业发展的贡献度分析

1997—2017 年六大地区金融产业增加值占全国金融产业增加值的比重见图 5.3，用以衡量中国六大地区金融产业发展对全国金融产业发展的贡献度（即金融贡献度）。

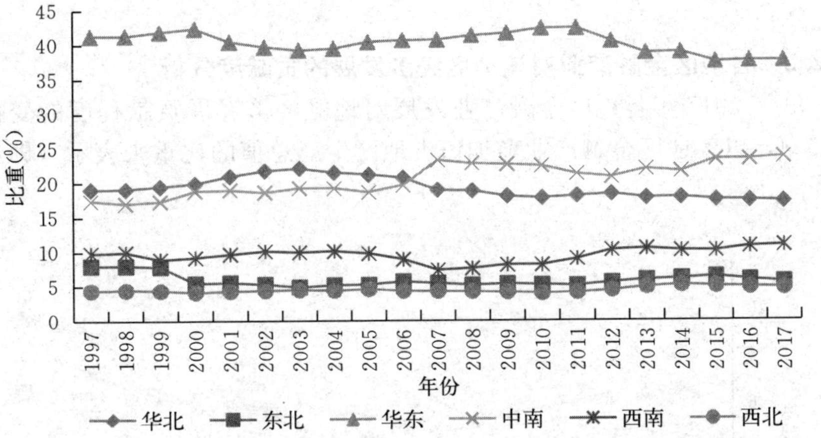

图 5.3　1997—2017 年各地区金融产业增加值占全国金融产业增加值的比重变化

（1）华东地区金融贡献度最高，而西北地区金融贡献度最低。从中国各地区金融产业发展对全国金融产业发展的贡献度来看，1997—2017 年中国六大地区金融产业增加值占全国金融产业增加值的比重可以大致分为 4 个层级：第一层级是华东地区，其金融产业发展对全国金融产业发展的贡献度最高，始终高于 37%；第二层级为华北地区和中南地区，在 2007 年之前华北地区的贡献度高于中南地区，但在 2007 年之后中南地区的贡献度超过华北地区；第三层级为西南地区；第四层级为东北地区和西北地区，二者贡献度都较低，其中西北地区金融贡献度在样本期内最低，除了 2014 年贡献度达到 5.21%以外，其余年份贡献度多在 5%以下。这一结果在一定程度上表明，我国华东地区的金融产业发展对全国金融产业发展的贡献度最高，并在 2015 年之后保持相对稳定，长三角地区的金融产业正在成为其支柱产业，金融产业集聚形态不断得到巩固。

（2）六大地区金融贡献度变化较为平稳，其中中南地区金融贡献度年均增速最高，东北地区最低。从中国各地区金融产业发展对全国金融产业发展的贡献度的年均增速来看，1997—2017 年中南地区的金融产业增加值占比增长了 36.32%，年均增长率为 1.73%，是增长速度最快的地区；其次是西南地区增长了11.12%，年均增长0.53%；西北地区增长了9.04%，年均增长0.43%。其他地区金融产业贡献度呈下降趋势，其中东北地区下降速度最快，下降了29.87%，年均下降率为1.42%；华北地区下降了9.26%，年均下降率为0.44%；华东地区下降了8.83%，年均下降率为0.42%。从这一变化趋势可以看出，中西部的金融贡献度增长更快，国家正逐步加快建设中部和西部的金融中心。但从其比重的对比结果来看，西部地区中尤其是西北地区，与其他地区金融产业的贡献度相比仍有较大差距，需要进一步深入发展金融产业。

5.1.2.2 各地区金融产业对该地区经济发展的贡献度分析

1997—2017年各地区金融产业发展对地区经济发展贡献程度的变化趋势见图5.4，以各地区金融产业增加值占地区生产总值的比重来表示（即经济贡献度）。

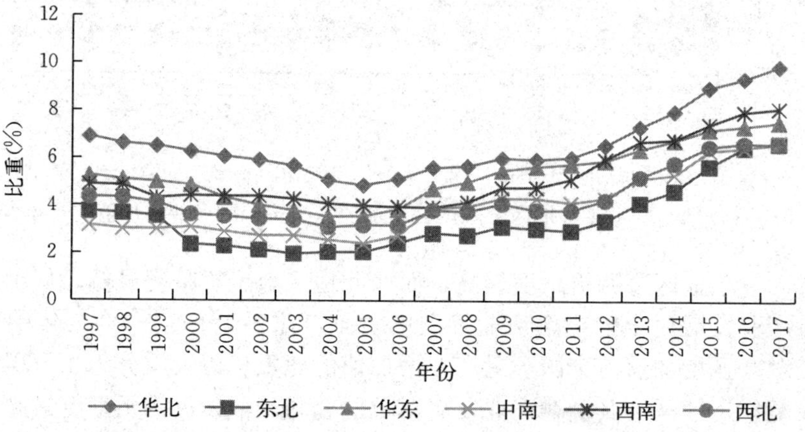

图5.4 1997—2017年各地区金融产业增加值占地区生产总值的比重变化

（1）华北地区金融产业发展对其实体经济发展的贡献度更大，东北地区的贡献度最低。年均金融产业发展对地区经济发展的贡献度从高到低排序为华北地区（6.59%）、华东地区（5.29%）、西南地区（5.20%）、西北地区（4.31%）、中南地区（3.96%）和东北地区（3.42%）。这在一定程度上表明，华北地区金融产业发展对其实体经济发展的支持程度更大。东北地区为我国老工业基地，注重农业、能源和重工业发展，工业基础较为稳固且国有企业占比较高，虽然国家实施东北振兴战略，但原有产业结构短时间难以改变，其金融产业发展缓慢。因此，造成了金融产业对经济增长贡献度最低。

（2）各个地区金融产业发展对地区经济贡献的变动趋势基本一致，均呈现先降低后提升的 U 形变化趋势。在 2005 年以前，各地区的贡献度呈现逐年降低的趋势；2005 年以后，金融产业增加值占各地区生产总值的比重不断提高，表明金融产业对于地区经济增长的重要性在不断提高。此外，在样本期间各地区金融产业发展对地区经济发展贡献度增幅最大的是中南地区（111.43%），最小的是华东地区（42.77%），华北地区、东北地区、西南地区和西北地区的贡献度分别为 42.86%、77.47%、65.72%、51.89%。

5.2　各地区金融产业集聚度的变化特征

中国各地区金融产业集聚度的测度方法与中国各省份金融产业集聚度的测度方法一致，均使用区位熵法对金融产业集聚度进行测度，详见公式（4.1）。计算得到的中国六大地区金融产业集聚度见表 5.1，1997—2017 年各地区金融产业集聚度随时间变化情况见图 5.5。

表 5.1　1997—2017 年各地区金融产业集聚度

年份	华北	东北	华东	中南	西南	西北
1997	1.467 2	0.795 0	1.120 4	0.673 1	1.038 6	0.925 3
1998	1.451 1	0.806 7	1.119 4	0.660 1	1.064 2	0.947 3
1999	1.466 0	0.801 0	1.127 0	0.676 0	0.968 9	0.926 4
2000	1.477 0	0.556 1	1.145 3	0.728 0	1.037 8	0.854 0
2001	1.528 9	0.577 8	1.0920	0.732 2	1.102 9	0.891 9
2002	1.567 5	0.565 5	1.063 3	0.723 9	1.163 1	0.910 1
2003	1.559 4	0.540 7	1.038 9	0.752 6	1.171 1	0.931 8
2004	1.489 0	0.601 8	1.039 2	0.751 5	1.199 4	0.912 2
2005	1.454 4	0.613 1	1.064 3	0.724 3	1.196 4	0.950 1
2006	1.421 2	0.672 1	1.068 7	0.761 5	1.096 5	0.881 6
2007	1.284 9	0.650 3	1.078 9	0.893 5	0.898 9	0.871 4
2008	1.261 8	0.610 3	1.108 9	0.879 4	0.919 5	0.833 4
2009	1.219 5	0.632 9	1.114 4	0.875 0	0.964 3	0.827 6
2010	1.203 6	0.611 4	1.141 5	0.868 4	0.962 0	0.767 7
2011	1.213 3	0.591 4	1.158 3	0.829 2	1.025 5	0.765 8
2012	1.240 1	0.636 8	1.117 4	0.816 1	1.127 8	0.800 4
2013	1.225 9	0.690 6	1.069 1	0.860 6	1.123 6	0.872 3

（续）

年份	华北	东北	华东	中南	西南	西北
2014	1.261 6	0.729 6	1.068 6	0.839 0	1.072 6	0.917 1
2015	1.266 4	0.800 3	1.018 3	0.893 6	1.049 0	0.916 7
2016	1.272 5	0.879 4	1.002 1	0.875 9	1.083 3	0.904 1
2017	1.303 6	0.877 5	0.994 9	0.885 1	1.070 4	0.874 1
均值	1.363 6	0.678 1	1.083 4	0.795 2	1.063 6	0.880 1
年均增速（%）	−0.59	0.49	−0.59	1.38	0.15	−0.28

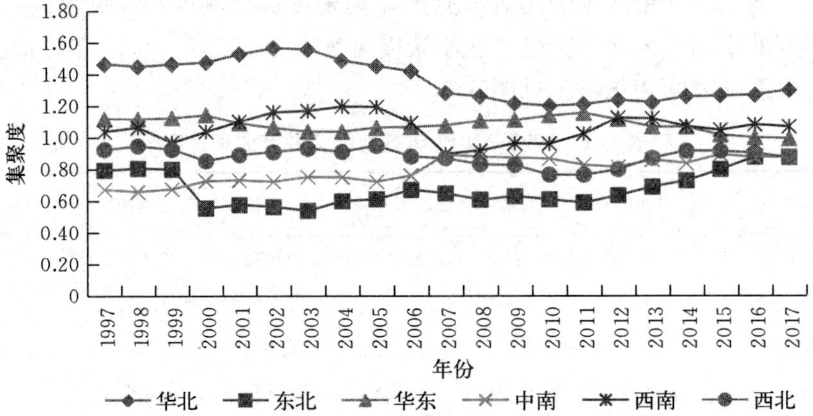

图 5.5　1997—2017 年各地区金融产业集聚度的变化

（1）华北地区、华东地区和西南地区的金融产业发展在全国处于相对优势地位。从中国各地区在样本期内金融产业集聚度平均值来看，华北地区最高，为 1.363 6；其次分别为华东地区（1.083 4）、西南地区（1.063 6）、西北地区（0.880 1）和中南地区（0.795 2）；东北地区最低，为 0.678 1。这与各地区金融产业增加值对地区生产总值的贡献度排序相一致。这在一定程度上表明，华北地区、华东地区和西南地区的金融产业发展在全国处于相对优势地位。

（2）中南地区和西南地区的金融产业集聚度增长最快，而其他地区的金融产业集聚度出现负增长。金融产业集聚度的年均增长率表明，在样本期内东北地区、中南地区和西南地区的金融产业集聚度年均增长率为正，分别为 0.49%、1.38%和 0.15%，3 个地区总体呈现波动上升趋势。其他 3 个地区的金融产业集聚度年均增长率均为负，按绝对值从大到小排列，分别为华北地区（−0.59%）、华东地区（−0.59%）、西北地区（−0.28%）。

（3）华北地区和西南地区的金融产业集聚度在样本期内波动较大。华北地区金融产业集聚度整体呈现下降趋势，2017 年该地区金融产业集聚度为 1.303 6，与 1997 年相比降低了 11.15%；而西南地区金融产业集聚度在 1.00 上下波动，2017 年相比 1997 年金融产业集聚程度几乎没有变化；中南地区金融产业集聚度整体呈现波动上升特征，2017 年中南地区金融产业集聚度相较于 1997 年增长了 31.50%；华东和西北地区金融产业集聚度整体波动较小，比较稳定；东北地区的金融产业集聚度在 2000 年出现了明显下降，下降至 0.556 1，随后 11 年时间里，没有发生明显变化，直到 2012 年开始逐年上升，2012—2017 年东北地区金融产业集聚度平均变化率为 6.85%。

（4）六大地区金融集聚度之间的差距呈现缩小趋势。2007 年以前，中国各地区金融产业集聚度差异较大，如 2003 年华北地区的金融产业集聚度为 1.559 4，而东北地区的金融产业集聚度仅为 0.540 7。自 2007 年开始，伴随华北地区金融产业集聚度的降低和东北地区金融产业集聚度的提高，六大地区金融产业集聚度之间的差异呈现缩小趋势，至 2017 年各地区间差距进一步缩小，华北地区的金融产业集聚度降低至 1.303 6，而东北地区的金融产业集聚度提升至 0.877 5。

5.3　金融产业集聚的地区差异分析

5.3.1　地区差异的测度方法

泰尔指数常作为个体之间或地区间差距的衡量指标，根据 Combes 等（2008）的研究成果，当不分组的时候，泰尔指数的基本计算公式为

$$T^s = \sum_{r=1}^{R} \lambda_r^s \ln \frac{\lambda_r^s}{\lambda_r} \tag{5.1}$$

式中，R 表示地区数目；s 表示产业部门；λ_r^s 表示 r 地区 s 产业占所有地区 s 产业的份额；λ_r 表示地区 r 的经济总量占所有地区经济总量的比重。

对所考察的样本进行分组时，泰尔指数 T^s 可以分解为组间差异 T_b^s 和组内差异 T_w^s，即

$$T^s = T_b^s + T_w^s \tag{5.2}$$

结合本节研究对象，将中国 30 个省份分为华北、东北、华东、中南、西南、西北 6 个地区，把地区记为 R（$R=1$，2，…，6），省份记为 P（$P=1$，2，…，30），金融产业记为 S。用 T^s 来衡量全国的金融产业集聚度差异，T_b^s 来衡量 6 个地区间的金融产业集聚度差异对全国金融产业集聚度差异的贡献，T_w^s 来衡量 6 个地区内的金融产业集聚度差异对全国金融产业集聚度差异的贡献。再定义 T_R^s 为地区的金融产业集聚度差异，用以衡量各地区的金融产业集聚度差异。以地区金融产业增加值占全国金融产业增加值的比重，即 F_R^s，作

为权重，T_R^s 乘以相应的地区权重再求和，就可以得到 T_w^s。组间差异和组内差异表达式为

$$T_b^s = \sum_{r=1}^{6} F_R^s \ln \frac{F_R^s}{G_R} \tag{5.3}$$

$$T_R^s = \sum_{P \in R}^{P} F_P^s \ln \frac{F_P^s}{G_P} \tag{5.4}$$

$$T_w^s = \sum_{r=1}^{6} F_R^s \cdot T_R^s \tag{5.5}$$

式中，F_R^s 表示 R 地区金融产业增加值占全国金融产业增加值的比重；G_R 表示 R 地区 GDP 占全国 GDP 的比重；F_P^s 表示 P 省金融产业增加值占 P 省所在地区金融产业增加值的比重；G_P 表示 P 省 GDP 占 P 省所在地区 GDP 的比重。

5.3.2 地区间差异分析

本小节计算得出金融产业集聚的地区间差异、地区内差异和全国总体差异泰尔指数的变化趋势如图 5.6 所示。

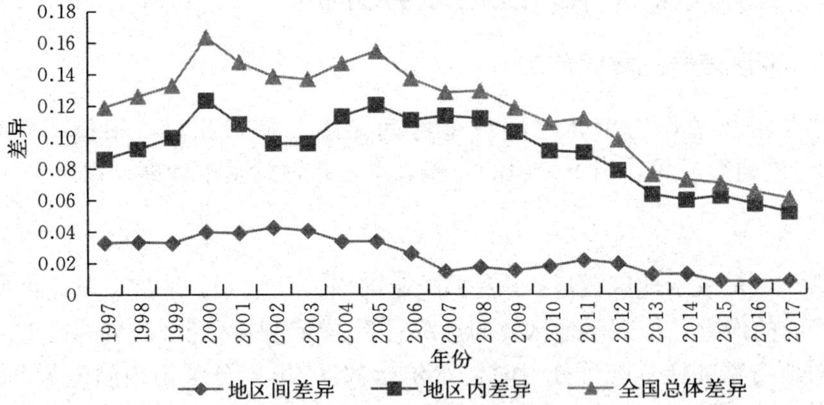

图 5.6　1997—2017 年金融产业集聚的地区内差异、地区间差异与全国总体差异

（1）中国金融产业集聚的总体差异主要由六大地区内部的金融产业集聚度差异造成，而区域间的金融产业集聚度差异相对较小。从图 5.6 可以看出，中国金融产业集聚的地区内差异占据全国差异的 70%以上，两者变动趋势基本一致，且越来越重合，说明中国金融产业集聚的总体差异主要由六大地区内部的金融产业集聚度差异造成。而地区间差异较小且呈现波动下降的特征，表明六大地区之间的差异较小且逐渐缩小。

（2）中国金融产业集聚的地区间差异、地区内差异和全国总体差异呈现

“先增后减”的变化特征。中国金融产业集聚的全国差异从 1997 年的 0.119 1 提升至 2000 年的 0.163 5，之后呈波动下降，至 2017 年金融产业集聚度的全国差异降至 0.060 5；金融产业集聚的地区间差异从 1997 年的 0.086 0 先提升至 2000 年的 0.123 5 后降至 2017 年的 0.051 9，这一变化趋势与全国总体差异相一致。金融产业集聚度的地区间差异从 1997 年的 0.033 1 降至 2017 年的 0.008 6。综上可知，在样本期内中国金融产业集聚度在地区内部、地区之间以及全国总体的差异依然存在，但都呈现缩小趋势，在一定程度上表明中国各地金融发展趋于平衡。

5.3.3　地区内差异分析

根据泰尔指数进一步计算出中国六大地区内部的金融产业集聚度差异，从而探讨各地区内部各省份的金融产业发展差异。六大地区内部金融产业集聚度的泰尔指数见表 5.2，泰尔指数的变化趋势见图 5.7。

表 5.2　六大地区内部金融产业集聚度泰尔指数

年份	华北	东北	华东	中南	西南	西北
1997	0.110 3	0.002 8	0.105 7	0.048 3	0.080 3	0.110 1
1998	0.127 7	0.008 2	0.114 9	0.055 0	0.069 4	0.083 0
1999	0.156 8	0.011 7	0.125 8	0.045 3	0.055 7	0.062 6
2000	0.197 9	0.104 1	0.148 2	0.056 5	0.029 4	0.054 0
2001	0.223 0	0.112 4	0.107 7	0.042 4	0.025 9	0.030 8
2002	0.229 3	0.101 9	0.081 8	0.028 9	0.020 1	0.020 4
2003	0.230 6	0.099 7	0.085 3	0.022 4	0.016 8	0.018 6
2004	0.266 0	0.132 5	0.106 2	0.025 5	0.012 7	0.020 3
2005	0.302 0	0.142 0	0.104 4	0.023 7	0.014 5	0.020 8
2006	0.258 0	0.075 3	0.110 4	0.029 8	0.018 5	0.020 7
2007	0.266 4	0.022 3	0.108 8	0.065 6	0.017 0	0.027 3
2008	0.256 3	0.021 3	0.115 6	0.053 1	0.020 9	0.024 1
2009	0.197 5	0.016 1	0.126 9	0.049 6	0.022 4	0.020 7
2010	0.197 4	0.014 7	0.101 2	0.043 4	0.020 7	0.023 2
2011	0.200 8	0.020 2	0.097 2	0.039 6	0.023 1	0.024 5
2012	0.185 1	0.027 4	0.082 6	0.033 7	0.015 6	0.023 9
2013	0.156 3	0.011 8	0.064 5	0.034 8	0.010 1	0.017 1

（续）

年份	华北	东北	华东	中南	西南	西北
2014	0.142 3	0.013 3	0.067 7	0.024 1	0.011 5	0.010 6
2015	0.134 8	0.016 8	0.079 0	0.027 5	0.008 7	0.010 6
2016	0.108 3	0.030 9	0.079 0	0.020 7	0.009 6	0.012 6
2017	0.084 2	0.028 3	0.080 1	0.014 4	0.011 4	0.018 9
均值	0.190 2	0.048 3	0.099 7	0.037 3	0.024 5	0.031 2
年均增速（%）	−1.34	12.26	−1.38	−5.87	−9.30	−8.43

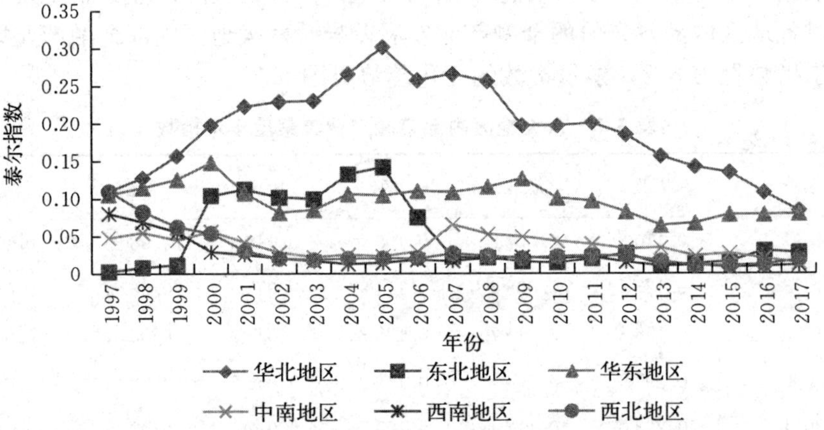

图 5.7　六大地区内部金融产业集聚度泰尔指数的变化趋势

（1）华北地区内部各省份金融产业集聚度差异最大，而西南地区各省份金融产业集聚水平较为均衡，差异最小。从 1997—2017 年中国各地区金融产业集聚度的泰尔指数均值来看，金融产业集聚度地区内部差异按从大到小排序，依次为华北地区（0.192 0）＞华东地区（0.099 7）＞东北地区（0.048 3）＞中南地区（0.037 3）＞西北地区（0.031 2）＞西南地区（0.024 5）。华北地区泰尔指数远高于其他地区，尤其是在 2005 年达到最高值，为 0.302 0。根据表 4.4 给出的各省份样本期内金融产业集聚度均值和排名，华北地区的北京（2.910 0，第 1 位）、天津（1.201 3，第 7 位）和山西（1.187 8，第 8 位）的金融产业集聚度均值最高，金融产业发展明显优于全国其他省份；但同样地处华北地区的河北和内蒙古，其金融产业集聚度分别为 0.746 4 和 0.623 6，分别位居全国第 20 位和第 28 位，由此造成华北地区内部各省份金融产业集聚度差异较大。与之类似的还有华东地区，上海（2.371 4，第 2 位）和浙江

(1.234 6，第 5 位）的金融产业集聚水平较高，而江西（0.735 4）和安徽（0.697 8）的金融产业集聚度分别处于第 21 位和第 23 位。西南地区内部的金融产业集聚水平较为均衡，是由于重庆（1.444 7，第 3 位）、四川（0.924 9，第 13 位）、贵州（0.943 1，第 12 位）和云南（1.054 2，第 9 位）的金融产业集聚度在样本期内差异较小。

（2）东北地区内部各省份金融产业集聚水平的差异呈扩大趋势，而其他地区的内部差异均呈缩小趋势。从 1997—2017 年中国各地区金融产业集聚度的泰尔指数的年均增速来看，仅有东北地区集聚度的年均增速为正，且东北地区金融产业集聚度的泰尔指数的年均增速最快，为 12.26%，而其他地区金融产业集聚度的泰尔指数的年均增速均为负，说明六大地区中仅有东北地区金融产业发展的内部差异在不断扩大。东北地区金融产业集聚度差异扩大的原因主要是辽宁以 2.07%的年均增速提升其金融产业集聚水平（表 4.4），且在 2017 年集聚度已超过 1，成为东北地区金融产业集聚中心；而吉林和黑龙江的金融产业集聚度则呈现波动下降的变化趋势，由此造成东北地区内部金融产业集聚度的差异不断扩大。

（3）华北地区和东北地区内部金融产业集聚度差异在样本期内波动较大，但六大地区的金融产业集聚度内部差异均在 2005 年之后逐渐缩小。从中国各地区内部金融产业集聚的泰尔指数变动情况来看，整体上，西南、西北、中南、华东地区金融产业集聚状况内部差异呈缩小趋势，泰尔指数的变化比较平稳。华北地区内部差异经历了先扩大后缩小两个阶段，在 2005 年之前区域内部差异逐步扩大，2005 年之后区域内部金融产业发展差异逐渐缩小，这主要是由于自 2005 年之后北京的金融产业集聚度呈下降趋势，而华北地区其他省份金融产业集聚度变化较为平缓，由此导致 2005 年之后华北地区内部各省份金融产业集聚度差异缩小。东北地区各省份金融集聚度差异波动较大，在 2000 年内部差异出现大幅上升，而在 2005—2007 年内部差异出现大幅下降，从东北地区 3 个省份的金融产业集聚度来看，黑龙江的金融产业集聚度在样本期内波动幅度最大，具体表现为在 2000 年黑龙江的金融产业集聚度大幅下降，在 2005—2007 年又呈现大幅上升，由此导致东北地区的泰尔指数在 2000 年大幅上升，而在 2005—2007 年大幅下降。但自 2005 年之后，六大地区的泰尔指数均呈现出波动下降的趋势，表明六大地区内部金融产业集聚度的差异在逐渐缩小。

5.4　金融产业集聚的敛散性分析

前文通过泰尔指数分析了全国整体和六大地区金融产业集聚度的差异，结果表明，金融产业集聚的地区差异大致以 2005 年为分界点呈现先增后减的特征。那么从更长的时间范围来看，中国金融产业集聚的地区差异变化如何呢?在本节研究中，将通过包含空间效应的 β 绝对收敛模型探索中国金融产业集聚的敛散性特征。为了考察金融产业集聚敛散性的地区异质性，本研究还分析了东、中、西部三大地带金融产业集聚度的收敛特征[①]。

5.4.1 研究方法说明

经济意义上的收敛概念源于 Solow（1956）的新古典增长模型，意为落后地区和发达地区的差异伴随时间推移会逐渐缩小；反之，若落后地区和发达地区的差异伴随时间推移逐渐扩大，则称之为发散。根据检验方法的不同，收敛大致可分为 σ 收敛、β 绝对收敛、β 条件收敛和俱乐部收敛（傅强等，2016)。传统的敛散性检验方法未考虑空间效应，后伴随空间计量的深入发展，部分学者开始将空间计量模型与传统的非空间敛散性检验模型相结合，建立了包含空间效应的敛散性检验模型（王俏茹等，2020)。根据 σ 收敛、β 绝对收敛、β 条件收敛、俱乐部收敛的特点和对数据的要求，本研究决定使用包含空间效应的 β 绝对收敛模型探索金融产业集聚的敛散性。

（1）β 绝对收敛。以经济收敛为例，β 收敛是根据经济增长率和经济初始值之间的关系来判断收敛与否，若两者呈现负相关关系，意味着初始经济水平越低的地区拥有更高的经济增长率，从而能够追赶发达地区。β 绝对收敛是 β 收敛中的一种，意味着落后地区比发达地区拥有更高的增长率，并且伴随时间推移，两地区将收敛于相同的稳态水平。基于 β 绝对收敛的含义，本研究对不包含空间效应的 β 绝对收敛的计算方法设定如公式（5.6）所示。借鉴王俏茹等（2020）的研究成果，本研究以空间杜宾模型为基础，对包含空间效应的 β 绝对收敛模型的设定如公式（5.7）所示。

$$\ln\left(\frac{x_{it}}{x_{i0}}\right)=\alpha+\beta\ln(x_{i0})+\mu_i+\gamma_t+\varepsilon_{it} \tag{5.6}$$

$$\ln\left(\frac{x_{it}}{x_{i0}}\right)=\alpha+\beta\ln(x_{i0})+\eta W\ln(x_{i0})+\rho W\ln\left(\frac{x_{it}}{x_{i0}}\right)+\mu_i+\gamma_t+\varepsilon_{it} \tag{5.7}$$

式中，$\frac{x_{it}}{x_{i0}}$ 表示金融产业集聚度初始年和第 t 年观测值之比。由于 LeSage 等（2009）指出，空间杜宾模型解释变量的估计系数无法作为判断其对被解释

① 三大地带划分方法源于国家统计局。东部地带：北京、天津、河北、辽宁、上海、江苏、浙江、福建、山东、广东和海南；中部地带：山西、吉林、黑龙江、安徽、江西、河南、湖北和湖南；西部地带：内蒙古、广西、重庆、四川、贵州、云南、陕西、甘肃、青海、宁夏和新疆。

变量的影响依据，而应关注解释变量的直接效应、间接效应和总效应。结合 β 收敛模型的含义，本研究决定将被解释变量初始值 x_{i0} 的直接效应作为判断收敛的依据。若该直接效应为负，则判定为收敛；否则，判定为发散。

（2）空间权重矩阵。空间权重矩阵体现了空间单元的相互联系程度，空间计量模型的估计结果依赖于选择的空间权重矩阵，使用不同的矩阵会得到截然不同的估计结果。为了保证估计结果的稳定性，本研究使用了地理矩阵和经济矩阵分别进行估计，2 种权重矩阵的数学表达式如公式（5.8）和公式（5.9）所示。

基于邻接概念的地理权重矩阵有一阶邻近矩阵和高阶邻近矩阵 2 种，本研究采用一阶邻近矩阵。一阶邻近矩阵假定 2 个地区有共同边界时空间关联才会发生，当 2 个地区有共同边界时，则以 1 表示，否则以 0 表示。鉴于海南地理位置的特殊性，在设置一阶邻近矩阵时，本研究将海南的邻接省份设为广东省。一阶邻近矩阵条件下，地理权重矩阵中第 i 行第 j 列的元素 W_{ij} 为

$$W_{ij}=\begin{cases}1 & i\text{省和}j\text{省相邻接}\\0 & i\text{省和}j\text{省非邻接}\end{cases} \tag{5.8}$$

在有关空间计量的实证分析当中，大多数学者选用一阶邻近矩阵或者公路里程等地理距离矩阵，这 2 种矩阵都是从地理位置的相依性出发考察各个空间单元的联系程度。但是，除了地理位置因素以外，相似的经济、文化特征也会影响到各个空间单元的联系程度。所以，也有学者从组织联系角度出发构建经济权重矩阵。参考林光平等（2005）的研究，本研究选择基于 1995 年不变价格的各省份生产总值计算的经济权重矩阵，分别运用到空间计量模型的估计当中。经济权重矩阵中第 i 行第 j 列的元素 W_{ij} 为

$$W_{ij}=\begin{cases}\dfrac{1}{|\overline{Y_i}-\overline{Y_j}|} & (i\neq j)\\[2ex] 0 & (i\neq j)\end{cases} \tag{5.9}$$

（3）空间相关性检验。在进行空间计量分析以前，首先需要对数据的空间相关性进行检验，以进一步判断变量是否适用于空间计量模型的估计。常见的用于空间相关性检验的方法有莫兰指数（*Moran's I*）、吉尔里指数和 Getis-Ord 指数，本研究使用全局莫兰指数对二者的空间相关性分别进行检验。

全局莫兰指数反映空间上邻近的个体之间的相似程度，取值范围为－1～1，大于 0 意味着存在正的空间相关性，小于 0 表示存在负的空间相关性，等于 0 表示不存在空间相关性。计算方法为

$$Moran's\ I=\frac{\sum_{i=1}^{n}\sum_{j=1}^{n}W_{ij}(Y_i-\overline{Y})(Y_j-\overline{Y})}{S^2\sum_{i=1}^{n}\sum_{j=1}^{n}W_{ij}} \tag{5.10}$$

式中，W_{ij} 表示空间权重矩阵；Y_i 表示第 i 个地区的观测值；$\overline{Y}=\frac{1}{n}\sum_{i=1}^{n}Y_i$；$S^2=\frac{1}{n}\sum_{i=1}^{n}(Y_i-\overline{Y})^2$。

5.4.2 敛散性结果及分析

（1）空间相关性检验结果。本研究使用地理矩阵作为空间权重矩阵计算了1997—2017年中国金融产业集聚的全局莫兰指数。总的来说，金融产业集聚未通过空间相关性检验，其莫兰指数全部都为负值，接近于0，并且都不显著，表明不存在空间相关性。金融产业集聚的全局莫兰指数具体结果见附录9。

（2）β绝对收敛的估计结果。由于金融产业集聚未能通过空间相关性检验，本研究基于OLS模型估计了金融产业集聚的绝对收敛结果，还分别使用地理矩阵和经济矩阵估计了基于SDM模型的金融产业集聚绝对收敛结果。OLS模型和SDM模型的估计结果分别见表5.3和表5.4，经济矩阵的详细估计结果见附录10。由于Hausman检验结果拒绝随机效应的原假设，因此本研究选择固定效应模型。同时，LR检验结果均以1%显著性水平拒绝个体固定效应和时间固定效应，因此本研究选择个体和时间双固定效应模型。

表5.3 金融产业集聚β绝对收敛的OLS模型估计结果

项目	全国	东部	中部	西部
β	−0.139 1***	−0.094 4***	−0.167 6***	−0.130 1***
	−7.862 2	−3.456 2	−4.129 5	−5.492 5
R^2	0.093 5	0.051 7	0.096 9	0.121 1
σ^2	0.010 0	0.005 0	0.016 9	0.006 6

表5.4 金融产业集聚β绝对收敛的SDM模型估计结果

项目	全国	东部	中部	西部
ρ	0.123 7**	−0.017 8	−0.136 2*	−0.083 9
	2.301 2	−0.259 8	−1.821 4	−0.925 3
直接效应	−0.032 3***	−0.034 4	−0.029 8	−0.034 4*
	−2.789 0	−1.653 3	−1.096 1	−2.093 9
间接效应	−0.056 6*	−0.065 2	0.030 7	−0.009 7
	−1.988 2	−1.747 0	0.768 6	−0.318 9

（续）

项目	全国	东部	中部	西部
总效应	−0.089 0**	−0.099 6*	0.000 9	−0.044 1
	−2.600 9	−2.034 1	0.017 5	−1.149 0
R^2	0.208 1	0.326 2	0.264 5	0.406 3
σ^2	0.000 2	0.000 1	0.000 2	0.000 2

整体上，OLS 模型和 SDM 模型估计结果均显示全国的金融产业集聚存在显著的 β 绝对收敛特征，且中部地带收敛特征最为明显。具体为：①尽管金融产业集聚未能通过空间相关性检验，但是 SDM 模型的拟合优度仍旧显著高于 OLS 模型，说明相比之下 SDM 模型更适用于金融产业集聚 β 绝对收敛的估计，同时经济矩阵和地理矩阵的估计结果相差不大，表明估计结果具有稳健性；②以 SDM 模型为例，全国样本金融产业集聚初始值的直接效应为−0.032 3，且通过了 1%显著性检验，说明金融产业集聚程度越低的地区其金融产业集聚度增长率越高，伴随时间推移，各省份的金融产业集聚度将收敛于相同的稳态水平，同时，ρ 值为 0.123 7，说明周围地区金融产业集聚度的提高会带动本地金融产业集聚度的提升；③东部、中部和西部地带金融产业集聚度初始值的直接效应分别为−0.034 4、−0.029 8 和−0.034 4，但东部和中部地带未通过显著检验，表明在东部和中部地带，金融产业集聚的收敛特征并不明显，仅西部地带呈现收敛的特征；④对比 OLS 和 SDM 估计结果，发现 OLS 模型估计得到的收敛系数（−0.139 1）高于 SDM 的收敛系数（−0.032 3），这意味着可能存在金融强省份抢夺弱省份金融资源的情况，进而导致考虑空间效应后，整体的收敛程度有所降低。

5.5　本章小结

（1）中国六大地区的金融产业增加值在样本期内均持续增加，并以华东地区金融产业增加值体量最大，中南地区金融产业增加值的年均增速最高。各地区金融产业增加值的变化趋势与全国整体变化情况相似，均以 2007 年为界呈现“先缓后快”的增长特征；整个样本期内，六大地区金融产业增加值平均值排名以华东地区（7 992.73 亿元）>中南地区（4 504.63 亿元）>华北地区（3 687.69 亿元）>西南地区（2 012.76 亿元）>东北地区（1 179.55 亿元）>西北地区（948.46 亿元）为序；从金融增加值的年均增长率来看，各地区的年均增长率从高到低依次为中南地区（18.08%）、西南地区（16.50%）、西北地区（16.46%）、华东地区（15.37%）、华北地区（15.12%）和东北地区

(14.47%)。

（2）各地区金融产业对全国金融发展的贡献呈现“东高西低”的特征，但各地区金融贡献度增长率却呈现“东负西正”的特征，而各地区金融产业对该地区经济发展的贡献度也呈现U形变化趋势。样本期内华东地区金融产业增加值占全国金融产业增加值的平均比重达到了37%，而西北地区金融贡献度多在5%以下，华东地区的金融产业正在成为其支柱产业，金融中心地区不断得到巩固；华东（−0.49%）、东北（−1.76%）、华北（−0.46%）三大地区金融贡献度年均变化率均为负，而中南（1.56%）、西南（0.53%）、西北（0.44%）金融贡献度年均变化率均为正，后三者正逐步提高金融产业发展程度；从中国六大地区金融产业发展对地区经济发展的贡献度来看，年均贡献度从高到低排序为华北地区（6.59%）、华东地区（5.29%）、西南地区（5.20%）、西北地区（4.31%）、中南地区（3.96%）和东北地区（3.42%）；各个地区金融产业发展对地区经济贡献的变动趋势基本一致，以2005年为界，均呈现先降低后提升的U形变化趋势。

（3）各地区金融产业集聚度的测度结果表明，仅华北、华东和西南3个地区具有显著的金融产业集聚特征，并且仅中南和西南地区的金融产业集聚度呈现正增长。从中国各地区在样本期内金融产业集聚度平均值来看，华北地区金融产业集聚度最高（1.363 6），其次分别为华东地区（1.083 4）、西南地区（1.063 6）、西北地区（0.880 1）和中南地区（0.795 2），东北地区金融产业集聚度最低（0.678 1）；金融产业集聚度的年均增长率表明，在样本期内中南地区和西南地区的金融产业集聚度年均增长率分别为1.48%和0.61%，其他4个地区的金融产业集聚度均为负。

（4）中国金融产业集聚的总体差异主要由六大地区内部的金融产业集聚度差异造成，而六大地区之间的金融产业集聚度差异相对较小，且中国金融产业集聚的地区间差异、地区内差异和全国总体差异泰尔指数均整体呈现先提高后波动下降的变动趋势，在一定程度上表明中国各地区金融产业发展趋于更加平衡。从1997—2017年中国各地区金融产业集聚度的泰尔指数均值来看，金融产业集聚区域内部差异依次为华北地区（0.192 0）＞华东地区（0.099 7）＞东北地区（0.048 3）＞中南地区（0.037 4）＞西北地区（0.031 2）＞西南地区（0.025 5）。华北地区泰尔指数远高于其他地区，表明与其他地区相比，华北地区内部各省份金融产业集聚度的差异最大，而西部地区各省份的金融产业集聚度的差异相对较小。

（5）中国金融产业集聚度存在显著β绝对收敛特征，意味着中国各省份金融产业集聚度的差异伴随时间的推移趋于缩小，各省份的金融产业集聚水平趋于相同。但是，东部和中部地带并不存在显著的β绝对收敛特征，结合全国整体金融产业集聚度的差异主要由地区内部差异造成、东部省份差异较大的结论可知，说明进一步提高全国金融产业集聚的收敛程度，关键在于缩小东部各省份之间的差异。

综合来看，中国金融产业集聚度尽管存在收敛特征，但依旧存在较大的地区差异，尤其是东部等金融产业集聚度较高地区更应注意金融产业发展中的差异，在金融产业发展过程中应尽可能缩小本区域内的各省份金融产业发展差距。

第6章　中国经济增长质量的时空演化特征分析

本章首先基于已有研究，从经济增长的结构性、效率、成长性、稳定性和分享性5个维度构建经济增长质量综合水平的测度指标。其次，使用主成分分析法对经济增长质量综合指数和经济增长的5个维度指数进行测度，并从时间和空间2个维度对经济增长质量综合指数的演化特征进行分析。最后，对经济增长的结构性、效率、成长性、稳定性和分享性5个维度指数的变化特征进行归纳，发现各省份在经济发展中存在的具体问题。

6.1　经济增长质量的测度指标及方法

6.1.1　经济增长质量的测度指标

本书第2章已从多角度对经济增长质量的丰富内涵进行分析，现有研究认为，对经济增长质量评价的有效性建立在对其理解的深度与广度之上，理解的侧重点不同，对经济增长质量进行评价时选取的指标也会存在差异。学者们对经济增长质量的已有研究综合了经济增长的多方面内容。其中，在国内学者中较具代表性的学者为任保平教授，其在经济增长质量方面有较为深入的研究，且研究成果多被后续学者借鉴，在经济增长质量评价的相关研究中得到了广泛应用。本书对经济增长质量的评价指标体系主要参考了钞小静等（2011）的研究成果。钞小静等（2011）将经济增长质量的内涵界定为经济增长的结构、经济增长的稳定性、经济增长的福利变化与成果分配以及资源利用和生态环境代价4个维度。考虑到经济增长效率在经济增长质量中的核心地位，本研究在钞小静等（2011）构建指标体系的基础上，将经济增长效率作为经济增长质量的评价维度之一并对其进行完善，对经济增长结构性、经济增长效率、经济增长成本性、经济增长稳定性和经济增长分享性5个维度分别进行评价，在此基础上，对经济增长质量进行综合评价。本章中阐述的经济增长质量的评价指标体系能够更清楚地了解经济增长质量各方面的具体变化情况，从而更好地研究金融产业集聚对经济增长质量不同方面的具体影响。经济增长质量评价指标体系见表6.1。

表6.1 经济增长质量（*egqual*）评价指标体系

评价维度	分项指标	基础指标	计算说明	计量单位	指标属性
经济增长结构性（*egcoo*）	产业结构	工业化率（X_1）	非农产业就业人员数/就业人员总数	%	正
		第一产业比较劳动生产率（X_2）	第一产业产值相对比重/第一产业就业人员相对比重	—	正
		第二产业比较劳动生产率（X_3）	第二产业产值相对比重/第二产业就业人员相对比重	—	正
		第三产业比较劳动生产率（X_4）	第三产业产值相对比重/第三产业就业人员相对比重	—	正
		二元对比系数（X_5）	第一产业比较劳动生产率/第二、三产业比较劳动生产率	—	正
		二元反差指数（X_6）	非农业产值比重与劳动力比重之差的绝对值	—	逆
	投资消费结构	投资率（X_7）	资本形成总额/地区生产总值	%	适度
		消费率（X_8）	最终消费支出/地区生产总值	%	适度
		投资消费比（X_9）	投资率/消费率	—	适度
经济增长效率（*egeff*）		全要素生产率增长率（X_{10}）	基于 Malmquist 指数法测算	%	正
		资本生产率（X_{11}）	地区生产总值/资本存量	%	正
		劳动生产率（X_{12}）	地区生产总值/劳动力投入	%	正
经济增长成本性（*egeco*）	资源消耗	单位产值能耗（X_{13}）	能源消耗量/地区生产总值	t/万元	逆
	环境污染	单位产值废水排放量（X_{14}）	废水排放量/地区生产总值	t/万元	逆
		单位产值废气排放量（X_{15}）	废气排放量/地区生产总值	t/万元	逆
		单位产值固体废弃物排放量（X_{16}）	固体废弃物排放量/地区生产总值	t/万元	逆
经济增长稳定性（*egsta*）	价格波动	通货膨胀率（X_{17}）	居民消费价格指数变动率	%	逆
	就业波动	失业率（X_{18}）	失业人口占劳动人口的比例	%	逆
	产出波动	经济波动率（X_{19}）	（本年经济增长率－上年经济增长率）/上年经济增长率（取绝对值）	%	逆

（续）

评价维度	分项指标	基础指标	计算说明	计量单位	指标属性
经济增长分享性（egsha）	福利变化与分配	人均地区生产总值（X_{20}）	地区生产总值/总人口数	元/人	正
		人口死亡率（X_{21}）	死亡人口数/总人口数	‰	逆
		人均拥有公共图书馆藏量（X_{22}）	公共图书馆总藏量/年末常住总人口数	册/人	正
		大专及以上受教育程度人口比重（X_{23}）	大专及以上受教育程度人口数/抽样人口总数	%	正
		城乡居民收入比（X_{24}）	城镇居民人均可支配收入/农村居民人均纯收入	—	逆

经济增长结构性通过产业结构和投资消费结构 2 项指标进行综合评价。产业结构与投资消费结构越合理，经济增长的结构性越高。基于中国是农业大国的基本国情，具有经济结构二元性的特点。因此，在考察产业结构时，需要同时考察中国的三次产业结构和二元经济结构。通过三次产业的比较劳动生产率，反映三次产业生产率的高低，三次产业的比较劳动生产率越高，产业结构越趋于高级化。工业化率反映工业发达程度。二元对比系数和二元反差指数反映非农经济部门与农业经济部门生产效率的差别，两部门生产效率的差别越小，产业结构越合理。由于投资率与消费率均为适度指标，且二者在现实中往往呈反方向变动，因此加入投资消费比指标，通过这 3 项指标综合衡量投资消费结构。经济增长效率通过资本、劳动要素的投入产出效率来衡量，投入产出效率越高，经济增长效率越高。经济增长成本性从资源消耗和环境污染两方面进行衡量。经济增长所带来的资源消耗越低，则该增长方式对生态环境越友好。其中，资源消耗用单位能耗产出指标进行测度；环境污染用单位产出的“三废”（废水、废气、固体废弃物）排放量衡量，单位产出排放量越低，环境污染越小，经济增长的成本性也越小。本章以单位产出“三废”排放量占第二产业增加值的比例对经济增长成本性进行衡量。经济增长稳定性通过价格、就业和产出的波动情况来衡量，价格波动、就业波动和产出波动越小，经济增长的稳定性越强。经济增长分享性从福利变化与分配情况进行评价，本研究主要从收入、健康和教育三方面考察福利变化情况，同时从收入分配情况考察福利的分配情况。若福利状况改善，分配更加公平，则经济增长的分享性指数越高。

表 6.1 中，多数基础指标都可以经过简单计算得出或直接使用原始数据，

个别指标的计算过程比较复杂，需要具体说明。

（1）与价格相关的变量折算方法。三次产业增加值相关数据均为 1995 年不变价格（$X_2 \sim X_6$），分别用三次产业增加值价格指数折算（上年＝100）。为了剔除通货膨胀因素对研究结果的影响，通过定基处理将名义 GDP 换算为以 1995 年为基期的不变价格表示实际的 GDP，GDP 相关数据均为 1995 年不变价格（$X_{10} \sim X_{16}$、$X_{19} \sim X_{20}$），$X_7 \sim X_9$ 和 X_{24} 以当年价格计算。

（2）对资本存量的计算采用永续盘存法。其中，投资数据使用固定资本形成总额，价格指数使用固定资产投资价格指数，基期资本存量即 1996 年的资本存量，使用单豪杰（2008）的方法进行测算，公式为：1996 年资本存量＝1997 年固定资本形成总额（1996 年价格）/[折旧率 10.96％＋1997－2001 年固定资产形成总额（当年价格）的年均增长率]，均使用固定资产投资价格指数进行平减。1997—2017 年的资本存量用永续盘存法的公式计算：$K_{it}=I_{it}/P_{it}+(1-\delta_{it})K_{i,t-1}$。式中，$K_{it}$ 和 $K_{i,t-1}$ 分别表示 i 地方第 t 年和第 $t-1$ 年的实际物质资本存量；I_{it} 表示 i 地方第 t 年的投资；P_{it} 表示 i 地方第 t 年的投资价格指数；δ_{it} 表示资产折旧率，参照张军等（2004）的做法将资产折旧率确定为 9.6％。

（3）使用 DEPA2.1 软件内置的 Malmquist 指数计算全要素生产率的增长率，其中需要的产出变量以 1995 年不变价格计算的地区生产总值衡量，并选择资本和劳动作为投入变量。资本存量为永续盘存法计算的实际资本存量，劳动投入量是各省份三次产业就业总人数。

（4）数据正向化和无量纲化处理。X_6、$X_{13} \sim X_{16}$、$X_{17} \sim X_{19}$、X_{21}、X_{24} 为逆向指标，正向化处理采用叶宗裕（2003）的方法，具体处理方法为：新值＝最大值－原值。标准化方法采用均值化法，具体处理方法为：新值＝原值/均值。对于既需要正向化处理，又需要标准化处理的数据，先进行正向化处理，再进行标准化处理。而无需正向化处理的数据，则直接进行标准化处理。

6.1.2　经济增长质量的测度方法

本章对经济增长质量测度构建的指标评价体系由多维度多指标构成。因此，在测度时借鉴已有研究中常用的主成分分析法对经济增长质量的各维度指数及综合指数进行测度。由于经典的主成分分析仅涉及样本和指标 2 个方面的数据分析，伴随研究的深入，往往需要考虑多个样本、多个指标、多个年份的数据。这就需要在经典的主成分分析基础上，加入时间维度，这就演变成了全局主成分分析。

本章对经济增长质量各维度指数及综合指数的全局主成分分析的步骤如下：①建立全局主成分数据表，本研究将涉及的样本和指标的数据表，按照时间顺序排列，组成全局数据表，样本数量由 30 个增加到了 630（30×21）个；②将全局数据表进行标准化处理；③将标准化后的数据作为主成分分析的输入数据，分别做 5 次主成分分析，首先计算出经济增长结构性、经济增长效率、经济增长成本性、经济增长稳定性和经济增长分享性这 5 个维度的指数，最后将计算出的这 5 个维度的指数再做一次主成分分析，得到最终的经济增长质量指数。其中，计算经济增长质量 5 个维度指数和经济增长质量综合指数时，先计算 24 个基础指标的线性组合表达式，将成分矩阵中各基础指标对应的系数，除以所提取的主成分开平方根后的特征值，得到各基础指标在所提取的主成分线性组合当中的系数，再将该系数乘以所提取的主成分的方差贡献率占累积方差贡献率的比重再相加，便得到基础指标。其次，计算各维度指数时，线性组合中的系数，将系数乘以标准化之后的基础指标数据，便得到对应指数。最后，以 5 个方面的指数作为输入数据，以同样的方法得到经济增长质量指数。按照特征值大于 1 的标准提取主成分。

为了检验主成分分析法是否适用于对经济增长质量进行评价，首先对全部数据进行 KMO 检验和 Bartlett 检验，以验证经济增长质量评价指标体系是否能够进行主成分分析。当 KMO 值大于 0.6 且 Bartlett 球形度检验显著时，认为数据适合作主成分分析。本章对经济增长 5 个维度以及经济增长质量综合指数的共 6 次 KMO 和 Bartlett 检验结果见表 6.2。从检验结果可知，6 次主成分分析的 KMO 和 Bartlett 检验结果均通过检验，说明可以使用主成分分析法对经济增长质量进行评价。

表 6.2　KMO 和 Bartlett 的检验结果

变　量	项　目		检验结果
经济增长结构性（*egcoo*）	取样足够度的 KMO 度量		0.674
	Bartlett 的球形度检验	近似卡方	9 827.712
		df	36.000
		Sig.	0.000
经济增长效率（*egeff*）	取样足够度的 KMO 度量		0.671
	Bartlett 的球形度检验	近似卡方	200.437
		df	3.000
		Sig.	0.000
经济增长成本性（*egeco*）	取样足够度的 KMO 度量		0.670
	Bartlett 的球形度检验	近似卡方	1 050.952
		df	6.000
		Sig.	0.000

（续）

变　量	项　目		检验结果
经济增长稳定性（*egsta*）	取样足够度的 KMO 度量		0.634
	Bartlett 的球形度检验	近似卡方	39.006
		df	3.000
		Sig.	0.000
经济增长分享性（*egsha*）	取样足够度的 KMO 度量		0.717
	Bartlett 的球形度检验	近似卡方	1 224.750
		df	10.000
		Sig.	0.000
经济增长质量（*egqual*）	取样足够度的 KMO 度量		0.640
	Bartlett 的球形度检验	近似卡方	1 043.667
		df	10.000
		Sig.	0.000

通过主成分分析法对经济增长各维度指数及综合指数进行计算，可以得到各项指标的系数及权重值（表 6.3）。其中，基础指标所对应的系数为计算经济增长各维度指数的系数值，权重值为各项基础指标在经济增长质量综合指数测算中所占的比重。经济增长结构性、经济增长效率、经济增长成本性、经济增长稳定性和经济增长分享性所对应的系数为计算经济增长质量综合指数的系数值，权重代表了经济增长质量各维度在经济增长质量综合指数评价中所占的比重。从经济增长各维度指数所占权重来看，以经济增长分享性所占权重最大，为 58.93%；其次是经济增长效率，占比 28.94%；经济增长结构性和经济增长成本性在经济增长质量综合指数测算中所占权重差距较小，占比分别为 6.67%和 5.03%；经济增长稳定性所占权重最小，仅有 0.43%。

表 6.3　经济增长质量各指标系数及权重值

分项指标	系数	权重（%）	基础指标	系数	权重（综合指数）(%)
经济增长结构性（*egcoo*）	0.105 4	6.67	X_1	−0.012 4	0.06
			X_2	0.376 2	1.96
			X_3	−0.129 5	0.67
			X_4	−0.018 9	0.10
			X_5	0.431 8	2.25
			X_6	0.164 1	0.85
			X_7	−0.073 7	0.38
			X_8	0.001 7	0.01
			X_9	−0.073 0	0.38

（续）

分项指标	系数	权重（%）	基础指标	系数	权重（综合指数）(%)
经济增长效率（*egeff*）	0.425 2	28.94	X_{10}	−0.005 5	0.12
			X_{11}	0.516 6	10.85
			X_{12}	0.856 2	17.98
经济增长成本性（*egeco*）	0.075 5	5.03	X_{13}	0.645 0	2.41
			X_{14}	0.224 6	0.84
			X_{15}	0.237 2	0.88
			X_{16}	0.242 5	0.90
经济增长稳定性（*egsta*）	0.007 9	0.43	X_{17}	0.997 3	0.39
			X_{18}	0.038 3	0.01
			X_{19}	0.063 2	0.02
经济增长分享性（*egsha*）	0.642 7	58.93	X_{20}	0.617 1	19.59
			X_{21}	0.076 6	2.43
			X_{22}	0.637 9	20.25
			X_{23}	0.447 6	14.21
			X_{24}	0.077 5	2.46

6.2 经济增长质量的时空演化特征分析

6.2.1 经济增长质量指数的测度结果

改革开放以来，中国经历了长达 40 余年的经济高速增长，成为仅次于美国的全球第二大经济体。但与此同时，中国经济大而不强、人均水平较低、增长质量不高也是不容回避的事实。利用中国经济增长质量测度指标体系作主成分分析得到中国经济增长质量指数及其各维度指数，本节将对 1997—2017 年中国经济增长质量指数变动情况作总体考察，各省份经济增长质量综合指数见表 6.4。

表 6.4　1997—2017 年各省份经济增长质量指数、年均增速及排名

省份	1997 年		2007 年		2017 年		1997—2017 年			
	质量	排名	质量	排名	质量	排名	均值	排名	年均增速（%）	排名
北京	1.185 3	2	2.146 3	2	3.491 7	3	2.190 4	3	5.57	11
天津	1.125 8	3	1.978 0	3	3.996 5	2	2.226 2	2	6.57	5

（续）

省份	1997年		2007年		2017年		1997—2017年			
	质量	排名	质量	排名	质量	排名	均值	排名	年均增速（%）	排名
河北	0.583 0	21	0.914 3	20	1.634 5	21	1.001 3	20	5.31	16
山西	0.5720	22	0.907 4	22	1.554 0	25	0.950 1	22	5.16	19
内蒙古	0.740 2	9	1.184 8	9	2.481 8	7	1.373 7	9	6.32	7
辽宁	0.908 2	4	1.370 3	6	2.309 8	10	1.503 7	6	4.82	23
吉林	0.869 6	5	1.151 6	10	2.078 1	12	1.287 6	10	4.49	26
黑龙江	0.869 4	6	1.097 7	12	1.935 6	13	1.200 4	12	4.21	28
上海	2.442 2	1	3.385 6	1	4.936 9	1	3.491 7	1	3.59	30
江苏	0.707 6	13	1.379 1	5	2.986 2	4	1.556 9	5	7.49	1
浙江	0.726 7	11	1.469 4	4	2.867 4	5	1.589 7	4	7.13	2
安徽	0.555 4	24	0.765 3	27	1.507 7	26	0.890 5	26	5.17	18
福建	0.740 7	8	1.221 8	8	2.509 3	6	1.388 1	8	6.32	8
江西	0.738 1	10	0.983 1	15	1.633 7	22	1.054 0	17	4.12	29
山东	0.592 6	20	1.123 2	11	2.208 6	11	1.222 2	11	6.81	4
河南	0.529 0	25	0.783 9	26	1.453 5	27	0.873 2	27	5.25	17
湖北	0.684 4	16	0.922 4	19	1.786 5	14	1.039 3	18	4.97	20
湖南	0.645 2	17	0.908 8	21	1.667 4	19	0.996 5	21	4.89	22
广东	0.813 4	7	1.313 4	7	2.480 9	8	1.421 8	7	5.76	10
广西	0.562 9	23	0.834 2	23	1.576 4	24	0.947 2	24	5.33	15
海南	0.700 0	15	1.013 2	14	1.715 1	16	1.099 7	15	4.61	24
重庆	0.604 3	19	0.950 2	17	2.336 1	9	1.177 0	13	7.05	3
四川	0.515 7	26	0.805 2	24	1.587 9	23	0.924 9	25	5.82	9
贵州	0.443 0	29	0.506 3	30	1.237 5	29	0.653 6	30	5.50	14
云南	0.426 1	30	0.643 7	29	1.228 0	30	0.713 0	29	5.52	13
陕西	0.510 3	27	0.801 4	25	1.702 9	17	0.948 3	23	6.35	6
甘肃	0.470 6	28	0.662 5	28	1.362 6	28	0.790 1	28	5.52	12
青海	0.645 1	18	0.950 1	18	1.647 9	20	1.0220	19	4.90	21
宁夏	0.714 9	12	0.959 8	16	1.719 6	15	1.067 5	16	4.54	25
新疆	0.704 6	14	1.030 7	13	1.675 8	18	1.100 0	14	4.46	27

（1）中国各省份经济增长质量均呈增长趋势，各省份的经济增长质量有序提升。中国各省份经济增长质量综合指数的年均增速平均值为5.45%，其中，年均增速高于平均值的省份有14个，低于平均值的省份有16个。年均增速前10位的省份中，6个分布在东部沿海，4个分布在西部内陆，而缺乏中部省份，表明中部经济质量增长乏力；经济增长质量指数年均增速后5位的省份依次为上海、江西、黑龙江、新疆和吉林，年均增速分别为3.59%、4.12%、4.21%、4.46%和4.49%，反映了东北地区经济增长质量的缓慢，以及上海在经济增长质量的各方面都做得较为完善后，要继续实现经济增长质量提升的困难。另外值得注意的是，在上述年均增速较慢的省份中，除了上海的经济增长质量指数在样本期内一直位于第1位以外，其余4个省份的排名相比1997年有所下降，其中以江西排名下降最多，下降了12位。这表明，这4个省份的经济增长质量在样本初期较高，但是由于增长速度较慢，最终使得2017年的排名下降。在全国各省份均在有序提升经济增长质量的背景下，经济高质量增长还需要保持较快的速度。

（2）经济增长质量较高的省份均集中在长三角地区和环渤海地区，而西部地区的经济增长质量相对较低。从1997—2017年中国各省份经济增长质量综合指数的均值来看，经济增长质量排名前5位的省份依次为上海（3.491 7）、天津（2.226 2）、北京（2.190 4）、浙江（1.589 7）和江苏（1.556 9），均集中在长三角地区和环渤海地区。经济增长质量综合指数均值排名后5位的省份有贵州、云南、甘肃、河南和安徽，西部地区省份的经济增长质量综合指数整体排名相对靠后。中部省份年均值排名多集中在20名左右，整体呈现“东高、中平、西低”的分布格局，这与大部分学者（魏敏等，2018；丁焕峰等，2017；任媛等，2016）的研究结论一致。

表6.5列出了1997—2017年各省份经济增长质量与数量的平均值及排名对比，用以反映各省份经济增长质量和数量发展情况。根据中国各省份经济增长质量和数量排名情况，大致划分为以下5类情况：①经济增长质量与数量表现均较好的省份，如上海、浙江、江苏、福建、广东等；②经济增长质量较好，但增长数量落后于增长质量的省份，如北京、天津、内蒙古等；③经济增长质量与数量表现均一般的省份，如黑龙江、湖南、湖北、陕西等；④经济规模较大，但经济增长质量有待提高的省份，如河北、山东、河南、四川；⑤经济增长质量与数量表现均欠佳的省份，如山西、贵州、甘肃、青海等。

根据经济增长质量与数量的排名差额正负值可以发现，差额为负表明经济增长数量优于经济增长质量发展。从排名差额来看，差额为负的省份多集中于中南地区和西南地区，中南地区和西南地区经济规模发展优于经济增长质量，这2个地区在经济发展中应更加注重对经济增长质量的提升。在这2个地区当中，以河南和四川最为典型，河南经济数量排名第 5 位、而质量排名第 27 位，四川经济数量排名第 8 位、质量排名第 25 位。值得注意的是，河北的经济发展情况也与河南、四川相似，经济数量排名第 6 位、而质量排名第 20 位，这与华北地区其他省份的发展情况显著不同，河北在经济发展过程中更应注重对经济增长质量的提升。

表 6.5　1997—2017 年各省份经济增长质量与经济增长数量排名对比情况

省份	质量		数量		排名差额
	均值	排名	均值（千亿元）	排名	
北京	2.190 4	3	6.00	16	13
天津	2.226 2	2	5.47	18	16
河北	1.001 3	20	11.81	6	−14
山西	0.950 1	22	4.47	23	1
内蒙古	1.373 7	9	5.60	17	8
辽宁	1.503 7	6	10.82	7	1
吉林	1.287 6	10	4.95	22	12
黑龙江	1.200 4	12	7.35	14	2
上海	3.491 7	1	10.42	9	8
江苏	1.556 9	5	24.98	2	−3
浙江	1.589 7	4	15.77	4	0
安徽	0.890 5	26	7.77	13	−13
福建	1.388 1	8	9.67	10	2
江西	1.054 0	17	5.01	21	4
山东	1.222 2	11	23.39	3	−8
河南	0.873 2	27	12.75	5	−22
湖北	1.039 3	18	8.84	12	−6
湖南	0.996 5	21	8.95	11	−10
广东	1.421 8	7	27.08	1	−6
广西	0.947 2	24	6.02	15	−9
海南	1.099 7	15	1.31	28	13
重庆	1.177 0	13	5.25	19	6
四川	0.924 9	25	10.44	8	−17
贵州	0.653 6	30	2.55	26	−4
云南	0.713 0	29	4.45	24	−5
陕西	0.948 3	23	5.03	20	−3

（续）

省份	质量		数量		排名差额
	均值	排名	均值（千亿元）	排名	
甘肃	0.790 1	28	2.21	27	−1
青海	1.0220	19	0.71	30	11
宁夏	1.067 5	16	0.71	29	13
新疆	1.100 0	14	2.80	25	11

6.2.2 经济增长质量的时空演化特征

6.2.2.1 经济增长质量的时间变化特征

根据中国各省份经济增长质量的测度结果，图 6.1 绘制了各省份经济增长质量的时间变化情况，用以直观反映中国各省份经济增长质量的时间变化特征。

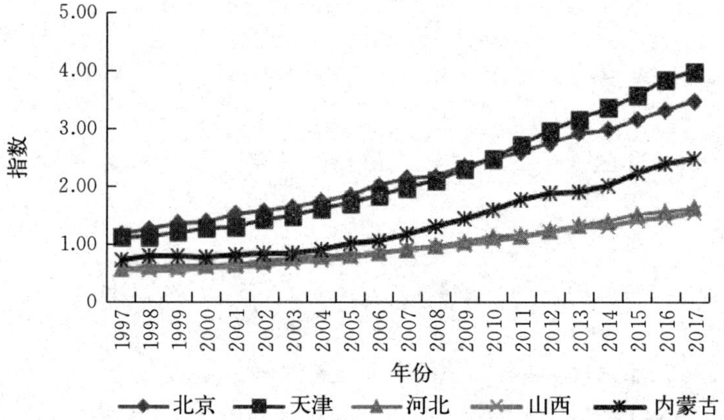

(a)

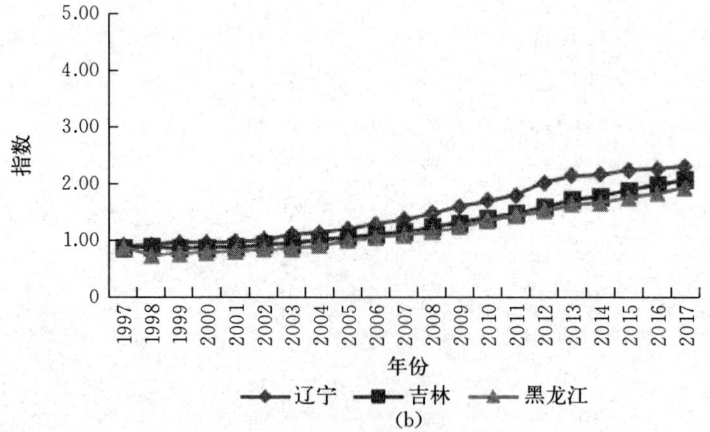

(b)

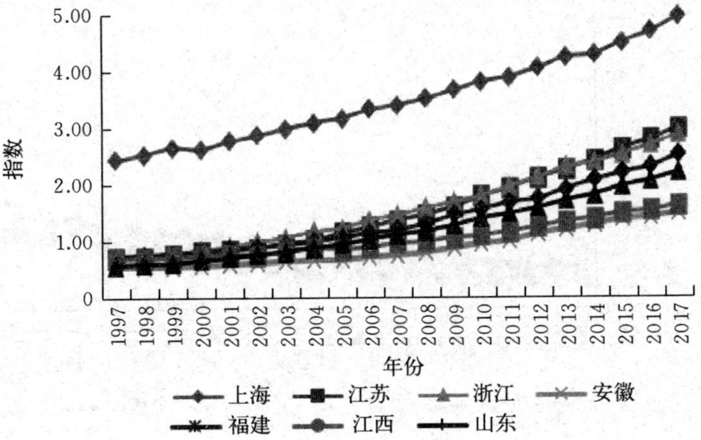
5.00
4.00
3.00
2.00
1.00
0
指数
1997 1998 1999 2000 2001 2002 2003 2004 2005 2006 2007 2008 2009 2010 2011 2012 2013 2014 2015 2016 2017
年份
上海
江苏
浙江
安徽
福建
江西
山东

(c)

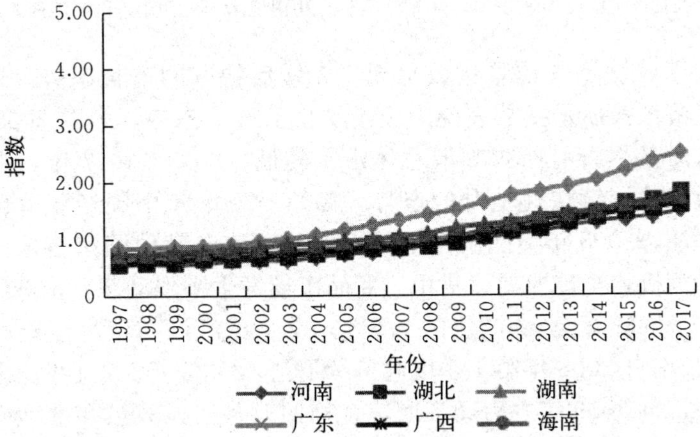
5.00
4.00
3.00
2.00
1.00
0
指数
1997 1998 1999 2000 2001 2002 2003 2004 2005 2006 2007 2008 2009 2010 2011 2012 2013 2014 2015 2016 2017
年份
河南
湖北
湖南
广东
广西
海南

(d)

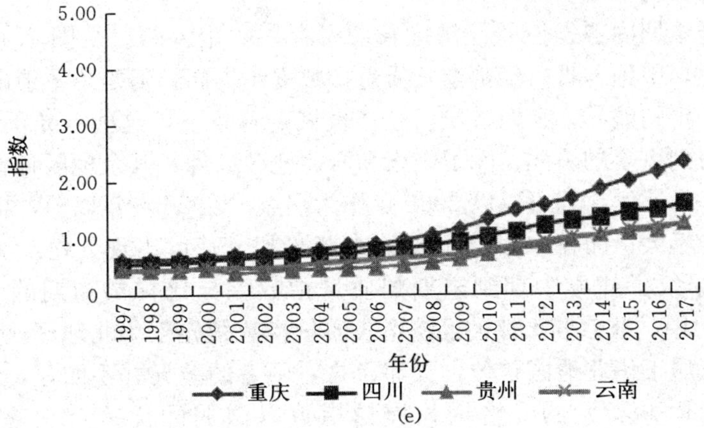
5.00
4.00
3.00
2.00
1.00
0
指数
1997 1998 1999 2000 2001 2002 2003 2004 2005 2006 2007 2008 2009 2010 2011 2012 2013 2014 2015 2016 2017
年份
重庆
四川
贵州
云南

(e)

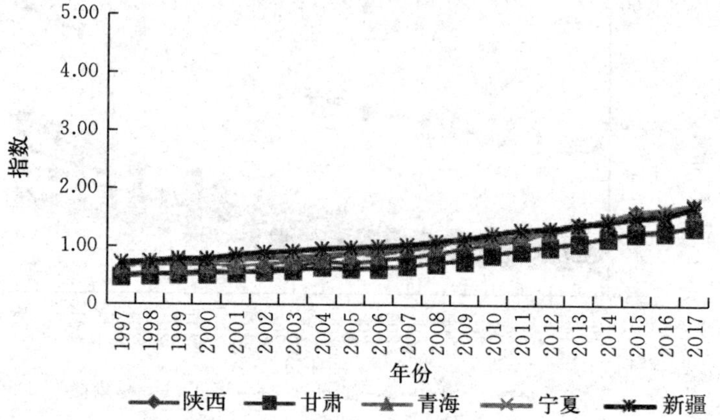

(f)

图 6.1　1997—2017 年各省份经济增长质量综合指数的时间变化趋势

a. 华北地区　b. 东北地区　c. 华东地区　d. 中南地区　e. 西南地区　f. 西北地区

（1）中国经济增长质量指数呈现“先缓后快”的增长态势。1997—2008 年，中国经济增长质量指数表现为缓慢平稳上升的态势，表明 2008 年以前中国经济增长质量尽管有所提高但总体水平较低。2009—2017 年，中国经济增长质量指数呈现持续快速上升的态势。2008—2009 年中国经济增长质量指数需要特别关注，2008 年美国次贷危机爆发并迅速向其他国家蔓延，进而演化为全球金融危机，全球股票、货币、商品市场发生剧烈动荡，全球经济增速从 2007 年的 5.7%骤降至 2008 年的 0.8%。受全球经济与贸易衰退的影响，中国 GDP 增长率自 2008 年第 1 季度起持续下滑，2008 年 11 月我国出台 4 万亿元投资计划，自 2009 年之后经济增速企稳回升。但该政策在推动中国经济率先复苏的同时也导致了投资效率不高、低端产能过剩等问题。自 2009 年之后，中国经济增长质量稳步提升。

（2）样本期内各省份的经济增长质量存在一定差距。从图 6.1 中可以看出，整体上，中国各省份经济增长质量指数逐年提高。但是，各地区内部省份之间存在一定的差异，在经济质量整体发展的背景下，这些差异不能被忽视，而且需要得到更多的关注。除了中南和西北地区以外，其余地区各省份的经济增长质量提升速度，均可以以 2006 年作为拐点。在 2006 年以前，提升速度均较小，差异不大；而在 2006 年以后，各省份提升速度出现分化，不同的提升速度最终导致了样本中期到末期的质量指数差异比样本初期的差异更大。图 6.1（a）中，北京和天津的经济增长质量指数领先于华北地区，在 2010 年以前，北京居于华北地区首位，天津次之，两者的差异并不明显，到 2010 年时，天津（1.998 7）的经济增长质量指数以微弱的优势首次超过了北京

(1.944 7)，此后持续增长，一直居于华北地区首位；内蒙古经济增长质量指数居华北地区第 3 位，山西和河北经济增长质量指数差异较小，居于末位；华北地区各省份的经济增长质量发展差距有所扩大。图 6.1（b）中，东北 3 省的经济增长质量指数整体差异较小，辽宁经济增长质量居东北地区首位，这与前文中金融产业集聚水平的分析结果相一致。从图 6.1（c）中可以明显看出，上海的经济增长质量指数远高于其他省份，而其余省份彼此之间的差异也较大，按照经济增长质量指数的大小，可以将华东地区各省份分为 3 类，上海的经济增长质量指数最高；而江苏、浙江、福建和山东属于中等水平，经济增长质量指数处于 1.5～2；安徽和江西的经济增长质量最低。图 6.1（d）中，广东的经济增长质量指数高于中南地区其他省份，并且这些省份经济增长质量差异较小，处于 0.5～1.5。图 6.1（e）中，西南地区的经济增长质量指数整体较低，尽管重庆的经济增长质量居西南地区首位，但是在 2009 年才超过 1，2017 年的经济增长质量指数为 1.936，尚未超过 2，各省份经济增长质量差异较小。从图 6.1（f）中可以看出，西北地区各省份的经济增长质量指数整体最低，处于 0.4～1.5，其中以甘肃省经济增长质量指数最小。

6.2.2.2　经济增长质量的空间变化特征

本小节使用分位数断点法并结合经济增长质量极大值和极小值，将经济增长质量划分为 10 个等级，分别是：第一等级（2.309 9～4.936 9）、第二等级（1.703 0～2.309 8）、第三等级（1.469 5～1.702 9）、第四等级（1.237 6～1.469 4）、第五等级（1.030 8～1.237 5）、第六等级（0.908 3～1.030 7）、第七等级（0.791 9～0.908 2）、第八等级（0.704 7～0.791 8）、第九等级（0.583 1～0.704 6）和第十等级（0.000 1～0.583 0）。随后选取 1997 年、2002 年、2007 年、2012 年和 2017 年为代表性年份，整理各省份所处的等级（表 6.6）。

表 6.6　1997—2017 年各省份经济增长质量综合指数等级划分

省　份	1997 年	2002 年	2007 年	2012 年	2017 年
北京	5	3	2	1	1
天津	5	4	2	1	1
河北	9	8	6	4	3
山西	10	9	7	5	3
内蒙古	8	7	5	2	1
辽宁	7	6	4	2	2
吉林	7	6	5	3	2
黑龙江	7	7	5	3	2

（续）

省　份	1997 年	2002 年	2007 年	2012 年	2017 年
上海	1	1	1	1	1
江苏	8	7	4	2	1
浙江	8	6	4	2	1
安徽	10	9	8	5	3
福建	8	7	5	2	1
江西	8	8	6	4	3
山东	9	8	5	3	2
河南	10	9	8	5	4
湖北	9	8	6	4	2
湖南	9	8	6	5	3
广东	7	6	4	2	1
广西	10	9	7	5	3
海南	9	7	6	4	2
重庆	9	8	6	3	1
四川	10	9	7	5	3
贵州	10	10	10	7	4
云南	10	10	9	6	5
陕西	10	10	7	4	2
甘肃	10	10	9	6	4
青海	9	9	6	4	3
宁夏	8	8	6	4	2
新疆	8	7	6	4	3

（1）中国经济增长质量呈现由单极向多极化发展的特征。

第一，中国各省份的经济增长质量在空间布局由以上海为单极向多极化发展。结合前文具体来看，1997 年上海的经济增长质量综合指数为 2.442 2，这远高于全国其他省份，形成经济增长质量单极化的空间分布特征，并持续至 2007 年。2007 年北京和天津的经济增长质量综合指数分别为 2.146 3 和 1.978 0，提升至第二等级，上海的经济增长质量综合指数为 3.385 6，仍处于第一等级，经济增长质量从单极化分布特征逐步形成以北京、天津和上海为高经济增长极点的双极分布特征，并且与周围地区的经济增长差异呈缩小趋势。2012 年经济增长质量多极化分布特征更为明显，北京、天津和上海的经济增长质量分别以 2.759 2、2.977 4 和 4.046 1 位于第一等级，内蒙古、江苏、浙江、福建以及广东的经济增长质量也提升至第二等级。2017 年经济增长质量多极化分布特征进一步凸显，除河北外，中国所有的沿海省份以及部分内陆省份（黑龙江、吉林、湖北、重庆、宁夏、内蒙古等）的经济增长质量综合指数均位于第二等级以上，除北京、天津和上海仍位于第一等级外，内蒙古、江苏、浙江、福建、广东、重庆等省份的经济增长质量也提升至第一等级，全国各省份的经济增长质量差距进一步缩小。这一变化特征在一定程度上表明，中国在促进经济高质量增长的过程中越来越注重均衡化发展。

第二，中国各地区内部省份的经济增长质量综合指数也从单极化空间分布格局向多极化发展，其中以华北地区、华东地区和中南地区变化最为明显。具体表现为，华北地区在 1997—2007 年经济增长质量呈现明显的以京、津为极点的经济增长质量空间分布格局，至 2012 年之后，转向以内蒙古、北京、天津 3 个省份为极点的空间分布格局。东北地区的经济增长质量空间格局极点化特征与其他地区相比不明显，东北 3 省的经济增长质量综合指数呈均衡发展趋势，但辽宁经济增长质量始终高于黑龙江和吉林，且在 2012 年辽宁极点化特征较为明显，经济增长质量综合指数为 2.019 1，而吉林和黑龙江的综合指数则分别为 1.595 3 和 1.529 7。华东地区在样本期内形成明显的以上海为极点的经济增长质量空间分布格局，但 2012 年之后，华东地区的经济增长质量发展成为以沿海地区省份（沪、鲁、苏、浙、闽）为极点的多极化的空间分布格局。中南地区在样本期内以广东的经济增长质量最高，1997—2017 年呈现以广东为单极点的空间格局；发展至 2017 年，形成以粤、鄂、琼为极点的经济增长质量多极点空间分布格局。西南地区在整个样本期内都呈现以重庆为极点的经济增长质量单极点空间分布格局，并与西南地区其他 3 个省份形成明显断层。西北地区在 1997 年形成以宁夏为单极点的经济增长质量空间分布格局，至 2007 年逐步形成以宁夏、新疆和青海为极点的经济增长质量多极点空间分布格局，2012 年之后进一步发生变化，形成以宁夏、陕西、新疆和青海 4 个省份的多极点带动特征。

（2）中国各省份的经济增长质量的提升过程存在明显的极点带动式发展特征。具体表现为以上海、北京、天津、重庆、宁夏为序，逐步辐射带动周边省份经济增长质量的提升，从而促使全国经济增长质量逐步提高。2017 年上海的经济增长质量由 1997 年的 2.442 2 提升至 2017 年的 4.936 9，始终位于全国第 1 位，但其年均增速仅有 3.59%，为全国最低增速，在其高经济增长质量水平的带动下，江苏和浙江的综合指数分别以 7.49%和 7.13%的年均增速位列全国第 1 位和第 2 位，2017 年江苏的经济增长质量从 1997 年的 0.707 6 提升至 2.986 2，排名从全国第 13 位提升至全国第 4 位，浙江的经济增长质量从 0.726 7 提升至 2.867 4，从 1997 年全国排名第 11 位上升至全国第 5 位。环渤海地区省份经济质量增长以北京和天津为带动，山东的经济增长质量年均增速较快，年均增速为 6.81%，从 1997 年排名全国第 20 位上升至 2017 年全国第 11 位。重庆以全国第 3 位的年均增速 7.05%带动周边省份经济增长质量的提高，但由于其经济增长质量综合水平与其他省份仍具有较大差异，导致其带动作用不如上海、北京和天津明显，在重庆的带动下，2017 年四川的经济增长质量排名与 1997 年相比从第 26 位提升至第 23 位。陕甘宁地区经济增长质量以宁夏排名较为靠前，但由于其经济增长质量增速为 4.54%，排名全国第 25 位，经济增长质量发展的动力有所不足；与此同时，陕西和甘肃年均增速分别保持在 6.35%和 5.52%，位列全国第 6 位和第 12 位，具有一定的发展潜力，但由于陕西和甘肃在 1997 年经济增长质量综合指数分别位列全国第 27 位和第 28 位，仅陕西在样本期内排名提升了 10 个位次，经济增长质量提升至 1.702 9，甘肃位次未发生变化。

6.2.3 经济增长质量各维度指数的变化特征分析

6.2.3.1 结构性指数变化特征

根据主成分分析法测得各省份的经济增长结构性指数、均值排名见表 6.7。

表 6.7 1997—2017 年各省份经济增长结构性指数、均值及排名情况

省份	1997 年		2007 年		2017 年		1997—2017 年	
	指数	排名	指数	排名	指数	排名	均值	排名
北京	1.269 2	11	0.866 1	8	0.602 4	9	0.882 4	7
天津	1.305 5	9	0.714 7	11	0.559 4	11	0.756 1	12
河北	1.000 4	15	0.713 0	13	0.568 8	10	0.714 0	14
山西	0.792 4	23	0.204 7	27	0.199 3	23	0.295 1	26
内蒙古	1.643 0	5	0.257 9	26	0.157 3	24	0.570 3	20
辽宁	1.340 8	8	0.713 9	12	0.492 7	16	0.822 8	10
吉林	1.732 7	2	0.817 5	9	0.697 1	8	0.934 4	5
黑龙江	1.647 5	4	0.557 2	19	0.495 9	14	0.595 8	18
上海	0.543 1	28	0.537 8	21	0.384 3	20	0.506 8	22
江苏	0.855 9	20	0.731 9	10	0.703 9	6	0.720 5	13
浙江	0.815 4	22	1.007 8	3	1.063 8	2	0.989 4	3
安徽	1.273 2	10	0.898 7	6	0.697 1	7	0.904 8	6

（续）

省份	1997 年		2007 年		2017 年		1997—2017 年	
	指数	排名	指数	排名	指数	排名	均值	排名
福建	1.102 9	13	0.871 4	7	0.722 6	5	0.875 1	8
江西	1.955 6	1	1.266 9	2	0.949 9	3	1.299 4	2
山东	0.714 7	26	0.551 9	20	0.480 5	17	0.523 5	21
河南	0.879 8	19	0.574 3	17	0.527 2	12	0.595 6	19
湖北	1.485 2	6	0.677 5	14	0.493 3	15	0.785 6	11
湖南	1.411 6	7	0.914 9	5	0.446 6	18	0.840 3	9
广东	0.882 1	18	0.558 4	18	0.500 8	13	0.610 2	17
广西	1.025 2	14	0.676 3	15	0.318 2	22	0.636 3	16
海南	1.650 3	3	1.431 4	1	1.517 0	1	1.541 9	1
重庆	0.772 2	24	0.364 7	24	0.375 5	21	0.457 1	23
四川	0.883 8	17	0.651 5	16	0.424 4	19	0.657 8	15
贵州	0.961 7	16	0.105 8	29	0.133 8	26	0.201 9	28
云南	0.274 4	30	0.158 1	28	0.074 8	28	0.124 3	30
陕西	0.630 3	27	0.321 6	25	0.055 4	29	0.295 0	27
甘肃	0.486 4	29	0.037 5	30	0.029 2	30	0.139 3	29
青海	0.825 6	21	0.435 4	23	0.125 5	27	0.372 4	25
宁夏	0.735 5	25	0.461 5	22	0.145 1	25	0.377 0	24
新疆	1.201 7	12	0.994 6	4	0.800 0	4	0.960 3	4

（1）海南、江西、浙江、新疆和吉林的经济增长结构较合理，而西部地区多数省份经济增长结构有待优化。从 1997—2017 年经济增长结构性指数的均值来看，华东地区大部分省份在经济增长结构性方面表现较好，而表现较差的多为西部地区省份。经济增长结构性指数的均值排名前 5 位是海南（1.541 9）、江西（1.299 4）、浙江（0.989 4）、新疆（0.960 3）、吉林（0.934 4），产业结构与投资消费结构越合理，经济增长的结构性越高。这些省份的经济增长结构可为其他省份优化调整经济结构和投资消费结构提供一定参考。经济增长结构性指数排名末位的省份为云南（0.124 3）、甘肃（0.139 3）、贵州（0.201 9）、陕西（0.295 0）、山西（0.295 1）。

（2）华东地区省份经济增长结构性指数排名提升相对较快，而其他多数省份排名变动较小。从经济增长结构性指数 1997 年和 2017 年各省份排名的变化情况来看，排名上升的省份集中在华东地区，华东地区 7 个省份，除了江西以外，其余省份的结构性指数排名都不同程度地有所提升。其余地区上升的省份还有河南、新疆等。东北地区 3 个省份的结构性指数排名均发生了下降，此外内蒙古的经济增长质量结构性排名下降了 19 个位次。西北地区除了新疆以外，其他省份的结构性指数排名变化不大。

（3）绝大部分省份的经济增长结构性指数呈现波动下降变化特征。如图 6.2 所示，除了华东地区大部分省份以及云南以外，其余省份均表现出明显的波动下降特征，结合经济增长结构性指数的测算指标及其权重可知，在经济增长结构性的评价中，二元对比系数（X_5）和第一产业比较劳动生产率（X_2）权重较高，分别为 0.431 8 和 0.376 2，两者分别衡量了经济结构的二元性特征和第一产业的劳动生产率。这表明绝大部分省份第一产业与第二产业的劳动生产率差异呈现扩大的特征，经济二元结构越发明显，并且多数省份农业生产优势不足，导致第一产业比较劳动生产率下降。

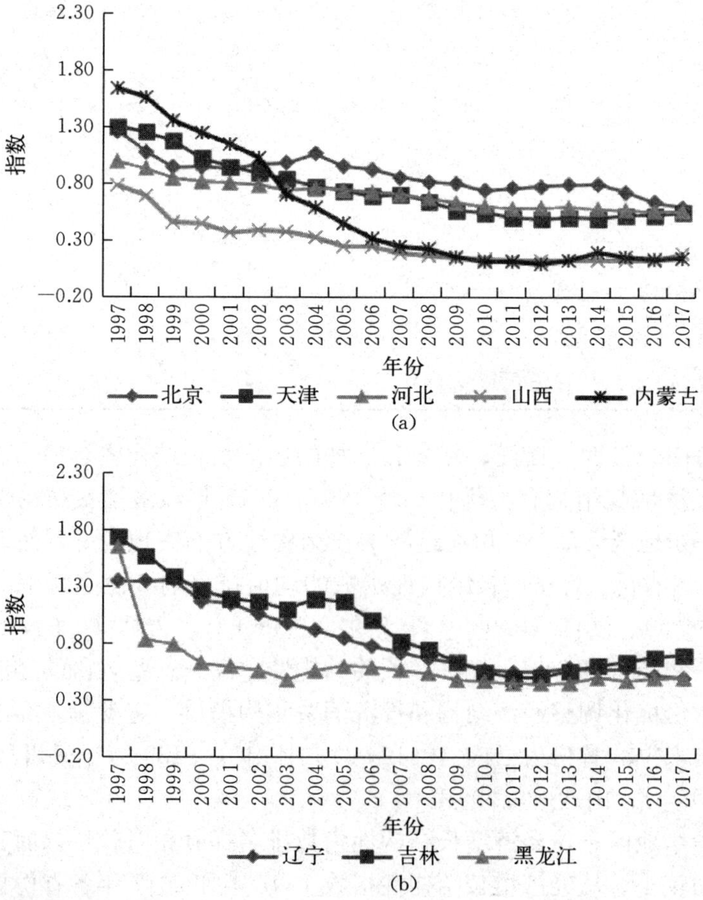

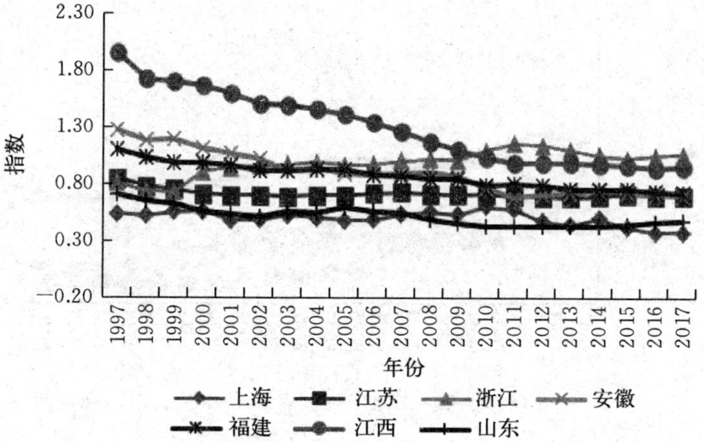
2.30
1.80
1.30
0.80
0.30
−0.20
指数
1997 1998 1999 2000 2001 2002 2003 2004 2005 2006 2007 2008 2009 2010 2011 2012 2013 2014 2015 2016 2017
年份
上海
江苏
浙江
安徽
福建
江西
山东
(c)

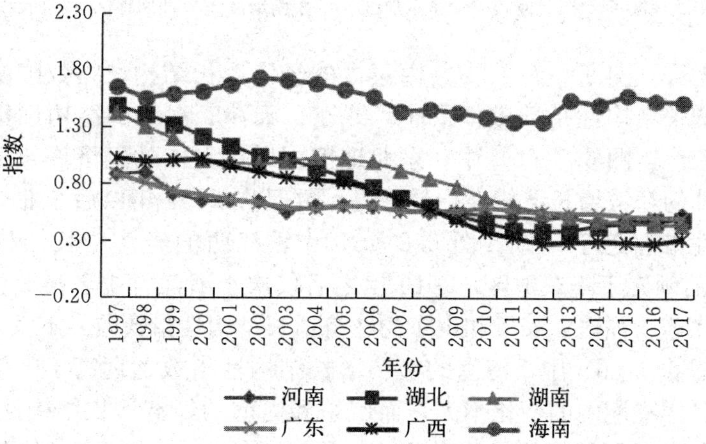
2.30
1.80
1.30
0.80
0.30
−0.20
指数
1997 1998 1999 2000 2001 2002 2003 2004 2005 2006 2007 2008 2009 2010 2011 2012 2013 2014 2015 2016 2017
年份
河南
湖北
湖南
广东
广西
海南
(d)

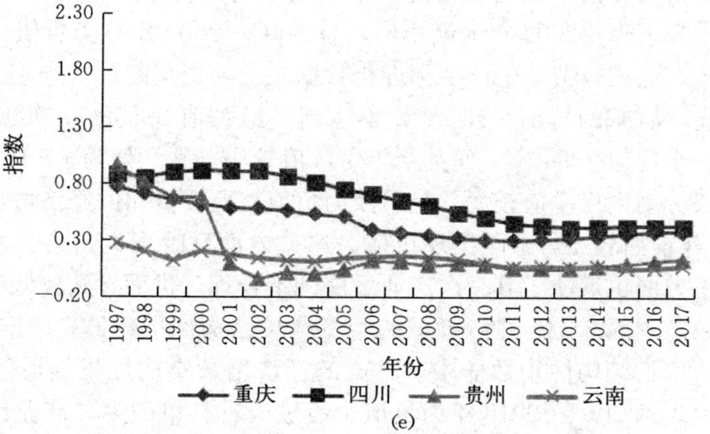
2.30
1.80
1.30
0.80
0.30
−0.20
指数
1997 1998 1999 2000 2001 2002 2003 2004 2005 2006 2007 2008 2009 2010 2011 2012 2013 2014 2015 2016 2017
年份
重庆
四川
贵州
云南
(e)

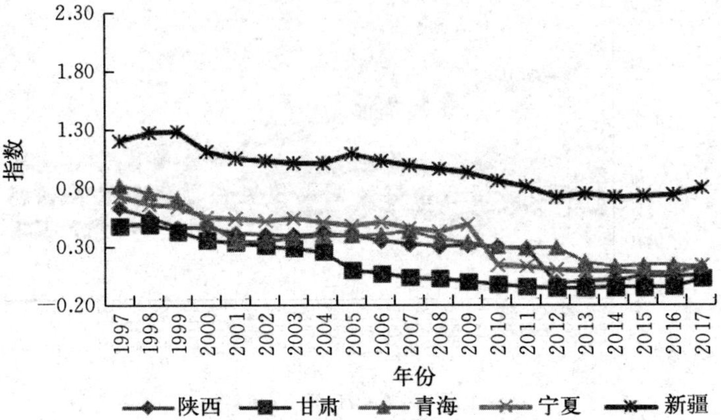

(f)

图 6.2 1997—2017 年各省份经济增长结构性指数变化趋势

a. 华北地区 b. 东北地区 c. 华东地区 d. 中南地区 e. 西南地区 f. 西北地区

具体来看，图 6.2（a）中，内蒙古的经济增长结构性指数降幅最大，山西的经济增长结构性指数整体最小，北京、天津、河北的结构性指数相差不大，降幅较小。图 6.2（b）中，东北地区中以黑龙江的经济增长结构性指数最低，吉林的经济增长结构性指数最高，并且在 2007 年以后东北 3 省的经济增长结构性指数趋于一致。图 6.2（c）中，江西的经济增长结构性指数在 2010 年之前领先于华东地区，2010 年之后仅次于浙江省排名第 2 位。其余省份上海、江苏、福建、安徽和山东的经济增长结构性指数差异不大，整体变化也较小。图 6.2（d）中，海南的经济增长结构性指数远远高于中南地区其他省份，并且样本期内的变化不大，而广东和河南的经济增长结构性指数较低，湖南、湖北和广西的结构性指数居中。图 6.2（e）中，西南地区四川和重庆的经济增长结构性指数较高，云南最小，贵州的经济增长结构性指数在 2001 年出现了大幅下降，2002 年为最小值，且 2002—2004 年均为负值。通过查看贵州的第二产业比较劳动生产率标准化数据发现，贵州的第二产业比较劳动生产率呈现先增后减的特征，在 2002 年达到了最大值 3.598 7，2001—2007 年数值较大，平均值 2.949 3，而其余年份数值较小，平均值为 1.515 8，由于第二产业比较劳动生产率值较大，且系数为负值，所以贵州的经济增长结构性指数在 2002 年前后较小，甚至出现负值。这一方面反映了贵州第二产业发展的迅速，另一方面也反映了其三次产业发展的不合理，进而导致较低的经济增长结构性指数。图 6.2（f）中，新疆的经济增长结构性指数最高，宁夏、青海、陕西的经济增长结构性指数居中，甘肃的经济增长结构性指数最低，在 2005 年降幅较大，且 2009—2016 年为负值。通过查看甘肃的第二产业比较劳动生产率标准化数据发现，甘肃的数据在2005—2017年较大，平均值为1.371 6，最终使得甘肃的经济增长结构性指数在2005—2017年较小，甚至出现负值。

6.2.3.2 效率指数变化特征

各省份经济增长效率指数、均值及排名情况见表6.8。

表6.8 1997—2017年各省份经济增长效率指数、均值及排名

省份	1997年		2007年		2017年		1997—2017年	
	指数	排名	指数	排名	指数	排名	均值	排名
北京	0.787 6	2	1.718 6	4	2.865 6	11	1.767 6	5
天津	0.712 5	4	2.056 2	2	4.769 6	1	2.373 6	2
河北	0.459 5	14	1.183 7	15	2.339 5	16	1.251 1	14
山西	0.448 7	16	1.205 7	14	2.069 0	23	1.202 7	15
内蒙古	0.468 9	13	1.720 5	3	3.732 8	5	1.857 1	4
辽宁	0.607 5	5	1.519 7	7	2.991 5	9	1.660 1	7
吉林	0.500 0	12	1.261 2	13	2.760 4	12	1.445 4	13
黑龙江	0.591 0	7	1.341 3	12	2.727 8	13	1.478 9	12
上海	1.039 4	1	2.654 2	1	4.308 9	2	2.684 8	1
江苏	0.540 2	10	1.641 1	5	3.956 4	4	1.870 1	3
浙江	0.570 7	9	1.516 8	8	3.072 7	8	1.605 9	9
安徽	0.357 8	29	0.834 7	27	1.981 7	24	0.967 9	25
福建	0.597 2	6	1.448 4	9	3.107 6	7	1.597 5	10
江西	0.408 2	20	0.944 9	19	2.214 1	20	1.088 0	20
山东	0.502 1	11	1.398 9	11	3.121 7	6	1.539 4	11
河南	0.414 1	19	0.995 4	17	2.105 6	22	1.083 3	21
湖北	0.373 0	26	0.867 4	26	2.217 8	19	1.045 0	22
湖南	0.456 0	15	1.007 9	16	2.444 3	15	1.186 9	16
广东	0.748 6	3	1.524 2	6	2.909 7	10	1.615 2	8
广西	0.376 4	22	0.946 1	18	2.326 7	17	1.118 9	18
海南	0.427 9	18	0.901 1	24	1.596 7	29	0.944 5	27
重庆	0.571 9	8	1.436 7	10	3.958 4	3	1.764 8	6
四川	0.375 9	24	0.941 8	20	2.306 5	18	1.107 9	19
贵州	0.319 1	30	0.691 2	30	1.905 1	25	0.873 2	29
云南	0.376 1	23	0.717 0	29	1.631 1	28	0.828 1	30
陕西	0.379 2	21	0.911 4	22	2.493 1	14	1.177 7	17
甘肃	0.374 1	25	0.876 2	25	1.800 3	26	0.960 8	26
青海	0.360 4	28	0.903 2	23	2.113 3	21	1.043 5	23
宁夏	0.364 4	27	0.812 2	28	1.720 9	27	0.908 3	28
新疆	0.445 4	17	0.935 8	21	1.590 0	30	0.970 6	24

（1）经济增长效率排名与经济增长质量综合指数排名较为一致，上海、天津、江苏、内蒙古和北京的经济增长效率较高，而西部地区多数省份的经济增长效率有待提升。从1997—2017年的经济增长效率指数均值来看，上海（2.684 8）、天津（2.373 6）、江苏（1.870 1）、内蒙古（1.857 1）和北京（1.767 6）的经济增长效率指数位居前列，而西部地区省份，如云南（0.828 1）、贵州（0.873 2）、宁夏（0.908 3）和甘肃（0.960 8）的经济增长效率较低。从经济增长效率较高省份的地理条件来看，多集中于平原地区，而经济增长效率较低的省份地处高原、山地等地区。由于平原地区的自然条件更为优越，能够吸引更多的劳动力和资本资源，进而导致了各省份经济增长效率的差异。理论上内蒙古的自然条件比不上浙江，但内蒙古也能实现年均指数第4位的成绩，查阅内蒙古的劳动生产率和资本生产率标准化值发现，内蒙古的资本生产率位居全国第2位，劳动生产率居全国第8位，而浙江的资本生产率居全国第21位，劳动生产率居第7位，因此解释了两者在经济增长效率方面的表现差异，也说明劳动生产率和资本生产率均为评价经济增长效率的重要指标，两者均表现较好才能够实现较高效率的经济增长。

（2）经济增长效率指数排名提升较快的有内蒙古、湖北、陕西、青海、江苏和四川等省份，而经济增长效率指数排名下降较多的省份有广东、北京、海南和新疆等。从样本期经济增长效率指数的排名变化来看，北京、广东、海南和新疆的经济增长效率指数排名下降较多，虽然各省份的经济增长效率都在逐年提升，但这些省份由于其提升速度相对较慢，从而使得排名出现逐年下滑的状况。以新疆为例，1997年新疆的效率指数排名全国第17位，在全国处于中等水平；至2017年新疆的效率指数下降至第30位，居于末位，新疆应加速提高劳动和资本的产出效率，从而提高经济增长的效率。相比之下，内蒙古、湖北、陕西等省份的经济增长效率的提升速度相对较快，指数排名也提升较多。

（3）各省份的经济增长效率指数呈现逐年提高、经济增长效率曲线呈现“先紧后密”的变化特征，说明省际经济增长效率的差异逐渐扩大。如图6.3所示，各省份经济增长效率逐年提高，查阅指标权重发现经济增长效率的评价指标中，系数最大的指标为劳动生产率（X_{12}），其次是资本生产率（X_{11}），两者系数分别为0.856 2和0.516 6，而全要素生产率的系数为−0.005 5，接近于0。说明尽管各省份经济增长效率不断提升，主要得益于资本和劳动生产率的提升，而全要素生产率对其贡献较低，各省份应注重从倚重资本和劳动的生产方式向倚重技术和创新转变。

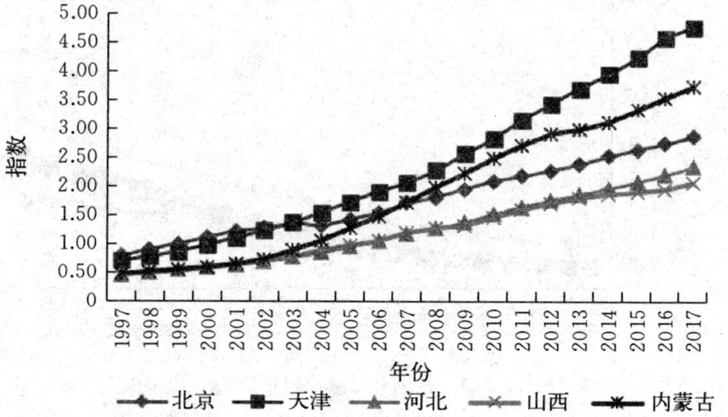
5.00
4.50
4.00
3.50
3.00
2.50
2.00
1.50
1.00
0.50
0
指数
1997
1998
1999
2000
2001
2002
2003
2004
2005
2006
2007
2008
2009
2010
2011
2012
2013
2014
2015
2016
2017
年份
北京
天津
河北
山西
内蒙古

(a)

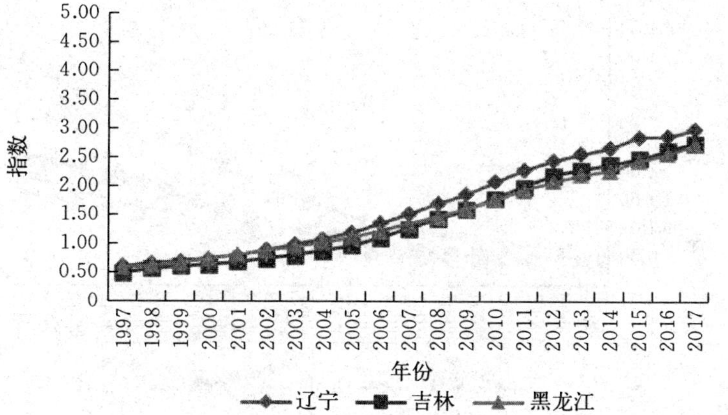
5.00
4.50
4.00
3.50
3.00
2.50
2.00
1.50
1.00
0.50
0
指数
1997
1998
1999
2000
2001
2002
2003
2004
2005
2006
2007
2008
2009
2010
2011
2012
2013
2014
2015
2016
2017
年份
辽宁
吉林
黑龙江

(b)

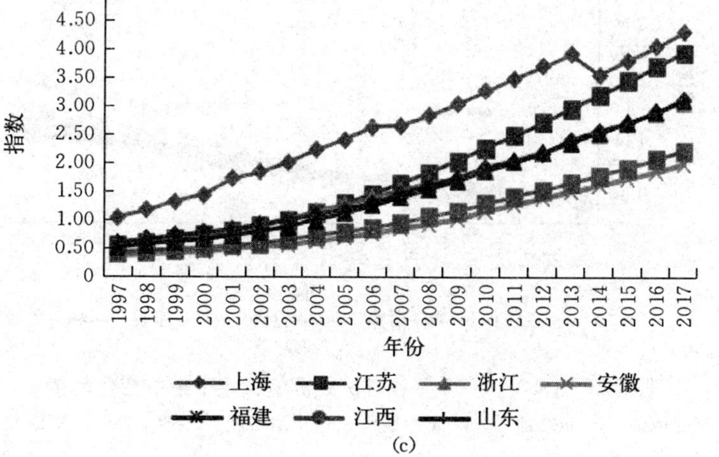
5.00
4.50
4.00
3.50
3.00
2.50
2.00
1.50
1.00
0.50
0
指数
1997
1998
1999
2000
2001
2002
2003
2004
2005
2006
2007
2008
2009
2010
2011
2012
2013
2014
2015
2016
2017
年份
上海
江苏
浙江
安徽
福建
江西
山东

(c)

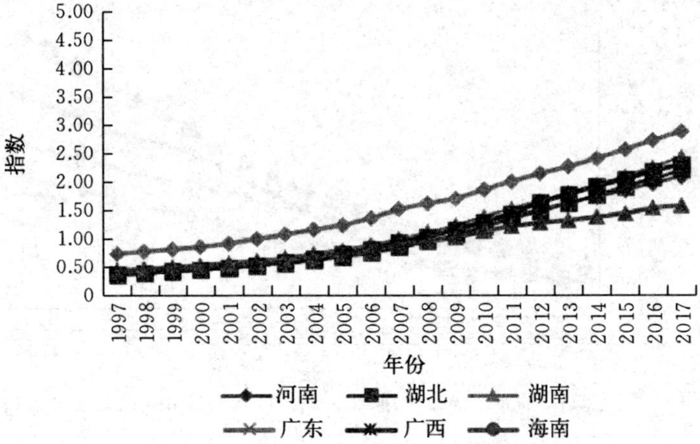

(d)

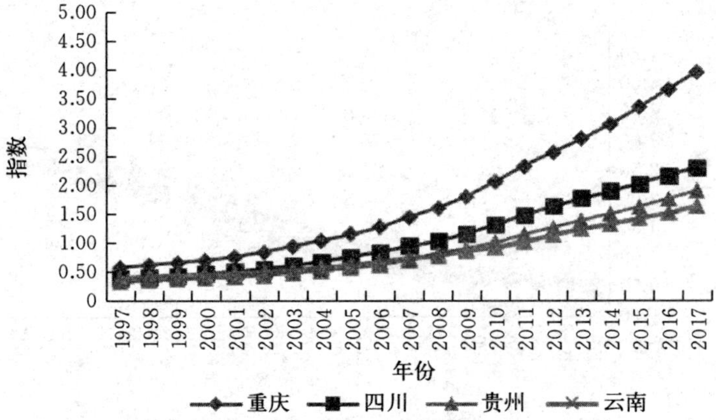

(e)

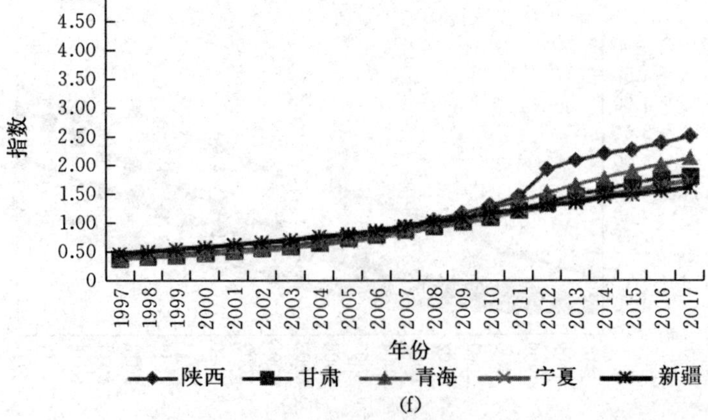

(f)

图 6.3　1997—2017 年各省份经济增长效率指数变化趋势

a. 华北地区　b. 东北地区　c. 华东地区　d. 中南地区　e. 西南地区　f. 西北地区

具体来看，图 6.3（a）中，华北地区天津的经济增长效率指数最高，其次为内蒙古和北京，而河北与山西的经济增长效率指数较低。图 6.3（b）中，东北 3 省的经济增长效率指数差别不大，并且指数值整体较小，均呈现逐年递增的特征。图 6.3（c）中，上海和江苏的经济增长效率指数较高，其次是浙江、福建和山东，而江西、安徽的经济增长效率指数相对较低。图 6.3（d）中，广东的经济增长效率指数较高，而中南地区其他省份的经济增长效率相差不大，最低的是海南省。图 6.3（e）中，重庆的经济增长效率指数远高于四川、贵州和云南，并且在 2007 年以后，这种差异变得越来越大。图 6.3（f）中，西北地区各省份经济增长效率指数整体偏低，且在 2011 年以前差异不大，自 2011 年开始各省份的经济增长效率指数有了不同程度的提升，各省份的经济增长效率指数开始拉开差距，其中陕西的经济增长效率指数提升幅度较大，从而使得陕西自 2011 年以后，经济增长效率指数领先于西北地区其他省份。

6.2.3.3　成本性指数变化特征

中国各省份经济增长成本性指数、均值及排名情况见表 6.9，用以反映中国各省份在经济增长资源消耗与环境污染方面的相对变化特征。

表 6.9　1997—2017 年各省份经济增长成本性指数、均值及排名

省份	1997 年		2007 年		2017 年		1997—2017 年	
	指数	排名	指数	排名	指数	排名	均值	排名
北京	1.221 1	10	1.506 7	7	1.591 0	10	1.472 1	9
天津	1.374 6	7	1.561 3	2	1.6420	2	1.540 5	3
河北	1.206 5	11	1.292 5	23	1.470 4	23	1.325 0	23
山西	0.828 2	26	1.092 2	26	1.244 6	27	1.040 6	27
内蒙古	0.777 4	28	1.148 6	25	1.450 4	24	1.165 1	25
辽宁	1.089 7	19	1.404 9	17	1.525 7	20	1.377 7	18
吉林	1.008 8	23	1.414 1	14	1.587 9	12	1.393 0	17
黑龙江	1.201 4	12	1.494 1	9	1.575 5	15	1.469 6	10
上海	1.381 5	6	1.558 9	3	1.604 5	7	1.534 9	5
江苏	1.423 9	5	1.541 1	4	1.624 3	4	1.536 8	4
浙江	1.475 0	2	1.529 4	6	1.603 6	8	1.530 2	6
安徽	1.104 1	16	1.425 4	12	1.579 2	14	1.399 7	13
福建	1.458 5	4	1.501 0	8	1.621 0	5	1.527 6	7
江西	1.107 7	15	1.412 9	15	1.572 5	16	1.397 1	15

（续）

省份	1997 年		2007 年		2017 年		1997—2017 年	
	指数	排名	指数	排名	指数	排名	均值	排名
山东	1.474 2	3	1.536 9	5	1.600 4	9	1.543 7	2
河南	1.306 0	9	1.447 3	11	1.589 0	11	1.451 4	11
湖北	1.009 4	22	1.355 8	20	1.567 7	17	1.346 5	20
湖南	1.070 1	21	1.391 4	19	1.587 1	13	1.393 9	16
广东	1.499 0	1	1.569 9	1	1.635 5	3	1.575 1	1
广西	1.103 0	17	1.294 7	22	1.565 9	18	1.342 2	21
海南	1.177 1	13	1.422 4	13	1.491 9	22	1.368 8	19
重庆	1.312 4	8	1.481 6	10	1.666 5	1	1.472 8	8
四川	1.082 4	20	1.412 9	16	1.609 1	6	1.397 7	14
贵州	0.511 4	30	1.016 6	29	1.402 4	26	1.012 8	29
云南	1.177 0	14	1.294 9	21	1.511 3	21	1.330 5	22
陕西	1.090 9	18	1.392 2	18	1.550 1	19	1.403 9	12
甘肃	0.798 4	27	1.231 4	24	1.417 3	25	1.190 5	24
青海	0.905 1	24	1.050 8	28	1.204 0	28	1.059 3	26
宁夏	0.741 4	29	0.811 7	30	1.097 3	29	0.856 5	30
新疆	0.869 8	25	1.056 4	27	1.065 9	30	1.023 8	28

（1）经济增长成本性指数较高的省份多分布在沿海地区，而西部地区的多数省份其经济增长的生态环境代价相对较高。从 1997—2017 年成本性指数的平均值及排名来看，广东（1.575 1）、山东（1.543 7）、天津（1.540 5）、江苏（1.536 8）和上海（1.534 9）的经济增长成本性指数相对较高。这些省份从地理位置来看，均处于沿海地带，且成本性指数差异较小，说明这些省份在经济增长过程中更加注重节约资源和环境保护。经济增长成本性指数排名靠后的省份有宁夏（0.856 5）、贵州（1.012 8）、新疆（1.023 8）、山西（1.040 6）和青海（1.059 3），这些省份多位于西部地区，经济发展的自然条件相对较差，在经济增长过程中更应该注重加强对环境保护和资源节约的重视，减少由于经济增长带来的环境污染问题，提高资源使用效率，减少资源消耗。

（2）样本期内经济增长成本性指数排名下降最多的为河北和海南，而四川和吉林的经济增长成本性指数排名提升较多。华东和中南地区的省份排名较为靠前，而东北和西北地区的省份排名较为靠后，表明东北和西北地区经济增长的资源消耗与环境污染的代价较大。多数省份的经济增长成本性指数在样本期内排名变化不大，个别省份出现较大幅度的排名变化，如河北由 1997 年的第 11 位下降至 2017 年的第 23 位，而吉林从 1997 年的第 23 位上升至 2017 年的第 12 位。这反映了河北以较高能源消耗和环境污染实现经济增长的发展方式。

（3）中国各省份的经济增长成本性指数呈现逐年递增的变化特征，说明各省份在经济增长的同时越来越重视对环境的保护和资源的有效利用。如图 6.4 所示，各省份的经济增长成本性指数逐年递增，表明中国各省份在经济增长过程中越来越注意环境污染和资源消耗问题，经济增长消耗的成本越来越低。经济增长成本性评价的 4 个指标中，能源消耗量系数最大，经济增长成本性这一变化趋势也说明各省单位 GDP 产出所消耗的能源量在持续下降，经济增长方式更加集约化。

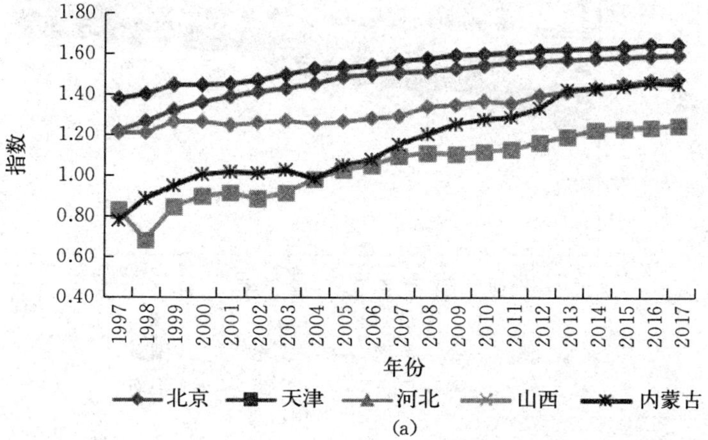

(a)

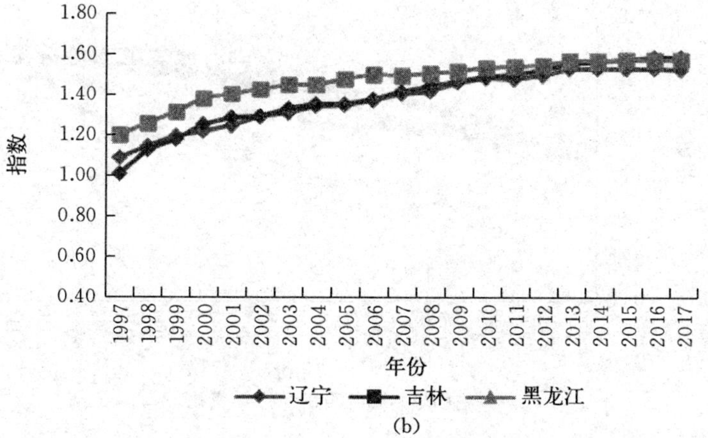

(b)

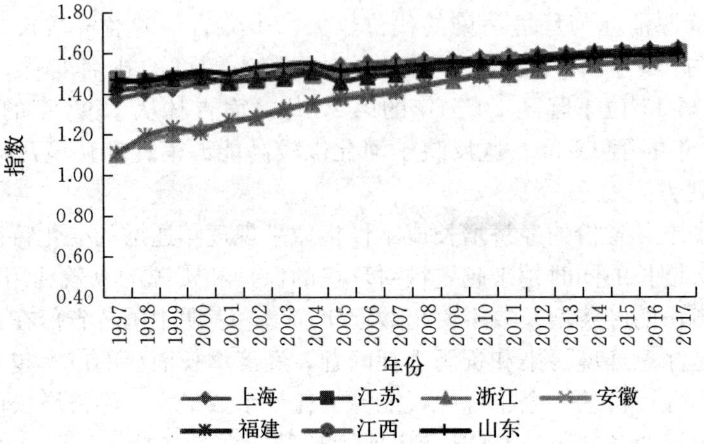
1.80
1.60
1.40
1.20
1.00
0.80
0.60
0.40
指数
1997 1998 1999 2000 2001 2002 2003 2004 2005 2006 2007 2008 2009 2010 2011 2012 2013 2014 2015 2016 2017
年份
上海 江苏 浙江 安徽
福建 江西 山东
(c)

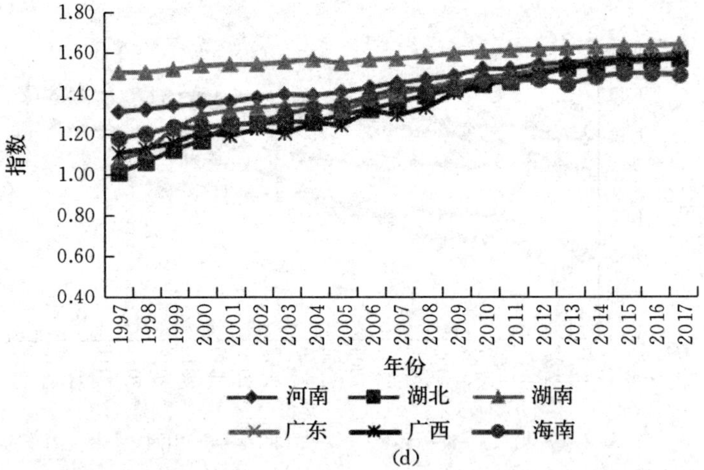
1.80
1.60
1.40
1.20
1.00
0.80
0.60
0.40
指数
1997 1998 1999 2000 2001 2002 2003 2004 2005 2006 2007 2008 2009 2010 2011 2012 2013 2014 2015 2016 2017
年份
河南 湖北 湖南
广东 广西 海南
(d)

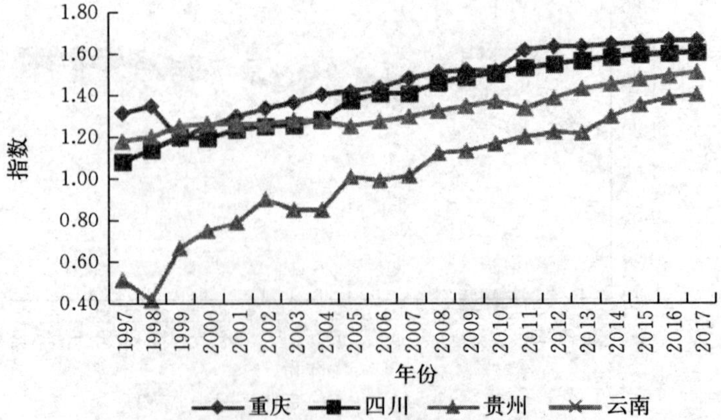
1.80
1.60
1.40
1.20
1.00
0.80
0.60
0.40
指数
1997 1998 1999 2000 2001 2002 2003 2004 2005 2006 2007 2008 2009 2010 2011 2012 2013 2014 2015 2016 2017
年份
重庆 四川 贵州 云南
(e)

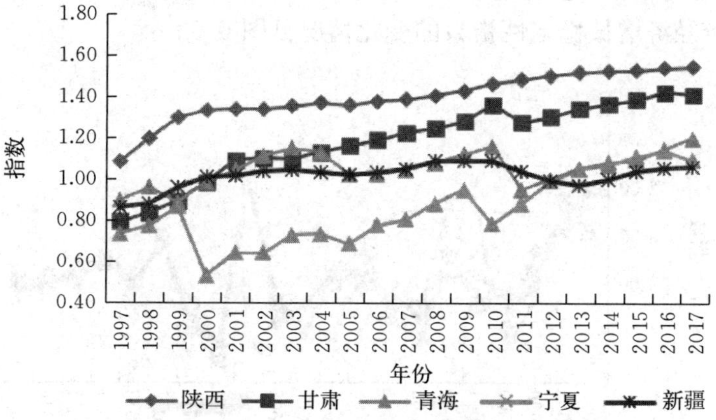

(f)

图 6.4　1997—2017 年各省份经济增长成本性指数变化趋势

a. 华北地区　b. 东北地区　c. 华东地区　d. 中南地区　e. 西南地区　f. 西北地区

具体来看，图 6.4（a）中，华北地区经济增长成本性指数相对较高的北京、天津指数提升速度较慢，经济增长成本性指数较小的山西和内蒙古其提升速度更快，而后者恰好为经济增长方式较为粗放的省份，说明这些省份实现经济集约化增长的潜力较大。图 6.4（b）中，东北地区 3 个省份的经济增长成本性指数差距较小，走势基本一致，这也反映了东北地区作为老工业基地，其在经济增长过程中存在环境污染和资源消耗较严重的共性。图 6.4（c）中，华东地区 7 个省份可以划分为以上海、江苏为代表的高成本性省份和以江西、安徽为代表的低成本性省份，同时两类省份的变化趋势与数值大小基本一致，相比之下，江西和安徽在 2005 年以前，经济增长成本性指数明显低于华东地区其余省份，但经过相对较快的提升速度，使得二者在 2013 年以后基本追上了其他省份，说明江西和安徽在经济增长过程中更加注重对环境和资源的保护。图 6.4（d）中，广东的经济增长成本性指数稍高于中南地区其他省份，并且样本期内指数的提升幅度较小，河南、湖北、湖南、广西和海南的经济增长成本性指数呈现小幅波动上升的特征，并且上升速度高于广东，最终不断缩小与广东在经济增长成本性方面的差距，朝着资源集约型、环境友好型方向发展经济。图 6.4（e）中，贵州在经济增长的资源消耗与环境保护中的表现较差，明显低于西南地区其他省份，但是贵州也以较快的提升速度不断缩小着这种差距，重庆、四川和云南的经济增长成本性指数差距较小，且重庆居于首位。图 6.4（f）中，陕西和甘肃的经济增长成本性指数呈现平滑上升的特征，而宁夏的指数呈现相对较大幅度的波动上升特征，青海和新疆的指数上升幅度较小，走势较为接近。

6.2.3.4 稳定性指数变化特征

各省份经济增长稳定性指数的变化情况见图 6.5。

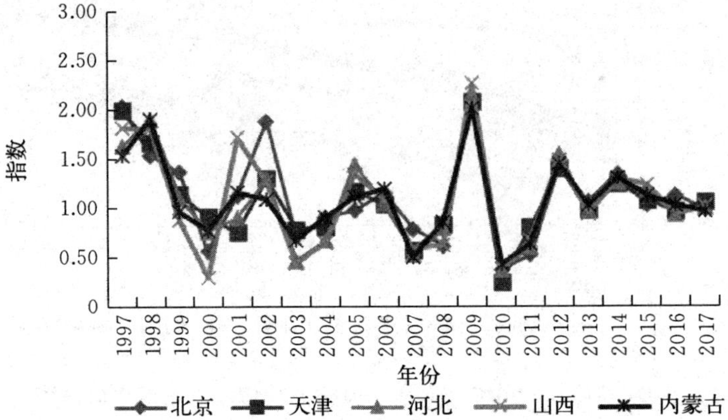

(a)

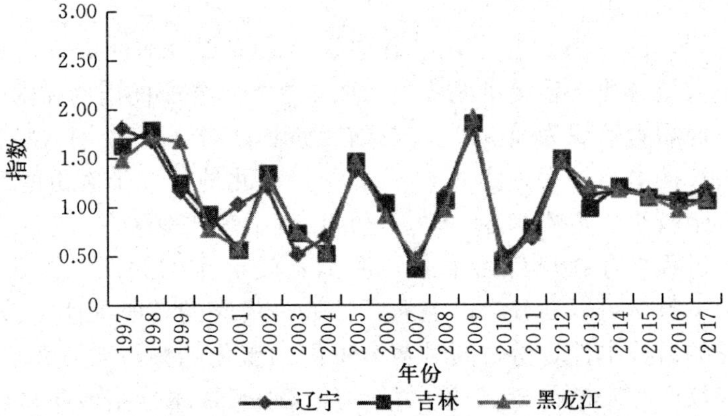

(b)

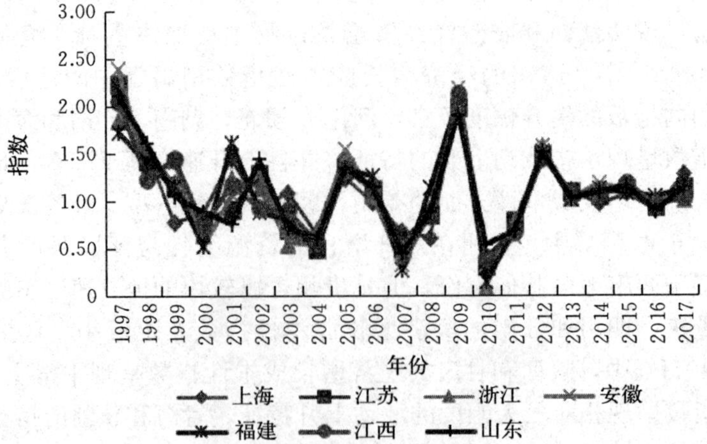

(c)

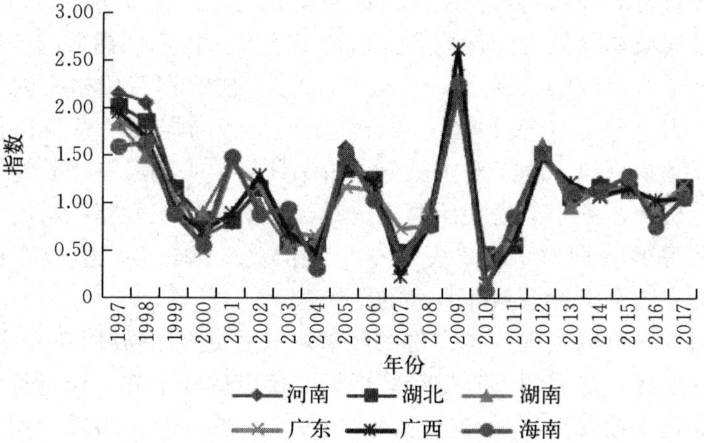

(d)

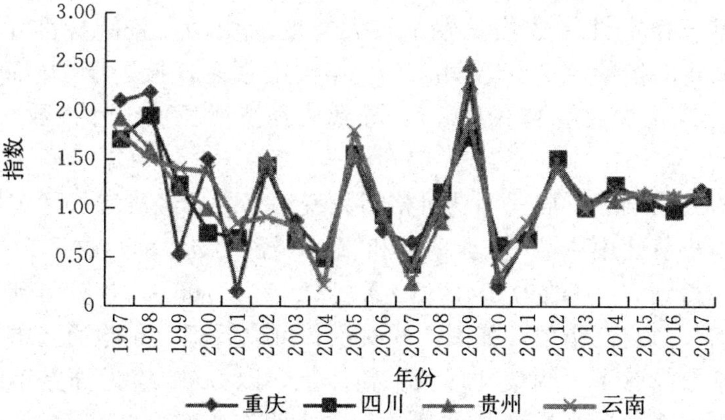

(e)

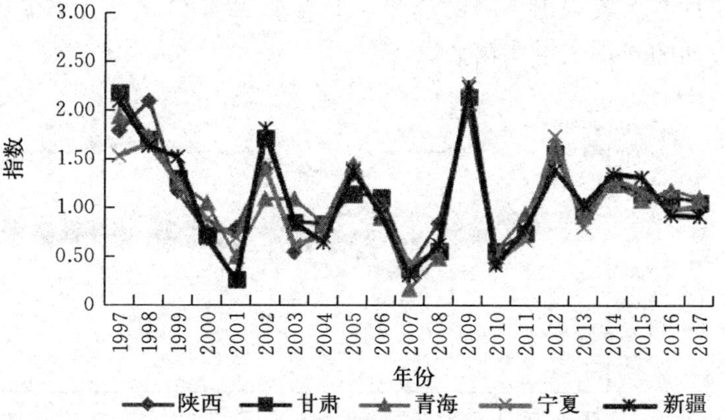

(f)

图 6.5　1997—2017 年各省份经济增长稳定性指数变化趋势

a. 华北地区　b. 东北地区　c. 华东地区　d. 中南地区　e. 西南地区　f. 西北地区

中国各省份的经济增长稳定性指数波动较大，且各省份的波动规律基本一致，大致呈现波动降低的变化特征。结合经济增长稳定性指数的测度指标，经济增长稳定性所对应的指标 $X_{17} \sim X_{19}$ 中，X_{17}（居民消费价格指数变动率）的系数较大，为 0.997 3，使得经济增长稳定性指数与居民消费价格指数变动率的变化情况基本一致。为了对主成分分析法计算出来的经济增长稳定性指数的稳健性进行检验，本小节还使用熵值法对经济增长稳定性指数进行计算，得到的 $X_{17} \sim X_{19}$ 系数分别为 0.862 3、0.045 1 和 0.092 6，并没有改变居民消费价格指数变动率这个指标系数非常大的结果。

观察图 6.5 可以发现，各省份的经济增长稳定性指数均在 1997—2000 年呈现下降的趋势，这表明各省份经济增长的稳定性在下降，通过计算经济增长质量的标准化指数发现，X_{17} 这个指标在 1997—2000 年呈现较为明显的下降特征，导致经济增长稳定性指数整体下降。同时也发现，在 2009 年前后，各省份的经济增长稳定性指数均发生了较大幅度的变动，查阅标准化指数发现，X_{17} 在 2009 年的指数较 2008 年和 2010 年大出很多，接近于 2，而 2008 年和 2010 年的标准化指数基本小于 0.7，导致了经济增长稳定性指数在 2009 年出现较大波动。

为了探究在剔除了居民消费价格指数变动率之后经济增长稳定性指数的变化情况，本小节使用 X_{18}（失业率）和 X_{19}（经济波动率）这 2 个指标进行主成分分析，得到 X_{18} 系数为 0.707 5、X_{19} 系数为 0.706 8，计算得到剔除通胀水平的经济增长稳定性指数，如图 6.6 所示。可以看到，剔除通胀水平的经济增长稳定性指数没有了大幅波动现象。整体上，以 2002 年为分界年份，大部分省份呈现先下降随后平稳变化的特征，这表明在 1997—2002 年，各省份在经济增长稳定性方面表现出下降的趋势，但在 2002—2017 年，各省份在经济增长稳定性方面的表现变得比较平稳。

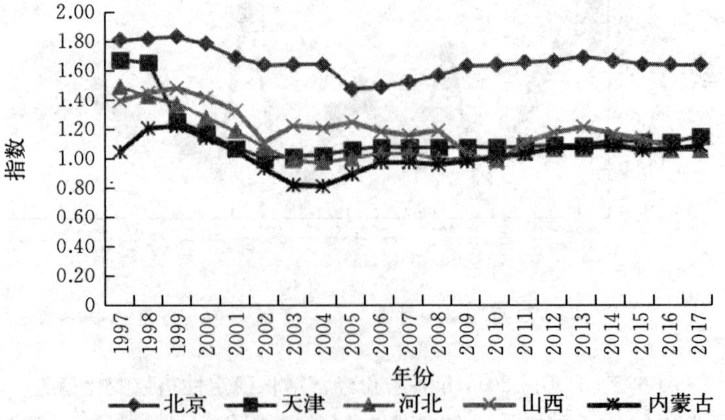

(a)

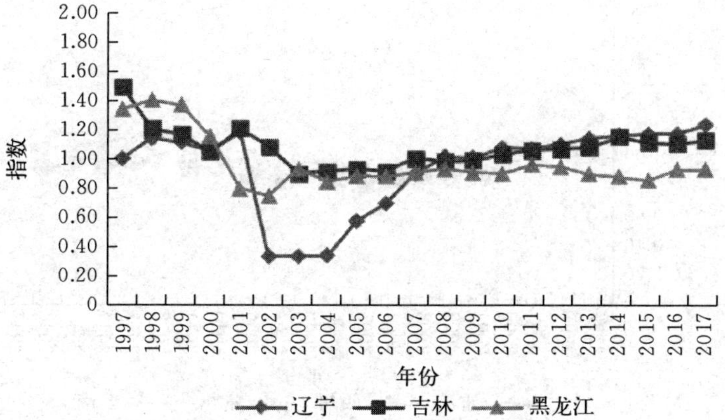

(b)

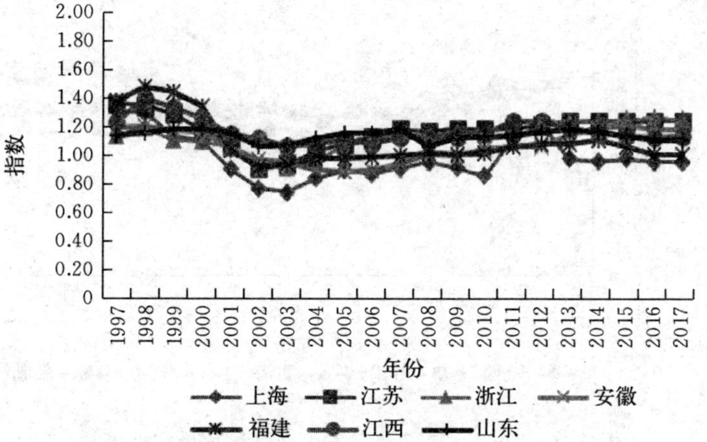

(c)

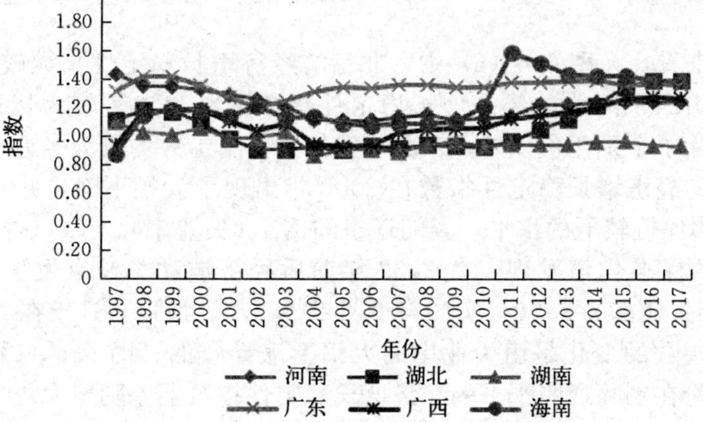

(d)

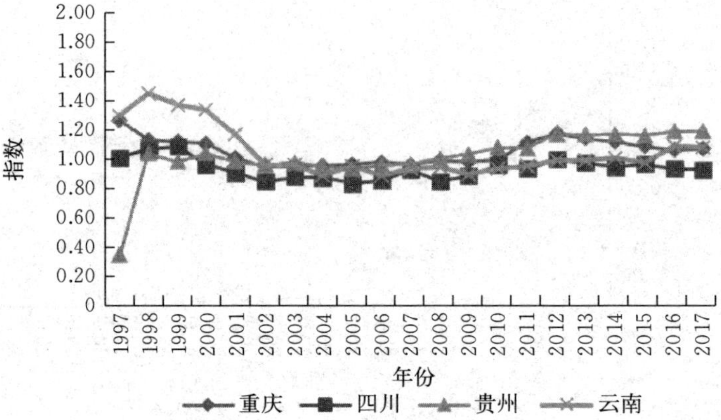

(e)

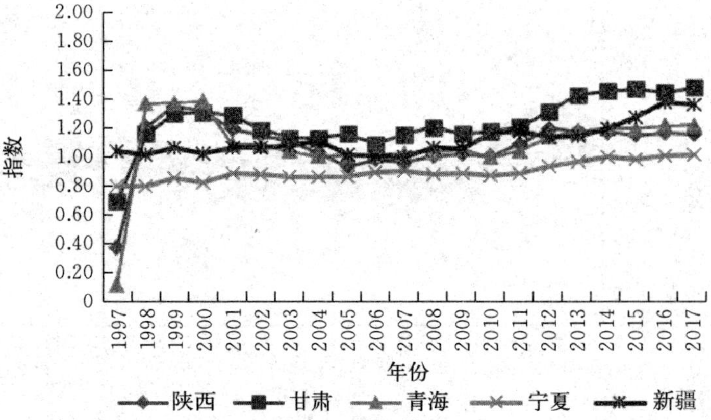

(f)

图 6.6 1997—2017 年各省份经济增长稳定性指数变化趋势（剔除居民消费价格指数）

a. 华北地区 b. 东北地区 c. 华东地区 d. 中南地区 e. 西南地区 f. 西北地区

具体来看，在图 6.6（a）中，北京的经济增长稳定性指数较高，天津、内蒙古、山西、河北的经济增长稳定性指数大小和走势较为接近。图 6.6（b）中，除了个别年份以外，东北 3 省的指数、走势均较为接近；辽宁剔除通胀水平的经济增长稳定性指数在 2002 年出现了大幅下降，并且在随后的 4 年中，均保持较低的水平，查阅辽宁的 X_{18}（失业率）、X_{19}（经济波动率）2 个指标的标准化值发现，在 2002 年前后经济波动率没有发生太大改变，而 2001 年失业率为 3.20，2002 年失业率为 6.5，所以，辽宁在 2002—2006 年稳定性指数的变化是由失业率的大幅上涨导致的。图 6.6（c）中，华东地区各省份在剔除通胀水平的经济增长稳定性指数上差别不大，走势也较为一致。值得注意的是，上海在其余维度的表现均是较好的，但是剔除通胀水平的经济增长稳定性指数居华东地区末位。查阅原值也发现，上海的失业率是整体高于其他省份的。所以，这也是上海经济增长稳定性指数表现不佳的原因。图 6.6（d）中，中南地区各省份剔除通胀水平的经济增长稳定性指数、走势也较为接近，广东的经济增长稳定性表现最佳，除了在 2002 年前后出现了小幅下降以外，其余年份均保持在 1.4 左右。海南在 2011 年出现了较大幅的上涨，查阅后发现，海南 2010 年失业率为 3.0，2011 年失业率降至 1.7。所以，海南在 2011 年经济增长稳定性指数上涨是由失业率大幅下降导致的。图 6.6（e）中，西南各省份剔除通胀水平的经济增长稳定性指数相差不大，只有云南和贵州在样本前期与其他省份有较大差异。查阅后发现，云南在 1998—2003 年的下降是由失业率上涨导致，而贵州在 1998 年剔除通胀水平的经济增长稳定指数的大幅上涨是由失业率下降导致。图 6.6（f）中，宁夏的经济增长稳定性表现较差，青海的经济增长稳定性表现较好，陕西、甘肃和青海的经济增长稳定性指数在 1998 年发生较大幅度上涨，也是由失业率下降所致。

6.2.3.5　分享性指数变化特征

各省份经济增长分享性指数、均值及排名情况见表 6.10。

表 6.10　1997—2017 年各省份经济增长分享性指数、均值及排名

省份	1997 年		2007 年		2017 年		1997—2017 年	
	指数	排名	指数	排名	指数	排名	均值	排名
北京	1.896 8	2	4.000 7	2	6.960 2	2	4.075 1	2
天津	1.751 7	3	3.275 8	3	6.717 5	3	3.681 6	3
河北	0.585 1	25	1.032 0	24	2.101 6	22	1.205 6	22
山西	0.715 3	16	1.255 7	17	2.317 1	20	1.338 4	19
内蒙古	0.808 4	14	1.562 9	11	3.489 7	8	1.828 4	10
辽宁	1.251 4	4	2.032 3	5	3.488 8	9	2.231 2	5
吉林	1.074 0	6	1.583 6	9	2.926 5	12	1.746 3	11
黑龙江	1.002 5	7	1.459 8	15	2.637 5	16	1.606 8	15
上海	5.607 4	1	6.884 5	1	9.929 8	1	7.172 9	1
江苏	0.890 6	12	1.913 9	6	4.464 2	5	2.216 9	6
浙江	0.936 8	10	2.163 6	4	4.757 0	4	2.427 7	4
安徽	0.472 8	29	0.812 7	29	1.977 6	27	1.040 3	27
福建	0.827 2	13	1.581 5	10	3.841 8	7	1.905 5	9
江西	0.649 7	19	1.174 8	19	2.020 3	26	1.225 0	21

（续）

省份	1997 年		2007 年		2017 年		1997—2017 年	
	指数	排名	指数	排名	指数	排名	均值	排名
山东	0.651 9	18	1.477 4	14	3.073 7	11	1.636 0	14
河南	0.497 9	28	0.866 6	28	1.785 9	28	1.019 5	29
湖北	0.758 1	15	1.346 5	16	2.665 5	15	1.464 0	16
湖南	0.598 0	24	1.070 2	21	2.137 0	21	1.180 6	24
广东	0.992 9	8	1.900 7	7	4.035 2	6	2.100 3	7
广西	0.600 5	23	1.036 8	22	2.043 3	24	1.201 1	23
海南	0.660 2	17	1.224 4	18	2.563 7	18	1.380 4	17
重庆	0.623 3	22	1.034 8	23	2.726 8	14	1.344 7	18
四川	0.537 6	27	0.945 0	25	2.037 8	25	1.127 3	26
贵州	0.430 9	30	0.624 0	30	1.552 1	30	0.824 8	30
云南	0.541 0	26	0.926 1	26	1.780 1	29	1.021 0	28
陕西	0.632 0	20	1.115 9	20	2.383 3	19	1.297 0	20
甘肃	0.626 8	21	0.902 5	27	2.054 4	23	1.140 0	25
青海	0.976 0	9	1.560 7	12	2.587 0	17	1.650 5	13
宁夏	1.250 2	5	1.692 1	8	3.156 7	10	1.934 7	8
新疆	0.902 2	11	1.504 7	13	2.855 6	13	1.678 5	12

（1）经济增长分享性指数排名与经济增长质量综合指数排名基本一致，经济增长分享性较高的省份多位于长三角和环渤海地区，而西部和中部多数省份的经济增长分享性指数有待提升。从 1997—2017 年分享性指数均值排名来看，排名前 5 位的是上海（7.172 9）、北京（4.075 1）、天津（3.681 6）、浙江（2.427 7）、辽宁（2.231 2）。其中，上海和浙江地处长三角地区，北京、天津和辽宁地处环渤海地区，且上海的经济增长分享性指数远超过其他省份。经济增长分享性排名靠后的省份为贵州（0.824 8）、河南（1.019 5）、云南（1.021 0）、安徽（1.040 3）和四川（1.127 3）。其中，贵州、云南和四川均位于我国西南地区。

（2）重庆以及长三角、环渤海地区周边省份的经济增长分享性指数排名提升较大，而东北地区以及青海的分享性指数排名下降较多。在样本期内，东北地区 3 个省份和青海的分享性指数排名均在大幅下滑，在一定程度上反映出这些省份在样本期内经济增长的动力不足，其经济发展带来的福利成果及分配程度提高较为缓慢，由此导致在全国整体经济增长稳步提高的背景下，其分享性指数排名下滑。而长三角地区的江苏和浙江，以及邻近的福建和安徽等省份受到长三角地区发展的带动作用，分享性指数提升较快，与样本初期相比，2017年江苏、浙江、福建和安徽等省份的分享性指数排名均有所提升。环渤海地区与之类似，靠近环渤海地区的山东、内蒙古和河北等省份的分享性指数排名分别提升3个位次以上。其中，以山东的排名提升最多，在样本期内提升了7个位次。除此之外，西南地区的川渝两地的分享性指数排名也有所提升。其中，重庆的分享性指数排名在样本期内提升了8个位次，四川则提升了2个位次。

(3) 各省份的经济增长分享性指数在样本期内不断提升，但省际分享性指数差异较大，绝大部分省份的经济增长分享性指数低于5。如图6.7所示，各省份的经济增长分享性指数呈现逐年增加的趋势。与此同时，除了北京、天津和上海以外，其余省份经济增长分享性指数在样本期内多低于5。

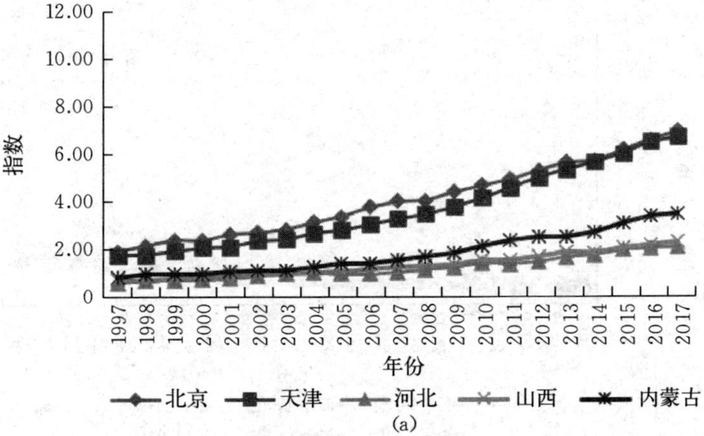

(a)

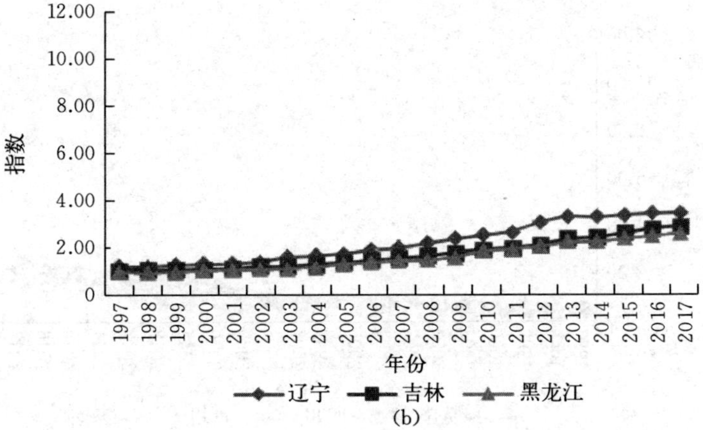

(b)

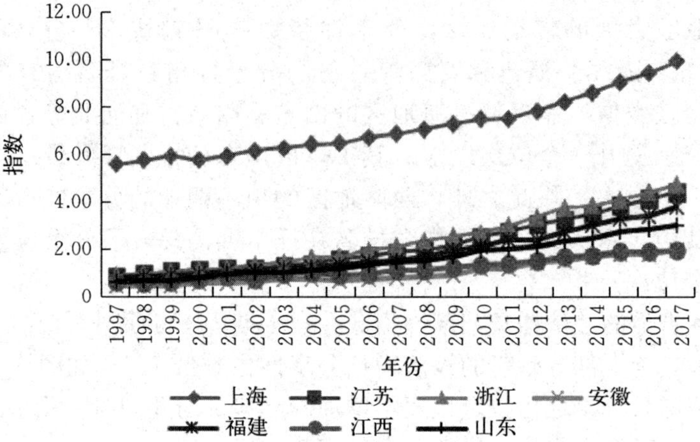
12.00
10.00
8.00
6.00
4.00
2.00
0
指数
1997 1998 1999 2000 2001 2002 2003 2004 2005 2006 2007 2008 2009 2010 2011 2012 2013 2014 2015 2016 2017
年份
上海
江苏
浙江
安徽
福建
江西
山东

(c)

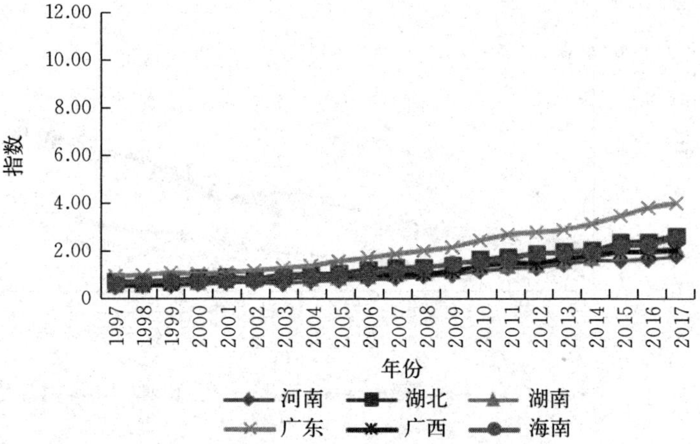
12.00
10.00
8.00
6.00
4.00
2.00
0
指数
1997 1998 1999 2000 2001 2002 2003 2004 2005 2006 2007 2008 2009 2010 2011 2012 2013 2014 2015 2016 2017
年份
河南
湖北
湖南
广东
广西
海南

(d)

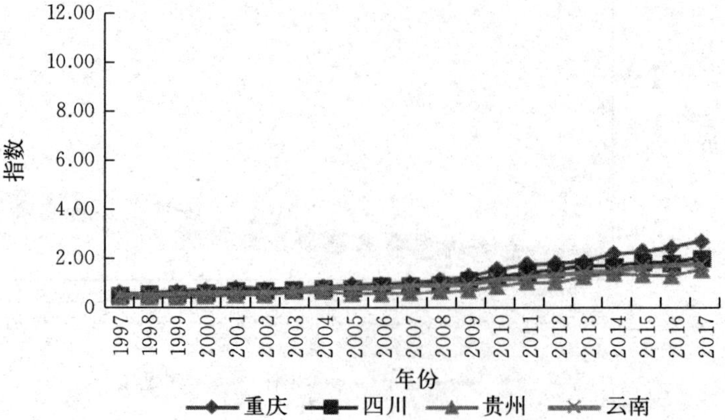
12.00
10.00
8.00
6.00
4.00
2.00
0
指数
1997 1998 1999 2000 2001 2002 2003 2004 2005 2006 2007 2008 2009 2010 2011 2012 2013 2014 2015 2016 2017
年份
重庆
四川
贵州
云南

(e)

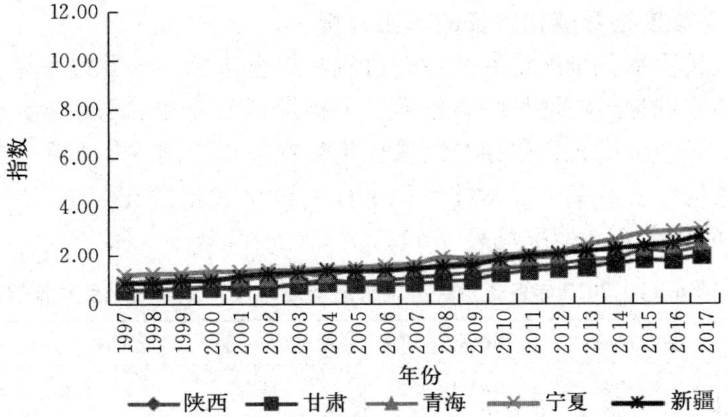

(f)

图 6.7 1997—2017 年各省份经济增长分享性指数变化情况

a. 华北地区 b. 东北地区 c. 华东地区 d. 中南地区 e. 西南地区 f. 西北地区

具体来看，在图 6.7（a）中，北京和天津的经济增长分享性指数明显高于山西、河北、内蒙古，并且在 2014 年以前，天津的分享性指数与北京之间存在一定的差距，而自 2014 年开始，天津的经济增长分享性指数与北京的差距几乎为 0。究其原因，北京自 2014 年开始经济增长分享性指数增速变缓，而天津依旧保持较快的增速。图 6.7（b）中东北 3 省的经济增长分享性指数在 2003 年以前差距较小，而自 2003 年辽宁的经济增长分享性指数提速增长之后，辽宁与吉林、黑龙江的差距开始逐渐越拉越大，直到 2014 年辽宁才增速放缓，3 个省份的经济增长分享性指数的差距才有了缩小的趋势。在图 6.7（c）中，上海的经济增长分享性指数明显高于华东地区其他省份，除了上海以外的其他省份的经济增长分享性指数均较高，并且在 2005 年以前差距较小，2005 年之后各省份在经济增长分享性指数才开始逐渐拉开差距。这说明华东地区各省份在经济增长分享性指数整体表现较好。在图 6.7（d）中，中南地区各省份经济增长分享性指数的变化以 2004 年为分界点，2004 年以前包括广东在内的各省份经济增长分享性指数的差距并不明显，2004 年以后，广东的经济增长分享性指数提升速度较快，并逐渐与其余各省份有了差距，同时除广东以外各省份的经济增长分享性指数差距也在逐年拉开。在图 6.7（e）中，西南地区各省份经济增长分享性指数的发展同样以 2004 年为分界，2004 年之前各省份经济增长分享性指数的差距相对较小，自 2004 年以后差距逐渐扩大。在图 6.7（f）中，西北地区各省份的经济增长分享性指数差距在样本期内没有明显变化，同时除了宁夏经济增长分享性指数在 2012 年以后有明显的快速提升以外，其余各省份经济增长分享性指数的提升速度均没有明显变化。

6.2.3.6 各维度指数变化特征的对比分析

经济增长质量各维度指数的提升过程与综合指数的提升过程具有明显的差异性，具体表现为经济增长综合指数、分享性、效率和成本性指数在样本期内逐步增长，而经济增长稳定性与结构性指数在样本期内逐年下降。各省份经济增长质量结构性、效率、成本性、稳定性及分享性指数在 2017 年的排名及相对 1997 年的排名变动情况见表 6.11。

表 6.11 2017 年各省份经济增长质量各维度指数排名及变动情况

省份	结构性		效率		成本性		稳定性		分享性	
	排名	增速（%）	排名	增速（%）	排名	增速（%）	排名	增速（%）	排名	增速（%）
北京	9（+2）	−3.66	11（−9）	6.67	10（0）	1.33	28（−18）	−3.57	2（0）	6.72
天津	11（−2）	−4.15	1（+3）	9.97	2（+5）	0.89	17（−5）	−3.07	3（0）	6.95
河北	10（+5）	−2.78	16（−2）	8.48	23（−12）	0.99	26（−1）	−2.38	22（+3）	6.60
山西	23（0）	−6.67	23（−7）	7.94	27（−1）	2.06	24（−5）	−2.83	20（−4）	6.05
内蒙古	24（−19）	−11.07	5（+8）	10.93	24（+4）	3.17	29（−1）	−2.26	8（+6）	7.59
辽宁	16（−8）	−4.88	9（−4）	8.30	20（−1）	1.70	4（+16）	−2.08	9（−5）	5.26
吉林	8（−6）	−4.45	12（0）	8.92	12（+11）	2.29	20（+6）	−2.15	12（−6）	5.14
黑龙江	14（−10）	−5.83	13（−6）	7.95	15（−3）	1.36	16（+14）	−1.62	16（−9）	4.96
上海	20（+8）	−1.72	2（−1）	7.37	7（−1）	0.75	1（+8）	−2.31	1（0）	2.90
江苏	6（+14）	−0.97	4（+6）	10.47	4（+1）	0.66	6（−4）	−3.27	5（+7）	8.39
浙江	2（+20）	1.34	8（+1）	8.78	8（−6）	0.42	25（−8）	−2.97	4（+6）	8.46

（续）

省份	结构性		效率		成本性		稳定性		分享性	
	排名	增速（%）	排名	增速（%）	排名	增速（%）	排名	增速（%）	排名	增速（%）
安徽	7（+3）	−2.97	24（+5）	8.93	14（+2）	1.81	7（−6）	−3.59	27（+2）	7.42
福建	5（+8）	−2.09	7（−1）	8.60	5（−1）	0.53	12（+11）	−2.12	7（+6）	7.98
江西	3（−2）	−3.55	20（0）	8.82	16（−1）	1.77	22（−14）	−3.32	26（−7）	5.84
山东	17（+9）	−1.97	6（+5）	9.57	9（−6）	0.41	8（−3）	−3.00	11（+7）	8.06
河南	12（+7）	−2.53	22（−3）	8.47	11（−2）	0.99	10（−6）	−3.14	28（0）	6.59
湖北	15（−9）	−5.36	19（+7）	9.32	17（+5）	2.23	5（+6）	−2.65	15（0）	6.49
湖南	18（−11）	−5.59	15（0）	8.76	13（+8）	1.99	13（+5）	−2.40	21（+3）	6.58
广东	13（+5）	−2.79	10（−7）	7.02	3（−2）	0.44	2（+14）	−2.23	6（+2）	7.26
广西	22（−8）	−5.68	17（+5）	9.54	18（−1）	1.77	21（−8）	−3.04	24（−1）	6.31
海南	1（+2）	−0.42	29（−11）	6.81	22（−9）	1.19	19（+8）	−2.02	18（−1）	7.02
重庆	21（+3）	−3.54	3（+5）	10.16	1（+7）	1.20	3（+4）	−2.78	14（+8）	7.66
四川	19（−2）	−3.60	18（+6）	9.49	6（+14）	2.00	14（+10）	−2.05	25（+2）	6.89
贵州	26（−10）	−9.39	25（+5）	9.34	26（+4）	5.17	11（+4）	−2.57	30（0）	6.62
云南	28（+2）	−6.29	28（−5）	7.61	21（−7）	1.26	9（+13）	−2.11	29（−3）	6.14
陕西	29（−2）	−11.45	14（+7）	9.87	19（−1）	1.77	27（−6）	−2.87	19（+1）	6.86

（续）

省份	结构性		效率		成本性		稳定性		分享性	
	排名	增速（%）	排名	增速（%）	排名	增速（%）	排名	增速（%）	排名	增速（%）
甘肃	30（−1）	−13.12	26（−1）	8.17	25（+2）	2.91	18（−15）	−3.51	23（−2）	6.12
青海	27（−6）	−8.99	21（+7）	9.25	28（−4）	1.44	15（−1）	−2.76	17（−8）	4.99
宁夏	25（0）	−7.80	27（0）	8.07	29（0）	1.98	23（+6）	−1.95	10（−5）	4.74
新疆	4（+8）	−2.01	30（−13）	6.57	30（−5）	1.02	30（−24）	−4.00	13（−2）	5.93

注：表中括号中的值为 2017 年各省份经济增长各维度指数相对于基期（1997 年）的排名变动。

经济增长结构性指数所占经济增长质量综合评价的权重为 8.39%，该维度在样本期内的变化趋势与经济增长质量综合指数的变化趋势不一致，表现为除浙江外其余各省份的经济增长结构性指数均呈下降趋势。从 2017 年经济增长结构性指数排名情况来看，排名靠前的有海南、浙江、江西、新疆与福建等省份，表明其经济结构的二元性特征较弱；而经济增长结构性指数排名靠后的宁夏、贵州、青海、云南、陕西和甘肃等西北和西南地区省份的经济结构二元性特征较强，且以较快的速度递减，长此以往将导致三次产业差距持续扩大，为经济高质量增长带来负面影响。

经济增长效率指数在经济增长质量综合评价中所占权重为 33.84%，该维度指数的变化趋势与经济增长质量综合指数变化趋势具有一定的相似性，均呈不断增长的变化趋势。但从排名来看，个别省份的差异性较为突出。2017 年经济增长效率指数排名靠前的省份有天津、上海、重庆、江苏和内蒙古。其中，重庆和内蒙古在同年份的经济增长质量综合指数排名分别位列全国第 9 位和第 7 位，经济增长效率排名优于经济增长质量综合指数排名。2017 年北京的经济增长质量效率与 1997 年相比排名下降 9 个位次，位列全国第 11 位，排名远落后于其经济增长质量综合指数排名。从经济增长效率的变化速度来看，内蒙古、江苏和重庆的经济增长效率分别以 10.93%、10.47%和 10.16%的年均增速位居全国前列，与 1997 年相比，经济增长效率在全国的排名均有较大提升。从经济增长效率的评价指标来看，以劳动生产率（X_{12}）所占权重最大，在一定程度上表明经济增长效率越高的省份其经济发展水平和生产力发展水平较好，提高经济增长效率将是释放经济增长潜力的关键。

经济增长成本性指数与经济增长质量综合指数的变化趋势一致，在样本期内均呈增长趋势，但其年均增速与经济增长质量综合指数相比较为缓慢。2017 年经济增长成本性指数排名靠前的省份有重庆、天津、广东、江苏和福建，而青海、宁夏和新疆等西北地区省份以及河北、山西和内蒙古等省份的经济增长成本性指数排名靠后。经济增长的成本性指数由经济增长带来的资源消耗和环境污染两方面衡量，经济增长消耗的资源越少、带来的环境污染程度越低，则该增长方式对生态环境越友好，经济增长成本性指数就越高。由此可见，与其他地区省份相比，西北地区省份在经济增长过程中应更加注重资源节约与环境保护；另外，华北地区除北京、天津外的其余省份也应注意经济增长带来的污染问题。

经济增长稳定性指数的年均增速均为负，与经济增长综合指数变化趋势完全相反，且经济增长稳定性指数的排名在样本期内变化程度最大。实现稳定的经济增长是一项重要的经济政策目标，经济增长的稳定性通过价格、就业和产出的波动情况来衡量，价格、就业和产出波动越小，经济增长的稳定性越强。从经济增长稳定性排名来看，上海、广东和重庆在 2017 年的经济增长稳定性指数较好；北京、内蒙古、浙江、陕西和新疆等省份则应该注重提高经济增长稳定性。

从经济增长分享性指数来看，由于该维度在经济增长质量综合指数评价中所占权重最大，为 51.14%，因此经济增长分享性指数的变化趋势与经济增长质量综合指数变化趋势最为接近，均在样本期内保持增长趋势。2017 年经济增长分享性指数排名前列的上海、北京、天津、浙江和江苏等省份其同年份的经济增长质量综合指数排名也位居全国前列。增速最快的浙江和江苏分别以 8.46%和 8.39%的年均增速不断提升经济增长分享性指数，并且浙江和江苏的经济增长质量综合指数的年均增速也保持在全国前 2 位。该维度最大限度地反映了中国各省份经济发展水平的变化情况。因此，经济增长分享性指数排名靠前的省份，在一定程度上表明其经济发展水平较高，经济增长质量相对较高。

6.3　本章小结

（1）经济增长分享性和经济增长效率是经济增长质量评价体系中的关键方面。从经济增长质量综合评价体系来看，经济增长 5 个维度对经济增长质量的贡献从大到小依次为经济增长分享性（58.93%）＞经济增长效率（28.94%）＞经济增长结构性（6.67%）＞经济增长成本性（5.03%）＞经济增长稳定性（0.43%）。经济增长分享性对经济增长质量的贡献达 50%以上，经济增长稳定性对经济增长质量的贡献度则小于1%。

(2) 经济增长质量的测度结果显示，中国各省份经济增长质量有序提升，但呈现“东高、中平、西低”的非均衡分布格局，并且各省份经济增长质量表现与经济数量表现并非完全一致。中国各省份经济增长质量综合指数的年均增速平均值为5.45%，年均增速较高的省份多分布在东部沿海和西部内陆地区，中部省份增长相对乏力；样本期内经济增长质量平均值中，排名前5位的省份依次为上海（3.491 7）、天津（2.226 2）、北京（2.190 4）、浙江（1.589 7）和江苏（1.556 9），均集中在长三角地区和环渤海地区，排名后5位的省份有贵州、云南、甘肃、河南和安徽，集中在西部地区，而中部省份的排名多集中于第20位左右；经济增长质量与数量表现均较好的省份分布在东部沿海，经济增长质量较好但增长数量相对落后的省份集中在环渤海地区，中西部省份需要重视并提高经济增长质量水平。

(3) 中国经济增长质量指数表现为“先缓后快”的增长态势，呈现由单极向多极化、极点带动的空间发展特征。以2008年为界，1997—2008年，中国经济增长质量指数表现为缓慢平稳上升的态势，2009—2017年，中国经济增长质量指数呈现持续快速上升的态势；1997年上海的经济增长质量居于首位，随后北京、天津、辽宁、广东、重庆等省份相继迅速发展，成为新的增长极；中国各省份经济增长质量的提升过程存在明显的极点带动式发展特征，具体表现为以上海、北京、天津、重庆、宁夏为序，逐步辐射带动周边省份经济增长质量的提升。

(4) 经济增长质量各维度指数的提升过程与综合指数的提升过程具有明显的差异性。具体表现为，经济增长分享性、经济增长效率和经济增长成本性在样本期内呈增长趋势，而经济增长稳定性与经济增长结构性在样本期内呈下降趋势，与经济增长综合指数的变化趋势完全相反。中国各省份在提高经济增长质量的同时，更应注意的是对经济增长稳定性的保持，尽可能降低经济增长大幅波动，同时应注意对经济增长结构性的合理优化。

综合来看，中国经济增长质量正稳步提高，且各省份的经济增长质量在地理空间上存在一定关联性。下一章将进一步基于中国地区层面对经济增长质量及各维度指数进行测度，并对中国各地区内部经济增长质量及各维度指数的差异进行量化分析。

第 7 章　中国经济增长质量的地区差异及敛散性分析

本章首先对中国各地区的经济增长质量综合指数及经济增长的结构性、效率、成长性、稳定性和分享性 5 个维度指数进行分析；其次，使用泰尔指数对各地区的经济增长质量综合指数及经济增长的结构性、效率、成长性、稳定性和分享性 5 个维度指数的整体差异、地区间差异和地区内差异进行测度，并结合各地区内部各省份的经济增长质量综合指数及各维度指数对内部差异的成因进行探究；最后，通过包含空间效应的 β 绝对收敛模型考察全国以及东、中、西部金融产业集聚度的敛散性。

7.1　各地区经济增长质量的变化特征

7.1.1　测度方法说明

本章对中国地区层面经济增长质量的测度指标，遵循上一章构建的经济增长质量综合评价指标体系，地区层面的指数数据来源于该地区所有省份数据的算数平均值。一方面，为了保持对地区层面经济增长质量的测度结果与省份层面的测度结果保持一致；另一方面，由于将计算范围从 30 省份 21 年的数据改变为六大地区 21 年数据后样本容量被大幅缩小，为了得到较为准确的计算结果，没有再对六大地区的数据进行主成分分析，而是直接使用了在第 6 章中计算各省份经济增长指数时的各指标系数。

本章对中国地区层面经济增长质量及各维度指数差异分析的方法与第 5 章相一致，通过计算泰尔指数来衡量经济增长质量以及经济增长各维度（结构性、效率、成本性、稳定性、分享性）的区域差异。仍然将泰尔指数 T^q 分解为组间差异 T_b^q 与组内差异 T_w^q，而 T_R^q 用于计算各地区的泰尔指数，将组内差异具体化。计算公式如下：

$$T_b^q = \sum_{r=1}^{6} F_R^q \ln \frac{F_R^q}{G_R} \tag{7.1}$$

$$T_R^q = \sum_{P \in R}^{P} F_P^q \ln \frac{F_P^q}{G_P} \tag{7.2}$$

$$T_w^q = \sum_{r=1}^{6} F_R^q \cdot T_R^q \tag{7.3}$$

式中，F_R^q 表示 R 地区经济增长质量及各维度指数占全国经济增长质量及各维度指数的比重；G_R 表示 R 地区生产总值占全国生产总值的比重；F_P^q 表示 P 省份经济增长质量及各维度指数占 P 省份所在地区经济增长质量及各维度指数的比重；G_P 表示 P 省份生产总值占 P 省份所在地区生产总值的比重。由于经济增长结构性指数中，个别省份少部分年份出现了负值，泰尔指数无法计算出结果，因此为负值的结构性指数，在计算经济增长结构性泰尔指数时被剔除。同时，由于计算经济增长质量各指数时使用了定基 1995 年价格的生产总值，因此在此也使用 1995 年不变价格计算的生产总值。

7.1.2 综合指数变化特征

中国六大地区在样本期内经济增长质量综合指数及排名情况见表 7.1，各地区经济增长质量综合指数的变化趋势见图 7.1。

表 7.1 1997—2017 年各地区经济增长质量综合指数及排名

年份	华北		东北		华东		中南		西南		西北	
	指数	排名	指数	排名	指数	排名	指数	排名	指数	排名	指数	排名
1997	0.841 2	3	0.882 4	2	0.929 0	1	0.655 8	4	0.497 2	6	0.609 1	5
1998	0.877 2	2	0.847 6	3	0.953 0	1	0.665 5	4	0.493 4	6	0.631 3	5
1999	0.911 6	2	0.859 1	3	0.994 3	1	0.675 8	4	0.502 9	6	0.648 2	5
2000	0.939 7	2	0.867 2	3	1.025 5	1	0.697 2	4	0.533 9	6	0.656 3	5
2001	0.987 4	2	0.883 2	3	1.082 9	1	0.723 2	4	0.539 4	6	0.665 5	5
2002	1.043 8	2	0.925 6	3	1.124 3	1	0.746 1	4	0.554 1	6	0.698 2	5
2003	1.088 0	2	0.964 5	3	1.190 1	1	0.777 2	4	0.579 7	6	0.737 9	5
2004	1.166 0	2	1.014 0	3	1.256 8	1	0.818 9	4	0.618 5	6	0.786 4	5
2005	1.241 1	2	1.081 4	3	1.309 0	1	0.860 5	4	0.651 6	6	0.810 0	5
2006	1.329 0	2	1.145 7	3	1.402 9	1	0.911 4	4	0.683 1	6	0.829 7	5
2007	1.426 2	2	1.206 5	3	1.475 4	1	0.962 6	4	0.726 4	6	0.880 9	5
2008	1.501 7	2	1.289 7	3	1.555 2	1	1.014 1	4	0.781 0	6	0.955 3	5
2009	1.625 9	2	1.383 2	3	1.667 2	1	1.087 9	4	0.855 0	6	1.009 5	5
2010	1.757 8	2	1.492 0	3	1.781 3	1	1.179 2	4	0.958 0	6	1.079 4	5
2011	1.875 9	2	1.575 7	3	1.879 9	1	1.258 9	4	1.059 8	6	1.143 3	5
2012	2.014 6	1	1.714 7	3	2.010 0	2	1.330 4	4	1.139 7	6	1.224 2	5
2013	2.129 1	2	1.833 0	3	2.147 6	1	1.407 0	4	1.233 0	6	1.316 9	5

（续）

年份	华北		东北		华东		中南		西南		西北	
	指数	排名	指数	排名	指数	排名	指数	排名	指数	排名	指数	排名
2014	2.218 6	2	1.872 4	3	2.240 9	1	1.488 7	4	1.319 1	6	1.390 5	5
2015	2.384 0	2	1.964 0	3	2.388 6	1	1.605 8	4	1.408 1	6	1.486 4	5
2016	2.524 5	1	2.031 6	3	2.501 2	2	1.675 6	4	1.478 1	6	1.516 1	5
2017	2.631 7	2	2.107 8	3	2.664 3	1	1.780 0	4	1.597 4	6	1.621 7	5
均值	1.548 3	2	1.330 5	3	1.599 0	1	1.062 9	4	0.867 1	6	0.985 6	5
年均增速（%）	5.89	2	4.53	6	5.42	3	5.35	4	6.31	1	5.19	5

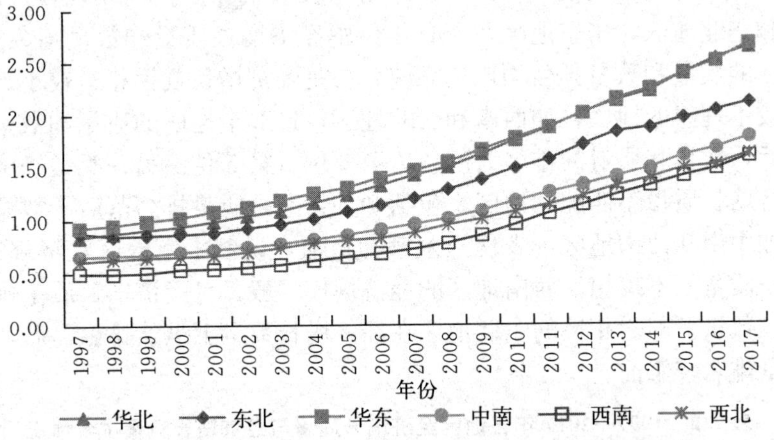

图 7.1　1997—2017 年各地区经济增长质量指数变化趋势

（1）各地区经济增长质量排名整体较为稳定，以华东地区经济增长质量均值最高，而西部地区经济增长质量最差。从中国各地区经济增长质量综合指数的排名来看，各地区经济增长质量排名整体较为稳定。中南、西北、西南地区在样本期内均排名第 4 位、第 5 位、第 6 位；东北地区除了 1997 年以外，其余年份均排名第 3 位；除 2012 年、2016 年以外，华东地区排名第 1 位；除了 1997 年、2012 年、2016 年以外，华北地区排名第 2 位。总体来看，华东和华北地区的经济增长质量显著高于其他地区，中部和西部地区的经济增长质量有较大的提升空间。

（2）各地区在经济发展过程中经济增长质量逐年提升，但地区间经济增长质量的差距也不断扩大。如图 7.1 所示，中国各地区经济增长质量逐渐提升。

其中，经济增长质量综合指数年均增速最高的为西南地区（6.31%），东北地区经济增长质量综合指数的提升速度最低（4.53%）。2017 年华东地区经济增长质量指数为 2.664 3，与 1997 年相比增幅为 186.79%，年均增长率约为 5.42%，整体质量提升速度排名第 3 位；中南、西南和西北地区的经济增长质量综合指数较为接近，趋势变化也大体相同；2010 年后，华北地区经济增长质量指数提升加速，而华东地区相对变慢，使得 2010—2017 年，华北和华东地区经济增长质量指数较为接近。从经济增长质量各地区间的差距来看，自 2004 年起各地区经济增长质量间的差距逐步扩大。

（3）华东和华北地区经济增长质量与增长数量均居于全国前列，而西部地区则均位居全国末位。表 7.2 列出了各地区经济增长质量与经济增长数量排名的对比情况。从表 7.2 中可以看出，根据中国各地区的经济增长质量与经济增长数量的排名情况，可以将六大地区分为两大类。一类是经济增长质量和增长数量相匹配的地区，包括 2 种：一是经济增长数量和质量均表现较好的地区，如华东和华北地区，华东地区在所有年份中经济增长质量和数量均为第 1 位，华东地区的质量和数量排名均比较靠前；二是经济增长规模相对较小、增长质量也比较不理想的地区，如西南和西北地区，这 2 个地区的质量和数量排名均比较靠后，数量和质量的排名大部分为第 6 位、第 5 位。另一类是经济增长数量和经济增长质量不匹配的地区，包括 2 种：一是质量排名落后于数量排名的地区，如中南和西南地区，表现为差额为负值，说明中南地区经济规模较大，但是增长质量并不理想。西南地区的经济规模一般，且经济增长质量排名低于经济增长数量。与之相反的东北地区在经济增长数量上虽然排名靠后，但经济增长质量排名较靠前。

表 7.2　1997—2017 年各地区经济增长质量与经济增长数量排名情况

年份	类别	华北		东北		华东		中南		西南		西北	
		数值	排名	数值	排名	数值	排名	数值	排名	数值	排名	数值	排名
1997	质量	0.841 2	3	0.882 4	2	0.929 0	1	0.655 8	4	0.497 2	6	0.609 1	5
	数量	9.07	3	7.12	4	26.74	1	18.54	2	6.62	5	3.30	6
	差额		0		2		0		−2		−1		1
2000	质量	0.939 7	2	0.867 2	3	1.025 5	1	0.697 2	4	0.533 9	6	0.656 3	5
	数量	12.04	3	9.07	4	35.70	1	24.33	2	8.38	5	4.33	6
	差额		1		1		0		−2		−1		1
2005	质量	1.241 1	2	1.081 4	3	1.309 0	1	0.860 5	4	0.651 6	6	0.810 0	5
	数量	21.98	3	15.19	4	64.06	1	42.47	2	13.82	5	7.31	6
	差额		1		1		0		−2		−1		1

（续）

年份	类别	华北		东北		华东		中南		西南		西北	
		数值	排名	数值	排名	数值	排名	数值	排名	数值	排名	数值	排名
2010	质量	1.757 8	2	1.4920	3	1.781 3	1	1.179 2	4	0.958 0	6	1.079 4	5
	数量	40.54	3	28.59	4	117.09	1	78.04	2	25.94	5	13.27	6
	差额		1		1		0		−2		−1		1
2015	质量	2.384 0	2	1.964 0	3	2.388 6	1	1.605 8	4	1.408 1	6	1.486 4	5
	数量	62.87	3	42.56	5	182.94	1	122.61	2	44.71	4	22.17	6
	差额		1		2		0		−2		−2		1
2017	质量	2.631 7	2	2.107 8	3	2.664 3	1	1.780 0	4	1.597 4	5	1.621 7	6
	数量	71.07	3	45.76	5	212.25	1	142.19	2	53.06	4	25.54	6
	差额		1		2		0		−2		−1		0
均值	质量	1.548 3	2	1.330 6	3	1.599 0	1	1.063 0	4	0.867 1	6	0.985 6	5
	数量	33.36	3	23.12	4	97.03	1	64.95	2	22.70	5	11.46	6
	差额		1		1		0		−2		−1		1

注：基于地区生产总值（1995 年价格）进行数量排名，单位为千亿元；差额＝数量排名－质量排名。

表 7.3 列出了 2017 年各地区的经济增长结构性、经济增长效率、经济增长成本性、经济增长稳定性及经济增长分享性指数的排名及变动情况。从 2017 年各维度指数的排名情况来看，经济增长结构性最好的是华东地区，最差的是西北地区；经济增长效率最高的是华北地区，而西北地区经济增长效率最低；华东地区在提高经济增长数量的同时其生态环境保护也较好，而西北地区经济数量增长造成的资源消耗和环境污染问题较严重；西南地区在经济增长稳定性方面表现最佳，华北地区则需要提高增长的稳定性；在经济增长分享性方面，华北地区的经济增长分享性指数最高，而西南地区经济增长分享性有待提高。

表 7.3　2017 年各地区经济增长质量分维度指数排名及变动情况

地　区	结构性	效率	成本性	稳定性	分享性	综合指数
华北	4（−1）	1（2）	5（−1）	6（−1）	1（1）	2（1）
东北	3（−2）	3（0）	3（0）	4（2）	3（0）	3（−1）
华东	1（3）	2（0）	1（0）	2（−1）	2（−1）	1（0）
中南	2（0）	5（−1）	2（0）	3（−1）	5（0）	4（0）
西南	5（1）	4（1）	4（1）	1（3）	6（0）	6（0）
西北	6（−1）	6（0）	6（0）	5（−2）	4（0）	5（0）

注：括号中的值为相对于 1997 年的排名变动。

7.1.3 各维度指数变化特征

7.1.3.1 结构性指数变化特征

各地区经济增长结构性指数见表7.4，经济增长结构性指数的变化趋势见图7.2。

表7.4 1997—2017年各地区经济增长结构性指数

年份	华北	东北	华东	中南	西南	西北
1997	1.202 1	1.573 7	1.037 3	1.222 4	0.723 0	0.775 9
1998	1.109 5	1.246 0	0.952 5	1.156 2	0.644 2	0.749 8
1999	0.965 3	1.175 2	0.938 1	1.089 7	0.591 1	0.709 5
2000	0.906 2	1.016 4	0.932 9	1.032 9	0.603 2	0.601 2
2001	0.846 7	0.972 5	0.903 1	1.008 7	0.438 1	0.540 1
2002	0.823 5	0.922 3	0.877 4	0.986 0	0.398 5	0.523 9
2003	0.739 3	0.847 9	0.872 7	0.952 6	0.389 8	0.522 0
2004	0.712 5	0.883 5	0.869 7	0.944 8	0.364 4	0.520 6
2005	0.635 6	0.865 7	0.858 8	0.922 2	0.359 4	0.493 2
2006	0.593 3	0.784 2	0.840 2	0.879 0	0.341 4	0.474 8
2007	0.551 3	0.696 2	0.838 0	0.805 5	0.320 0	0.450 1
2008	0.516 5	0.641 3	0.818 6	0.767 1	0.295 4	0.418 9
2009	0.471 5	0.576 9	0.793 0	0.721 2	0.270 5	0.415 9
2010	0.437 6	0.522 3	0.779 0	0.673 1	0.244 1	0.317 0
2011	0.429 6	0.494 3	0.766 2	0.630 1	0.212 7	0.295 3
2012	0.427 3	0.495 6	0.750 2	0.604 3	0.213 9	0.210 2
2013	0.441 4	0.525 4	0.735 2	0.631 6	0.211 0	0.191 9
2014	0.449 2	0.555 5	0.739 7	0.616 3	0.223 3	0.181 9
2015	0.430 9	0.555 3	0.725 4	0.635 3	0.229 2	0.188 2
2016	0.409 1	0.559 3	0.715 6	0.622 0	0.240 4	0.192 9
2017	0.417 4	0.561 9	0.714 6	0.633 9	0.252 1	0.231 1
均值	0.643 6	0.784 4	0.831 3	0.835 0	0.360 3	0.428 8
年均增速（%）	−5.15	−5.02	−1.85	−3.23	−5.13	−5.88

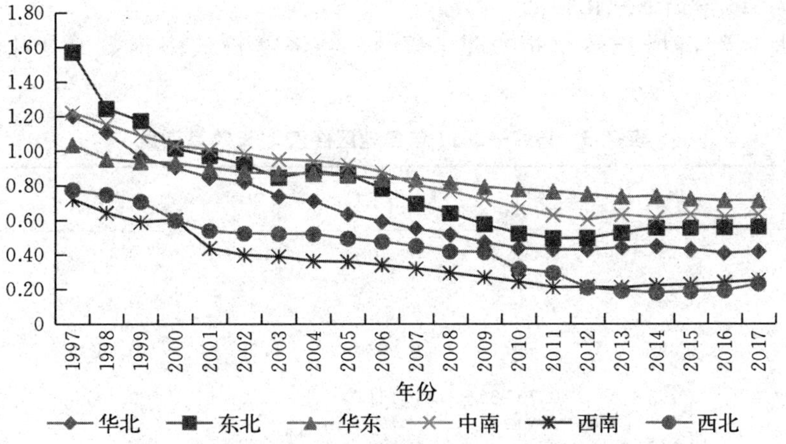

图 7.2　1997—2017 年各地区经济增长结构性指数变化情况

（1）中国各地区经济二元特征依然明显，且有扩大的发展趋势。从整体来看，各地区经济增长结构性指数整体呈现下降特征，这是由各地区第一产业所占比重不断下降，而二元对比系数和二元反差指数不断提高导致的。在一定程度上反映出中国各地区经济二元特征仍然明显，且有逐渐扩大的发展趋势，各地区的产业结构仍有待优化调整。

（2）华东地区和中南地区的经济增长结构性指数均值较高，而西南地区和西北地区经济增长结构性指数均值较低。从各地区经济增长结构性指数来看，华东地区和中南地区的经济增长结构性指数均值较高，而西南地区和西北地区经济增长结构性指数均值较低。具体来看，在样本期内中南地区和华东地区的经济增长结构性指数均值分别为 0.835 0 和 0.831 3，表明与其他地区相比，这 2 个地区的经济增长的结构较为合理，经济增长二元特征较弱。相比之下，西南地区和西北地区的经济增长结构性指数分别为 0.363 0 和 0.428 8，表明经济增长二元特征显著，更应在经济增长过程中注意对经济结构的合理调整，避免经济二元发展持续扩大。

（3）西部地区经济增长结构性指数下降最快，其经济增长结构亟待优化。从经济增长结构性指数的变化特征（图 7.2）来看，西北地区的经济增长结构性指数年均下降率最高，达到了－5.88％；接下来依次是华北地区、西南地区、东北地区和中南地区结构性指数年均下降率较低，分别为－5.15％、－5.13％、－5.02％、－3.23％；而华东地区结构性指数年均下降率最低，为－1.85％。伴随西南、西北地区投资开发的持续深入，这 2 个地区的第一产业所占比重开始较大幅度下降，第二、第三产业开始蓬勃发展，所以这 2 个地区的产业差距不断扩大，结构性指数下降幅度较大。

7.1.3.2 效率指数变化特征

各地区经济增长效率指数见表 7.5，经济增长效率指数的变化趋势见图 7.3。

表 7.5 1997—2017 年各地区经济增长效率指数

年份	华北	东北	华东	中南	西南	西北
1997	0.575 4	0.566 2	0.573 7	0.466 0	0.410 8	0.384 7
1998	0.638 8	0.614 8	0.629 9	0.497 7	0.438 3	0.417 2
1999	0.697 5	0.660 1	0.693 2	0.529 0	0.464 7	0.442 5
2000	0.773 6	0.707 2	0.751 0	0.559 5	0.495 5	0.479 6
2001	0.849 4	0.765 6	0.839 4	0.599 7	0.528 3	0.518 1
2002	0.924 3	0.839 0	0.911 9	0.648 0	0.575 3	0.557 8
2003	1.035 5	0.916 6	1.009 4	0.701 4	0.630 9	0.608 7
2004	1.130 6	1.000 8	1.125 8	0.766 4	0.696 5	0.665 8
2005	1.274 5	1.097 3	1.238 7	0.835 9	0.762 8	0.729 6
2006	1.413 0	1.228 2	1.373 5	0.924 7	0.842 6	0.799 5
2007	1.576 9	1.374 1	1.491 3	1.040 3	0.946 7	0.887 8
2008	1.724 9	1.534 7	1.624 8	1.137 2	1.050 7	0.980 3
2009	1.891 2	1.691 4	1.768 3	1.241 1	1.171 1	1.054 8
2010	2.076 7	1.880 9	1.947 2	1.378 8	1.321 3	1.169 2
2011	2.261 4	2.071 8	2.102 9	1.506 4	1.484 8	1.282 3
2012	2.419 7	2.238 6	2.266 5	1.633 9	1.642 7	1.465 0
2013	2.551 4	2.352 6	2.445 1	1.748 9	1.794 6	1.575 3
2014	2.681 8	2.444 1	2.535 1	1.866 3	1.935 8	1.675 5
2015	2.839 6	2.595 1	2.716 0	1.997 4	2.098 7	1.761 9
2016	3.007 4	2.685 3	2.908 7	2.132 9	2.271 1	1.857 1
2017	3.155 3	2.826 6	3.109 0	2.266 8	2.450 3	1.943 5
均值	1.690 4	1.528 1	1.622 0	1.165 6	1.143 5	1.012 2
年均增速（%）	8.88	8.37	8.82	8.23	9.34	8.44

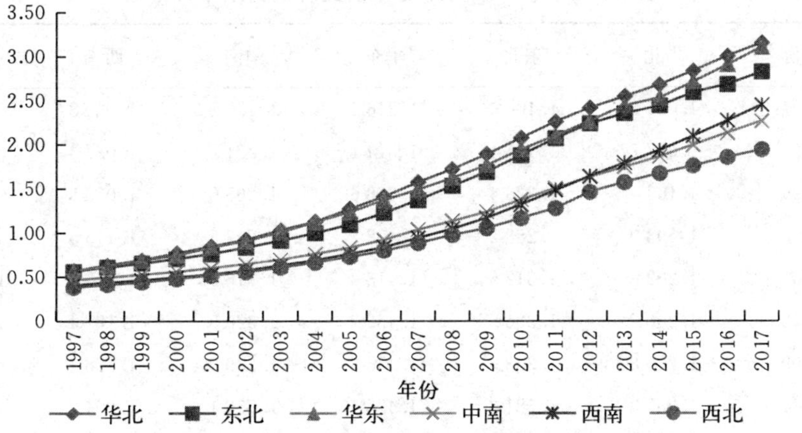

图 7.3　1997—2017 年各地区经济增长效率指数变化情况

（1）从整体上看，各地区经济增长效率不断提高。由于经济增长效率在经济增长质量综合指数的测度中所占比重较高，因此其变化趋势与经济增长质量综合指数变化趋势相一致，各地区经济增长效率不断提高，表明各地区在经济发展过程中不仅只追求数量的增长，同时更注重对效率的提升。

（2）从各地区经济增长效率指数来看，华北地区经济增长效率指数均值最高，西北地区的经济增长效率指数均值最低。具体来看，华北地区和华东地区的经济增长效率指数差异较小，在样本期内的均值分别为 1.690 4 和 1.622 0；东北地区的效率指数相对较高，为 1.528 1；中南地区、西南地区和西北地区的经济增长效率均值分别为 1.165 6、1.143 5 和 1.012 2，这 3 个地区在经济增长效率上还有待提高。

（3）各地区经济增长效率的差距不断扩大。从经济增长效率的变化特征（图 7.3）来看，各地区经济增长效率的年均增速均为正，且都保持在 8%以上，一定程度上表明各地区都注重对经济增长效率的提升。具体来看，以西南地区效率指数的年均增速最高，达到了 9.34%；而中南地区的效率指数年均增速最慢，为 8.23%，其余地区年均增速相差不大。与经济增长质量的变化特征相一致，在 2004 年之前，华北、东北和华东 3 个地区的经济增长效率与中南、西南和西北地区的效率差距较小；在 2004 年之后，华北、东北和华东 3 个地区的经济增长效率差距仍较小，但与中南、西南和西北地区的效率差距逐步拉大。

7.1.3.3　成本性指数变化特征

各地区经济增长成本性指数见表 7.6，经济增长成本性指数的变化特征见图 7.4。

表 7.6　1997—2017 年各地区经济增长成本性指数

年份	华北	东北	华东	中南	西南	西北
1997	1.081 5	1.100 0	1.346 4	1.194 1	1.020 8	0.881 1
1998	1.087 7	1.176 4	1.374 1	1.221 2	1.027 3	0.935 2
1999	1.165 4	1.228 4	1.398 6	1.265 6	1.078 5	0.986 4
2000	1.193 0	1.283 2	1.408 7	1.297 5	1.115 5	0.973 3
2001	1.202 3	1.312 5	1.413 3	1.316 5	1.146 0	1.031 1
2002	1.206 2	1.336 5	1.433 3	1.329 3	1.187 4	1.052 3
2003	1.225 8	1.363 6	1.456 3	1.339 9	1.188 4	1.079 9
2004	1.237 3	1.381 8	1.475 1	1.356 1	1.204 2	1.084 7
2005	1.269 9	1.394 0	1.471 0	1.356 9	1.267 0	1.055 9
2006	1.287 3	1.416 6	1.486 5	1.395 3	1.278 3	1.085 7
2007	1.320 3	1.437 7	1.500 8	1.413 6	1.301 5	1.108 5
2008	1.347 5	1.454 1	1.516 8	1.434 5	1.355 5	1.146 2
2009	1.364 2	1.482 6	1.530 6	1.462 6	1.372 9	1.179 2
2010	1.377 3	1.501 8	1.545 0	1.490 2	1.390 8	1.175 8
2011	1.383 4	1.506 3	1.547 4	1.497 9	1.423 4	1.131 1
2012	1.411 7	1.522 2	1.564 1	1.516 6	1.450 9	1.163 1
2013	1.441 3	1.548 6	1.574 1	1.530 7	1.464 2	1.190 1
2014	1.456 6	1.553 6	1.583 9	1.551 1	1.495 0	1.212 7
2015	1.466 0	1.557 3	1.588 9	1.563 1	1.519 8	1.236 7
2016	1.477 5	1.562 5	1.594 6	1.567 3	1.537 2	1.266 3
2017	1.479 7	1.563 0	1.600 8	1.572 9	1.547 3	1.266 9
均值	1.308 7	1.413 5	1.495 7	1.413 0	1.303 4	1.106 8
年均增速（%）	1.58	1.77	0.87	1.39	2.10	1.83

（1）华东地区对环境保护程度最好，资源消耗较少；而西北地区经济增长带来的环境污染和资源浪费等问题较严重。从各地区经济增长成本性指数均值来看，以华东地区的经济增长成本性指数最高，而西北地区成本性指数最低。具体来看，华东地区成本性指数均值为 1.495 7，其经济增长所消耗的资源和环境污染远小于其他地区；其次是东北地区和中南地区，成本性指数分别为 1.413 5 和 1.413 0；华北地区和西南地区的成本性指数均值分别为 1.308 7 和 1.303 4；西北地区经济增长成本性指数最低，均值为 1.106 8。西北地区在经

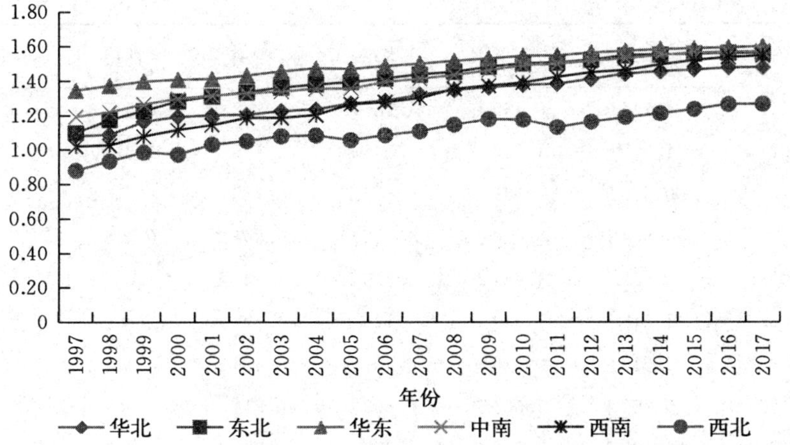

图 7.4　1997—2017 年各地区经济增长成本性指数的变化情况

济增长过程中，更应该注意对生态环境的保护，加快转向环境友好型、资源节约型的可持续经济发展模式。

（2）从整体来看，中国各地区在经济发展过程中越来越注重对资源的节约和环境保护，各地区经济增长成本性指数均在逐步提高。从经济增长成本性指数的变化特征（图 7.4）来看，各地区经济增长成本性持续增长，在一定程度上表明各地区在经济发展过程中均在逐步朝着资源节约、环境友好的经济发展方式转变。具体来看，以西南地区成本性指数的年均增速最高，达到了 2.10%；而华东地区的成本性指数年均增速最慢，为 0.87%。这在一定程度上表明，西部地区正在逐步改善经济增长带来的环境污染问题，以较快的成本性指数年均增速来缩小与其他地区成本性指数的差距。

7.1.3.4　稳定性指数变化特征

在第 6 章各省份经济增长稳定性指数的分析中，已对稳定性指数波动较大的原因进行详细说明，在此不再赘述。表 7.7 和图 7.5 分别包含了居民消费价格指数变动率的稳定性指数和经济增长稳定性指数的变化趋势；图 7.6 未包含居民消费价格指数变动率的新稳定性指数变化情况。

表 7.7　1997—2017 年各地区经济增长稳定性指数

年份	华北	东北	华东	中南	西南	西北
1997	1.814 1	1.646 1	2.072 6	1.909 1	1.867 1	1.906 1
1998	1.774 1	1.736 6	1.445 6	1.737 3	1.804 5	1.764 4
1999	1.105 4	1.371 8	1.188 0	1.034 1	1.097 4	1.306 2
2000	0.676 5	0.847 1	0.728 6	0.689 4	1.154 4	0.821 3

（续）

年份	华北	东北	华东	中南	西南	西北
2001	1.146 0	0.739 4	1.187 8	1.142 6	0.587 3	0.507 3
2002	1.377 8	1.282 1	1.145 3	1.105 7	1.314 7	1.487 4
2003	0.629 9	0.681 7	0.775 5	0.713 6	0.756 8	0.804 0
2004	0.804 1	0.600 0	0.595 5	0.501 0	0.448 7	0.772 5
2005	1.221 3	1.441 2	1.390 1	1.421 4	1.605 9	1.349 4
2006	1.118 7	1.012 3	1.125 2	1.174 7	0.895 1	0.987 5
2007	0.612 0	0.416 8	0.481 6	0.429 3	0.424 2	0.350 2
2008	0.760 1	1.063 5	0.893 2	0.814 5	1.006 0	0.621 5
2009	2.138 7	1.863 4	2.073 0	2.284 5	2.077 1	2.176 9
2010	0.378 6	0.455 8	0.337 5	0.266 1	0.408 5	0.493 2
2011	0.664 0	0.740 4	0.723 0	0.676 8	0.729 2	0.786 9
2012	1.477 0	1.472 1	1.519 9	1.536 2	1.465 6	1.554 9
2013	1.009 5	1.110 6	1.068 1	1.081 1	1.028 1	0.957 6
2014	1.302 5	1.187 5	1.096 3	1.145 0	1.176 4	1.288 2
2015	1.138 8	1.110 5	1.140 0	1.182 0	1.119 5	1.179 5
2016	1.010 4	1.041 2	0.961 3	0.932 1	1.045 2	1.043 4
2017	1.017 5	1.107 9	1.138 3	1.127 7	1.150 5	1.026 5
均值	1.103 7	1.091 8	1.099 4	1.090 7	1.103 0	1.104 0
年均增速（%）	−2.85	−1.96	−2.95	−2.60	−2.39	−3.05

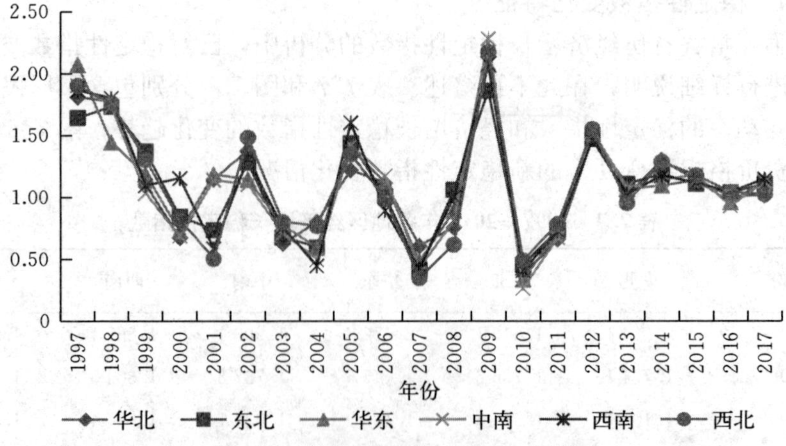

图 7.5　1997—2017 年各地区经济增长稳定性指数变化情况

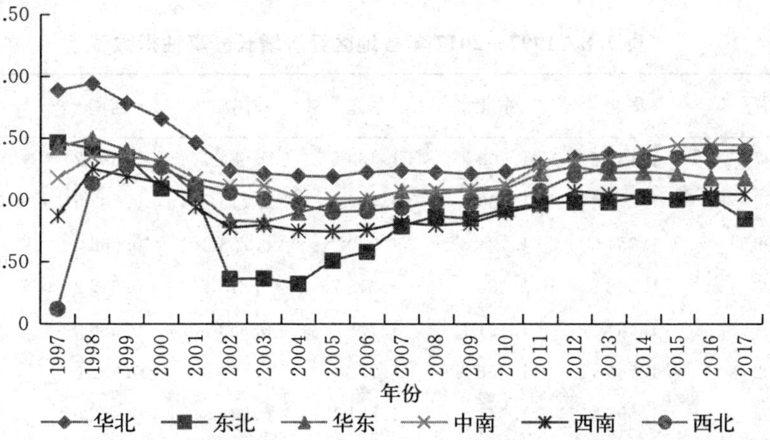

图 7.6　1997—2017 年各地区经济增长稳定性指数变化情况（剔除居民消费价格指数）

（1）西北地区经济增长稳定性较好，各地区的经济增长稳定性指数差距较小。从包含居民消费价格指数变动率的稳定性指数来看，整体上各地区的稳定性指数走势基本相同，说明各地区之间的差距并不大，稳定性指数更多受到国家层面整体因素的影响。从各地区稳定性指数均值来看，在样本期内稳定性指数最高的是西北地区，说明该地区在经济发展过程中较为稳定，与其他地区相比波动较小。稳定性指数最低的是中南地区，均值为 1.090 7，与稳定性指数最高的西北地区（1.104 0）差距较小。

（2）各地区经济增长稳定性指数呈波动下降的变化特征，且各地区稳定性指数的波动特征基本一致。从中国各地区经济增长稳定性指数的变化趋势来看，稳定性指数的年均增速下降幅度最小的是东北地区（－1.96％），而西南地区年均下降幅度最大（－3.05％）。

（3）从未包含居民消费价格指数变动率的稳定性指数来看，整体呈现先下降后逐渐平稳的变化特征。在剔除了居民消费价格指数变动率以后，六大地区的稳定性指数没有较大的波动，整体呈现先下降后逐渐平稳的特征，并且大都在 2002 年保持相对稳定。尽管在样本前期，各地区的经济增长稳定性指数有所提升，但是在 2002 年之后，经济增长的稳定性指数变动较为平缓。具体来说，西南地区的稳定性指数整体最高。东北地区稳定性指数在 2002 年出现了大幅下降，根据前文的分析，这是由 2002 年辽宁失业率大幅上升所导致。西北地区的稳定性指数在 1998 年出现了大幅的上涨，其原因为陕西、甘肃、青海等省份的失业率在 1998 年均明显下降。

7.1.3.5　分享性指数变化特征

各地区经济增长分享性指数见表 7.8，经济增长分享性指数的变化趋势见图 7.7。

表 7.8 1997—2017 年各地区经济增长分享性指数

年份	华北	东北	华东	中南	西南	西北
1997	1.151 4	1.109 3	1.433 8	0.684 6	0.533 2	0.877 4
1998	1.240 4	1.100 6	1.499 8	0.713 7	0.533 6	0.918 5
1999	1.354 6	1.124 8	1.570 2	0.753 2	0.568 0	0.964 3
2000	1.398 8	1.180 5	1.618 7	0.815 4	0.617 2	1.016 1
2001	1.484 2	1.191 7	1.708 4	0.853 1	0.686 0	1.033 1
2002	1.585 1	1.256 2	1.772 5	0.884 9	0.682 6	1.075 4
2003	1.663 8	1.341 0	1.881 1	0.948 3	0.722 0	1.155 2
2004	1.810 6	1.390 7	1.971 0	1.015 8	0.790 5	1.244 6
2005	1.919 4	1.487 5	2.009 5	1.064 5	0.794 6	1.260 3
2006	2.067 6	1.598 1	2.171 3	1.150 6	0.835 2	1.265 7
2007	2.225 4	1.691 9	2.286 9	1.240 9	0.882 5	1.355 2
2008	2.319 0	1.796 8	2.395 3	1.308 8	0.937 3	1.489 4
2009	2.517 8	1.934 4	2.574 9	1.414 4	1.029 1	1.542 9
2010	2.782 0	2.129 8	2.784 1	1.614 0	1.235 8	1.722 8
2011	2.954 0	2.206 3	2.926 6	1.739 5	1.385 4	1.816 7
2012	3.192 1	2.439 4	3.143 5	1.822 4	1.453 9	1.904 3
2013	3.403 1	2.668 3	3.395 0	1.935 1	1.595 4	2.089 3
2014	3.532 4	2.683 9	3.579 5	2.068 0	1.703 7	2.206 1
2015	3.878 6	2.813 9	3.848 5	2.277 2	1.808 7	2.401 0
2016	4.144 5	2.927 0	4.007 9	2.367 7	1.849 7	2.397 2
2017	4.317 2	3.017 6	4.294 9	2.538 4	2.024 2	2.607 4
均值	2.425 8	1.861 4	2.517 8	1.391 0	1.079 5	1.540 1
年均增速（%）	6.83	5.13	5.64	6.77	6.90	5.60

（1）从整体上看，各地区经济增长分享性指数不断提高。由于经济增长分享性在经济增长质量综合指数的测度中所占比重最高，因此其变化趋势与经济增长质量综合指数变化趋势相一致，各地区经济增长分享性指数不断提高，表明各地区在经济发展过程中福利成果及分配均在逐步提升，经济发展中更加注重提高居民的整体福利水平。

（2）从各地区经济增长分享性指数均值来看，华东地区经济增长成本性指

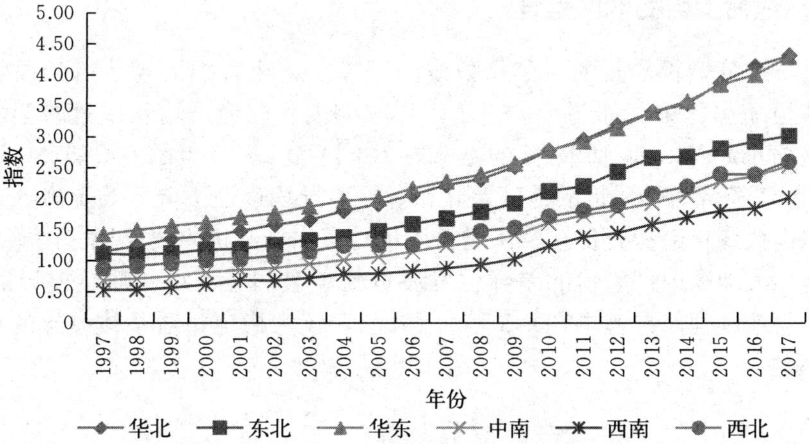

图 7.7　1997—2017 年各地区经济增长分享性指数变化情况

数均值最高，而西南地区的经济增长分享性指数均值最低。具体来看，华东地区和华北地区的经济增长分享性指数差异较小，在样本期内的均值分别为 2.517 8 和 2.425 8；东北地区的分享性指数相对较高，为 1.861 4；西北地区、中南地区和西南地区的经济增长分享性均值分别为 1.540 1、1.391 0 和 1.079 5，这 3 个地区在经济增长分享性上还有待提高。这与六大地区的经济发展水平大体一致。华北、华东和东北地区经济发展水平较高，能够为地区居民提供更多的社会公共产品，也就使得这 3 个地区的经济增长分享性表现更好。就人均拥有公共图书馆藏量而言，西南地区人均拥有公共图书馆藏量为 0.29 册/人，而华东地区人均拥有量为 0.56 册/人，显著高于西南地区。

（3）从经济增长分享性的变化趋势来看，分享性指数最低的西南地区的年均增速最高，为 6.90%，其次是中南地区。这在一定程度上表明，分享性指数较低的地区正在加速提高其经济增长分享性，进而提高经济增长质量。分享性指数增速最低的为东北地区，年均增速为 5.13%。经济增长分享性指数均值最高的华东地区其年均增速为 5.64%，低于分享性指数均值排名第 2 位的华北地区，这也是华东地区在样本初期占优势后与华北地区差距缩小的主要原因。

7.2　经济增长质量的地区差异分析

本节运用泰尔指数分别计算了经济增长质量及各维度指数的泰尔指数，用以衡量全国内部经济增长状况的差异、六大地区内部及地区之间的经济增长质量的差异。

7.2.1 综合指数的地区差异

（1）经济增长质量的泰尔指数波动下降，意味着中国经济增长质量的差异整体呈缩小趋势。如图 7.8 所示，样本期内我国经济增长质量的泰尔指数整体呈缩小趋势，由 1997 年的 0.339 9 下降至 2017 年的 0.275 9，降幅为 18.83%，经济增长质量的地区差异和省际差异均逐渐下降。与金融产业集聚的泰尔指数变化趋势类似，经济增长质量的泰尔指数也主要受地区内差异所影响，即六大地区内部省份的差异化发展贡献了全国经济增长质量差异的 70% 左右；而地区间差异基本在 0.10 上下波动，较为稳定，对整体差异的贡献仅为 30%。

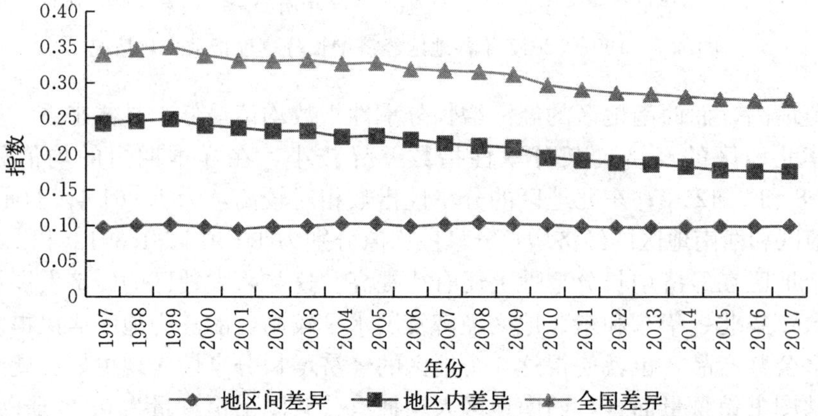

图 7.8 1997—2017 年经济增长质量的区域差异变化情况

（2）西北地区内部省份经济增长质量差异较大，而东北地区内部各省份经济增长质量发展差异最小。从表 7.9 展示的 1997—2017 年的泰尔指数均值来看，经济增长质量区域内部差异从大到小排序，依次为西北地区（0.314 9）＞中南地区（0.308 5）＞华东地区（0.237 5）＞华北地区（0.173 0）＞西南地区（0.091 1）＞东北地区（0.039 5）。西南和东北地区内各省份的差异较小，西北和中南地区内各省份差异较大。西北地区经济增长质量水平较低，这说明西北地区不仅经济增长质量不高，同时西北各省份之间在经济增长质量方面差异较大，与之相似的还有中南地区。但与之相反的则是华北地区，华北地区经济增长质量居全国第 2 位，同时华北各省份在经济增长质量方面的差异较小，说明华北地区在提高经济增长质量的同时，也注意缩小各省份之间的经济增长差距。西南地区经济增长质量水平不高，同时地区内各省份差异较小，这从整体上表明西南地区在经济增长质量方面整体表现较差。

表 7.9　1997—2017 年六大地区内部经济增长质量泰尔指数

年份	华北	东北	华东	中南	西南	西北
1997	0.196 1	0.053 6	0.310 6	0.300 2	0.107 2	0.341 4
1998	0.197 8	0.060 4	0.308 8	0.305 8	0.095 6	0.349 6
1999	0.204 1	0.051 4	0.308 9	0.324 5	0.092 7	0.343 4
2000	0.201 1	0.049 9	0.285 2	0.331 1	0.089 0	0.329 1
2001	0.193 8	0.049 5	0.285 5	0.335 1	0.070 2	0.319 1
2002	0.188 7	0.051 6	0.276 7	0.331 9	0.069 7	0.316 2
2003	0.176 4	0.044 2	0.274 3	0.357 7	0.076 7	0.306 7
2004	0.177 2	0.048 4	0.264 4	0.345 2	0.078 4	0.280 6
2005	0.179 5	0.047 1	0.254 8	0.338 0	0.085 8	0.320 6
2006	0.185 7	0.041 3	0.247 1	0.327 7	0.080 8	0.311 4
2007	0.180 4	0.038 3	0.231 4	0.322 2	0.085 7	0.325 6
2008	0.169 5	0.035 3	0.227 2	0.313 1	0.091 0	0.335 4
2009	0.163 6	0.032 9	0.222 1	0.319 0	0.092 9	0.335 7
2010	0.155 9	0.033 2	0.207 9	0.297 1	0.099 8	0.300 6
2011	0.162 0	0.030 9	0.199 1	0.282 9	0.104 4	0.299 0
2012	0.160 0	0.025 6	0.192 6	0.293 1	0.097 1	0.292 1
2013	0.155 4	0.027 8	0.190 1	0.283 2	0.097 6	0.301 4
2014	0.149 4	0.029 4	0.180 8	0.271 4	0.106 4	0.307 2
2015	0.143 3	0.028 5	0.176 0	0.272 8	0.096 0	0.294 5
2016	0.145 0	0.025 0	0.173 0	0.262 3	0.097 7	0.305 4
2017	0.147 8	0.025 8	0.170 1	0.265 2	0.098 7	0.297 3
均值	0.173 0	0.039 5	0.237 5	0.308 5	0.091 1	0.314 9
年均增速（%）	−1.40	−3.59	−2.97	−0.62	−0.41	−0.69

（3）各地区经济增长质量内部差异呈缩小趋势，属于同一地区的各省份经济增长质量发展更加均衡。从六大地区经济增长质量泰尔指数变动情况来看（图 7.9），整体上，各地区经济增长质量的泰尔指数年均增速均为负，表明六大地区的内部差异都在逐渐缩小，同一地区内各省份经济增长质量发展更加平衡。具体来说，中南和西北地区呈波动下降的趋势特征，华东地区的泰尔指数则持续下降，而华北、西南和东北 3 个地区泰尔指数下降较为平缓。其中，降幅较大的是华东地区，由 1997 年的 0.310 6 降至 2017 年的 0.170 1，降幅达到

45.24%，说明华东地区各省份经济增长质量差异缩小较快，经济增长质量的提升更注重各省份的均衡发展。

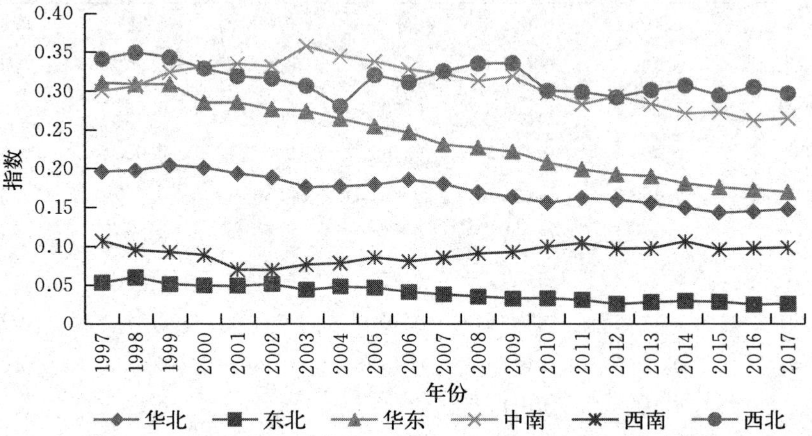

图 7.9　1997—2017 年六大地区内部经济增长质量泰尔指数变化情况

7.2.2　各维度指数的地区差异

7.2.2.1　结构性指数的地区差异

（1）中国经济增长结构性的泰尔指数变化不大，区域差异较为稳定。如图 7.10 所示，样本期内我国经济增长结构性的区域差异整体呈小幅波动扩大特征，泰尔指数由 1997 年的 0.403 1 增加至 2017 年的 0.433 0，上升幅度为 7.42%。整体上指数变化较小，并且地区内差异极大，地区间差异较小。这说明在经济增长结构性方面，泰尔指数依旧主要受组内差异的影响，但是地区内

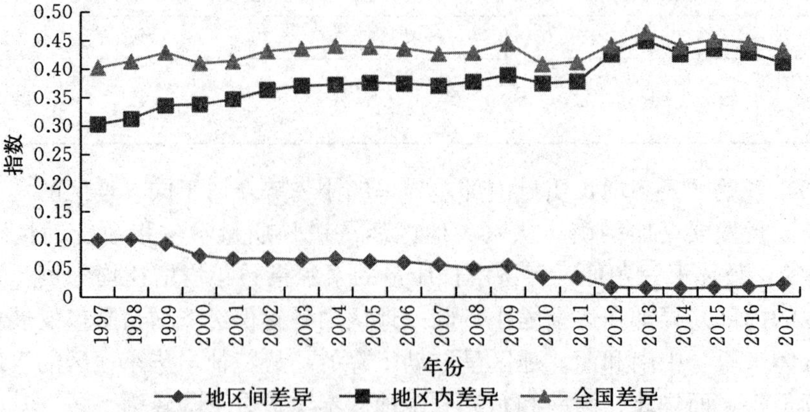

图 7.10　1997—2017 年经济增长结构性的区域差异变化情况

差异和地区间差异的变化趋势却有所不同。地区内差异呈波动上升的趋势特征，这表明六大地区内部各省份的经济增长结构性差异在逐渐变大。但是，地区间差异呈逐年下降的趋势特征。这说明六大地区之间在经济增长结构性方面的差异逐渐减小，这在前文对各地区经济增长结构性指数结果的分析中，也可以得到证实。从 2012 年开始，西南地区与西北地区、华北地区与中南地区、东北地区与华东地区结构性指数变得很接近。

（2）经济增长结构性内部差异最大的地区为中南地区，东北地区 3 个省份的结构性指数差异最小。从表 7.10 展示的 1997—2017 年的泰尔指数均值来看，经济增长结构性区域内部差异从大到小排序，依次为中南地区（0.770 9）＞西北地区（0.540 6）＞华东地区（0.304 5）＞华北地区（0.146 5）＞西南地区（0.118 6）＞东北地区（0.096 5）。西南地区和东北地区内各省份的差异较小，西北地区和中南地区内各省份差异较大。西北地区经济增长结构性水平较低，这说明西北地区不仅经济增长结构性不高，同时各省份之间在经济增长结构性方面差异较大；而西南地区尽管各省份结构性指数差异较小，但是经济增长结构性表现并不佳。与西北地区相反的则是东北地区，东北地区在结构性方面表现良好，同时东北地区的泰尔指数也反映出东北 3 省的经济增长结构性差异较小，这说明东北 3 省均在结构性方面表现良好。

表 7.10　1997—2017 年六大地区内部经济增长结构性泰尔指数

年份	华北	东北	华东	中南	西南	西北
1997	0.184 7	0.098 5	0.368 9	0.5019	0.219 1	0.299 6
1998	0.195 4	0.128 5	0.365 4	0.503 5	0.209 4	0.294 5
1999	0.206 5	0.102 8	0.372 0	0.572 4	0.201 6	0.331 5
2000	0.183 0	0.125 2	0.370 4	0.624 0	0.151 2	0.278 2
2001	0.170 9	0.118 6	0.370 5	0.664 0	0.101 9	0.266 0
2002	0.142 9	0.132 8	0.357 0	0.713 3	0.214 2	0.275 3
2003	0.106 7	0.148 9	0.341 7	0.754 4	0.197 6	0.293 2
2004	0.097 4	0.160 8	0.340 0	0.755 7	0.222 5	0.293 1
2005	0.096 1	0.157 7	0.330 5	0.748 5	0.123 8	0.391 1
2006	0.100 2	0.130 8	0.321 7	0.748 3	0.044 0	0.453 3
2007	0.124 0	0.093 2	0.303 2	0.739 1	0.033 5	0.511 1
2008	0.123 0	0.082 7	0.294 3	0.775 3	0.038 6	0.514 2
2009	0.142 1	0.066 2	0.287 4	0.783 6	0.033 4	0.578 9
2010	0.160 5	0.053 5	0.261 6	0.791 0	0.053 1	0.515 1
2011	0.169 9	0.042 5	0.249 6	0.817 6	0.101 0	0.518 8

（续）

年份	华北	东北	华东	中南	西南	西北
2012	0.188 5	0.041 5	0.255 4	0.851 2	0.089 2	1.072 3
2013	0.170 2	0.049 2	0.256 4	0.959 5	0.103 5	1.036 9
2014	0.145 4	0.060 1	0.247 3	0.958 0	0.077 1	0.958 6
2015	0.140 4	0.067 7	0.241 4	0.991 7	0.097 9	0.868 1
2016	0.127 4	0.077 5	0.232 5	0.979 6	0.102 7	0.871 0
2017	0.101 5	0.088 6	0.227 1	0.955 9	0.075 0	0.732 0
均值	0.146 5	0.096 5	0.304 5	0.770 9	0.118 6	0.540 6
年均增速（%）	−2.95	−0.53	−2.40	3.27	−5.22	4.57

（3）华北、东北、华东和西南地区的结构性指数内部差异呈缩小趋势，而中南和西北地区结构性指数的内部差异呈扩大趋势。从图 7.11 中六大地区经济增长结构性泰尔指数变动情况来看，整体上，各地区经济增长结构性内部差异不存在共同的趋势变化特征。具体来说，西北地区和中南地区内部的泰尔指数分别以 4.57%和 3.27%的年均增速提升，表明这 2 个地区内部各省份的结构性指数呈扩大趋势，且这 2 个地区泰尔指数均较大，需要引起重视，缩小地区内各省份在经济增长结构性方面的差异。西北地区的泰尔指数在 2012 年出现了大幅上涨，同时以 2012 年为分界，2012 年以前西北地区泰尔指数呈上涨特征，2012 年以后呈下降特征。华东地区的泰尔指数呈小幅下降的特征，表明华东地区内各省份在经济增长结构性方面的差异逐渐减小。余下的华北、西南和东北地区泰尔指数较小，在样本期内有一定的波动，但整体变化不大。

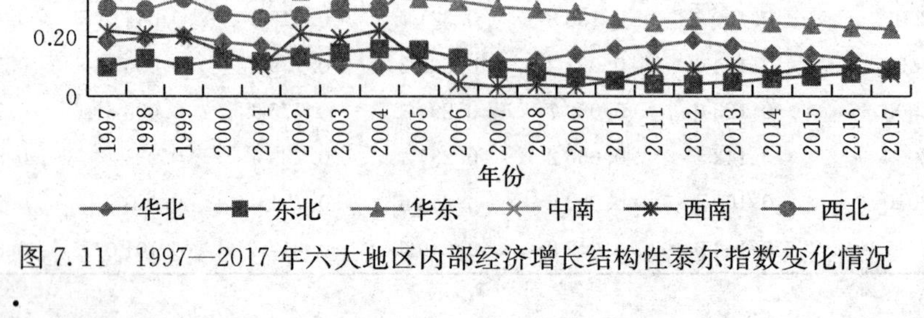

图 7.11　1997—2017 年六大地区内部经济增长结构性泰尔指数变化情况

7.2.2.2　效率指数的地区差异

（1）中国经济增长效率的差异以2007年为界呈小幅“先升后降”的变化特征。如图7.12所示，经济增长效率的泰尔指数在1997—2007年中小幅上升，而2007—2017年呈小幅下降的变化特征。地区内差异大于地区间差异，表明经济增长效率的差异依旧主要由处于同一地区的各省份之间效率差异所造成。具体来看，地区间差异和地区内差异在样本期内的变化较为稳定，尤其是地区间差异，维持在0.087左右，地区内差异在整体稳定的趋势上，近年出现小幅上涨，说明近年处于同一地区的各省份在经济增长效率方面，彼此之间的差异有扩大的趋势。另外，与上述经济增长质量、经济增长效率的泰尔指数不同，经济增长效率的泰尔指数尽管仍然主要由地区内差异所构成，但是地区间差异占总体差异的比重在40%左右，在全国经济增长效率方面的差异中，六大地区之间效率的差异应该得到一定的重视。“西部大开发”“东北振兴”“中部崛起”等区域经济发展战略，也体现了国家对各地区经济差距的重视。

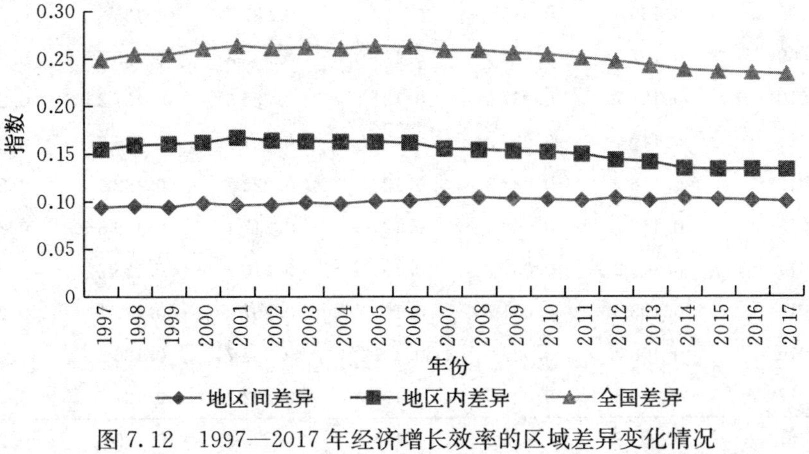

图7.12　1997—2017年经济增长效率的区域差异变化情况

（2）西北地区的经济增长效率内部差异最大，东北地区的经济增长效率内部差异最小。六大地区内部经济增长效率差异见表7.11。从1997—2017年的泰尔指数均值来看，经济增长效率区域内部差异从大到小排序，依次为西北地区（0.239 8）>中南地区（0.225 2）>华东地区（0.138 1）>华北地区（0.135 8）>西南地区（0.129 5）>东北地区（0.035 3）。西南和东北地区内各省份的差异较小，西北和中南地区内各省份差异较大。西南地区在经济增长效率方面较高，同时西南地区泰尔指数较小，这说明西南地区各省份的经济增长效率均较高。东北地区尽管各省份的差异较小，但是东北地区的经济增长效率表现并不佳，这说明东北地区各省份经济增长效率均较低。

表 7.11　1997—2017 年六大地区内部经济增长效率泰尔指数

年份	华北	东北	华东	中南	西南	西北
1997	0.154 4	0.033 9	0.146 3	0.207 1	0.127 9	0.228 6
1998	0.159 6	0.038 9	0.148 9	0.220 4	0.126 9	0.228 2
1999	0.158 8	0.040 0	0.154 0	0.223 6	0.125 6	0.225 0
2000	0.164 3	0.038 7	0.154 2	0.228 5	0.125 6	0.222 6
2001	0.163 1	0.038 4	0.173 0	0.230 1	0.124 3	0.224 1
2002	0.158 8	0.035 0	0.165 2	0.226 9	0.125 8	0.232 1
2003	0.154 9	0.033 4	0.162 6	0.230 7	0.127 6	0.234 9
2004	0.148 7	0.034 7	0.160 5	0.235 2	0.128 7	0.238 3
2005	0.146 4	0.034 3	0.158 0	0.237 8	0.130 3	0.243 7
2006	0.143 9	0.034 0	0.155 8	0.238 3	0.131 1	0.244 9
2007	0.134 3	0.035 1	0.136 8	0.241 2	0.131 0	0.248 6
2008	0.130 5	0.035 0	0.134 4	0.237 7	0.135 3	0.256 1
2009	0.127 2	0.036 7	0.134 0	0.235 8	0.135 9	0.253 9
2010	0.121 7	0.037 2	0.131 1	0.236 6	0.137 2	0.259 4
2011	0.119 0	0.037 3	0.128 5	0.231 2	0.135 6	0.259 5
2012	0.116 7	0.038 3	0.126 9	0.222 7	0.132 9	0.226 0
2013	0.112 7	0.038 0	0.124 5	0.217 1	0.129 8	0.230 1
2014	0.109 2	0.037 7	0.102 3	0.210 2	0.128 7	0.234 9
2015	0.108 3	0.031 2	0.101 7	0.207 2	0.127 1	0.243 1
2016	0.108 3	0.027 0	0.101 2	0.207 7	0.126 2	0.248 1
2017	0.110 3	0.026 8	0.100 0	0.202 3	0.125 5	0.253 3
均值	0.135 8	0.035 3	0.138 1	0.225 2	0.129 5	0.239 8
年均增速（%）	−1.67	−1.17	−1.88	−0.12	−0.09	0.51

（3）西北地区内部经济增长效率差异波动扩大，而其他地区内部差异均呈逐步缩小的变化趋势。如图 7.13 所示，各地区经济增长效率泰尔指数变化不大，说明六大地区内各省份经济增长效率差异没有太大改变。具体来说，西北地区效率泰尔指数有波动上涨的趋势，年均增速为 0.51%，应当警惕效率差异的扩大。中南地区的泰尔指数以 2007 年为分界年份，呈先增后减的特征，华东和华北 2 个地区的泰尔指数大小、走势较为接近，均呈小幅波动下降的特征，而西南和东北地区泰尔指数没有明显变化趋势。

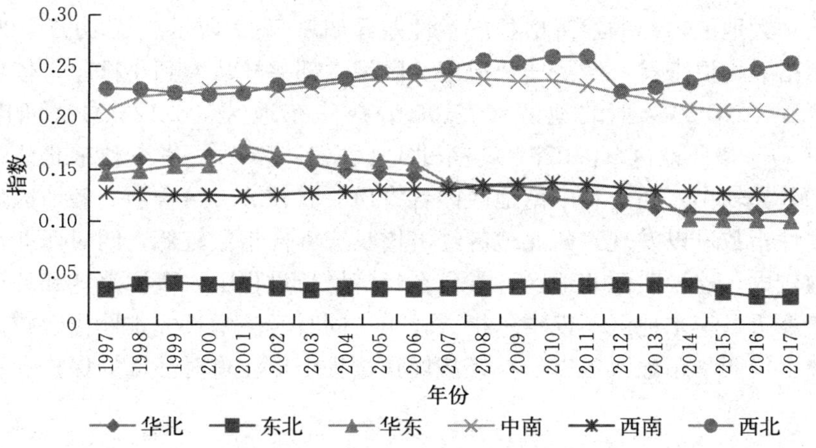

图 7.13　1997—2017 年六大地区内部经济增长效率泰尔指数变化情况

7.2.2.3　成本性指数的地区差异

（1）经济增长成本性泰尔指数呈波动上升的趋势，说明我国整体经济增长成本性差异逐渐扩大。如图 7.14 所示，经济增长成本性的泰尔指数波动上升，由 1997 年的 0.211 5 上升至 2017 年的 0.262 4，上升幅度约为 24%，同时地区间差异和地区内差异变化不大，较为稳定。具体来看，地区内差异仍然是构成全国内部经济增长成本性差异的重要原因。但与经济增长效率的泰尔指数类似，成本性的地区间差异占泰尔指数的比重也稍大，说明在经济增长成本性方面，六大地区之间的差异对全国整体差异有一定的影响，需要得到重视。前文对各地区经济增长成本性指数结果的分析中也可以看出，在整个样本期间内，各地区的成本性指数曲线间隔是比较大的，说明各地区的成本性指数差异较大。

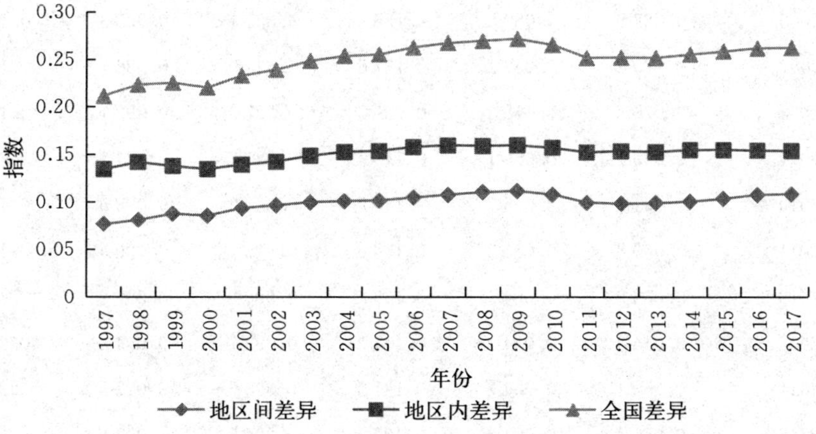

图 7.14　1997—2017 年经济增长成本性的区域差异变化情况

（2）经济增长成本性区域内部差异最大的为中南地区，东北地区内部差异最小。六大地区内部的经济增长成本性差异如表 7.12 所示。从 1997—2017 年的泰尔指数均值来看，经济增长成本性区域内部差异从大到小排序，依次为中南地区（0.300 8）＞西北地区（0.190 9）＞华东地区（0.123 9）＞西南地区（0.087 7）＞华北地区（0.075 9）＞东北地区（0.055 1）。华东和东北地区内各省份的差异较小，西北和中南地区内各省份差异较大。结合上文各地区经济增长成本性指数可以发现，西北地区经济增长成本性指数较低，同时西北地区泰尔指数较大。这说明西北地区各省份在经济增长过程中，资源消耗和环境污染问题较严重。华东地区不仅泰尔指数较小，同时经济增长成本性指数较高。这从整体上说明华东地区各省份在经济增长过程中更注重对环境的保护和资源的节约。

表 7.12　1997—2017 年六大地区内部经济增长成本性泰尔指数

年份	华北	东北	华东	中南	西南	西北
1997	0.095 9	0.047 7	0.081 0	0.258 9	0.079 1	0.211 1
1998	0.107 1	0.055 2	0.093 7	0.265 0	0.079 0	0.211 8
1999	0.100 8	0.054 9	0.096 5	0.269 5	0.063 1	0.188 3
2000	0.100 2	0.060 1	0.097 1	0.270 9	0.072 6	0.151 1
2001	0.097 7	0.060 6	0.105 3	0.273 4	0.074 0	0.166 5
2002	0.093 1	0.057 0	0.107 3	0.280 5	0.083 8	0.176 0
2003	0.089 3	0.061 2	0.113 8	0.295 4	0.082 5	0.189 0
2004	0.086 4	0.061 1	0.122 0	0.310 1	0.082 1	0.184 7
2005	0.084 5	0.060 1	0.131 1	0.321 3	0.087 2	0.161 3
2006	0.082 8	0.059 8	0.135 9	0.331 1	0.085 3	0.167 6
2007	0.079 2	0.059 2	0.137 6	0.334 9	0.088 7	0.175 3
2008	0.070 4	0.058 5	0.139 0	0.327 3	0.092 1	0.188 9
2009	0.065 8	0.056 1	0.140 4	0.321 7	0.094 1	0.204 0
2010	0.061 6	0.056 7	0.140 9	0.320 0	0.098 5	0.185 0
2011	0.060 8	0.056 8	0.138 6	0.312 7	0.099 5	0.166 6
2012	0.056 9	0.054 5	0.138 4	0.308 5	0.099 2	0.191 4
2013	0.054 3	0.054 1	0.137 9	0.299 7	0.094 2	0.207 9
2014	0.052 1	0.054 3	0.137 9	0.303 6	0.097 5	0.214 7
2015	0.051 4	0.051 0	0.137 1	0.304 7	0.097 8	0.217 8

（续）

年份	华北	东北	华东	中南	西南	西北
2016	0.051 0	0.040 1	0.136 3	0.303 9	0.096 9	0.224 3
2017	0.052 1	0.039 0	0.134 8	0.303 5	0.095 2	0.226 7
均值	0.075 9	0.055 1	0.123 9	0.300 8	0.087 7	0.190 9
年均增速（%）	−3.00	−1.00	2.58	0.80	0.93	0.36

（3）样本期内仅华北和东北地区成本性指数的内部差异逐步缩小，其余地区成本性指数的内部差异呈扩大趋势，且以华东地区省际差异上升幅度最大。从六大地区经济增长成本性泰尔指数变动情况来看（图 7.15），中南地区的泰尔指数以 2007 年为分界，呈先增后减的特征；而西北地区成本性泰尔指数存在一定波动，但整体变化不大。华东地区的泰尔指数在 2006 年以前呈上涨的趋势，但自 2006 年后，稳定在 0.14 左右，年均增速为 2.58%，说明华东地区各省份在经济增长过程中要注意内部各省份在成本性指数上差异的扩大。华北地区的泰尔指数呈逐年下降的特征，东北和西南地区成本性泰尔指数变化不大。

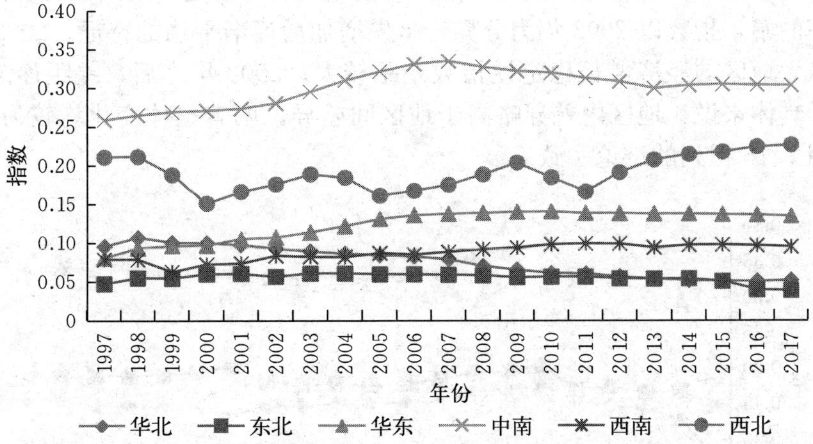

图 7.15　1997—2017 年六大地区内部经济增长成本性泰尔指数变化情况

7.2.2.4　稳定性指数的地区差异

（1）经济增长稳定性的整体差异呈现大幅度波动。图 7.16 展示了包含居民消费价格指数变化率的经济增长稳定性泰尔指数的变化情况，从整体上看，泰尔指数存在较大幅度的波动，整体均值在 0.35 左右，地区间差异和地区内差异对泰尔指数的贡献大体相当。这说明在经济增长稳定性方面，不仅要关注六大地区之间的差距，也要关注处于同一地区内各省份的差距，这样才能控制好全国整体的经济增长稳定性差异。

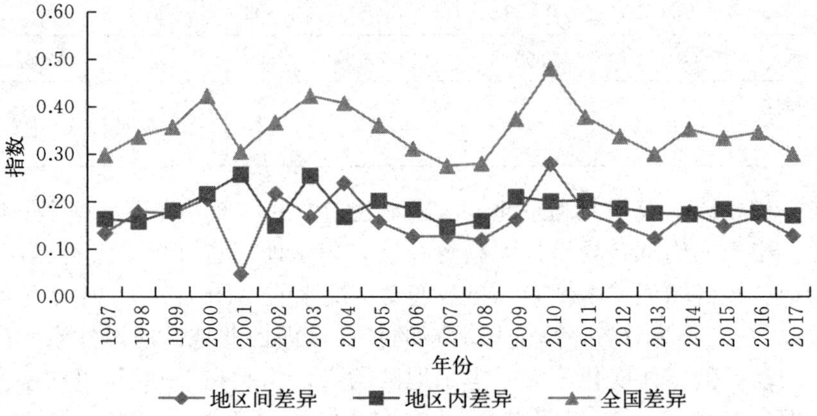

图 7.16　1997—2017 年经济增长稳定性的区域差异变化情况

（2）未包含居民消费价格指数变化率的经济增长稳定性的泰尔指数呈先增大后逐渐平稳的变化特征。图 7.17 展示了未包含居民消费价格指数变化率的经济增长稳定性泰尔指数的变化情况，从整体上看，未包含居民消费价格指数变化率的泰尔指数以 2002 年为分界，呈先增加后逐渐平稳的特征。2002 年以前，六大地区的经济增长稳定性指数差距较大；2002 年之后，差距逐渐保持平稳。具体来说，地区内差异略高于地区间差异，两者整体变化均较为平稳，这与图 7.16 得到的结论一致。

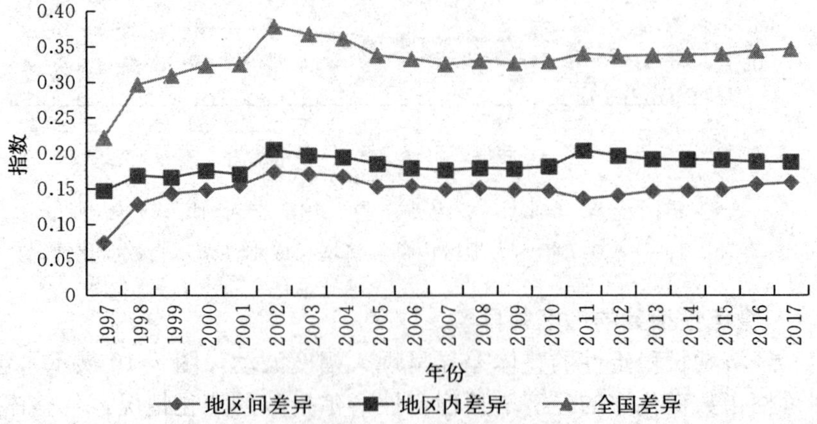

图 7.17　1997—2017 年经济增长稳定性的区域差异的变化情况（剔除居民消费价格指数）

（3）六大地区中稳定性的泰尔指数均值最大的是中南地区，而东北地区的泰尔指数均值最小。从包含了居民消费价格指数变动率的稳定性指数来看，六大地区泰尔指数均值最大的是中南地区（0.333 0），其次为西北地区（0.283 3）。这说明中南、西北地区内部各省份之间，在经济增长稳定性方面差异较大，而东北地区的泰尔指数均值最小，为 0.056 3（表 7.13）。

表 7.13　1997—2017 年六大地区内部经济增长稳定性泰尔指数

年份	华北	东北	华东	中南	西南	西北
1997	0.121 1	0.050 9	0.121 9	0.259 3	0.143 4	0.228 5
1998	0.105 7	0.067 7	0.090 3	0.292 1	0.101 8	0.232 0
1999	0.098 4	0.072 4	0.189 0	0.255 4	0.152 9	0.260 7
2000	0.155 4	0.082 9	0.104 4	0.342 1	0.194 4	0.389 2
2001	0.179 9	0.016 2	0.214 5	0.416 8	0.216 5	0.397 3
2002	0.093 2	0.075 5	0.089 9	0.274 3	0.145 0	0.199 0
2003	0.155 2	0.114 0	0.200 9	0.454 7	0.124 8	0.366 3
2004	0.113 5	0.031 4	0.139 5	0.215 5	0.196 2	0.272 4
2005	0.062 8	0.069 8	0.153 0	0.410 5	0.129 8	0.292 5
2006	0.082 9	0.061 3	0.154 8	0.336 2	0.131 2	0.245 8
2007	0.088 1	0.065 7	0.117 9	0.265 7	0.113 0	0.228 3
2008	0.067 3	0.050 6	0.167 2	0.356 5	0.084 1	0.165 1
2009	0.065 7	0.060 7	0.171 8	0.354 2	0.205 3	0.308 0
2010	0.069 6	0.031 7	0.230 8	0.393 6	0.085 3	0.322 3
2011	0.081 0	0.076 7	0.121 3	0.417 2	0.145 2	0.303 8
2012	0.049 9	0.055 6	0.142 4	0.339 1	0.128 5	0.317 7
2013	0.055 9	0.041 8	0.146 1	0.353 9	0.146 8	0.231 7
2014	0.058 0	0.054 4	0.147 9	0.324 7	0.104 7	0.280 2
2015	0.059 6	0.045 1	0.140 5	0.358 5	0.140 0	0.270 9
2016	0.065 2	0.034 6	0.149 8	0.277 8	0.152 6	0.319 3
2017	0.059 0	0.023 6	0.137 9	0.295 1	0.119 5	0.318 3
均值	0.089 9	0.056 3	0.149 1	0.333 0	0.141 0	0.283 3
年均增速（%）	−3.53	−3.77	0.62	0.65	−0.91	1.67

（4）各地区的经济增长稳定性的泰尔指数波动较大。从图7.18中可以看出，各个地区的泰尔指数波动较大，这是由稳定性指数本身波动较大所造成的。从年均增速来看，华北、东北和西南地区稳定性指数的差异呈波动下降趋势，而华东、中南和西北地区稳定性指数的内部差异呈波动上升趋势。

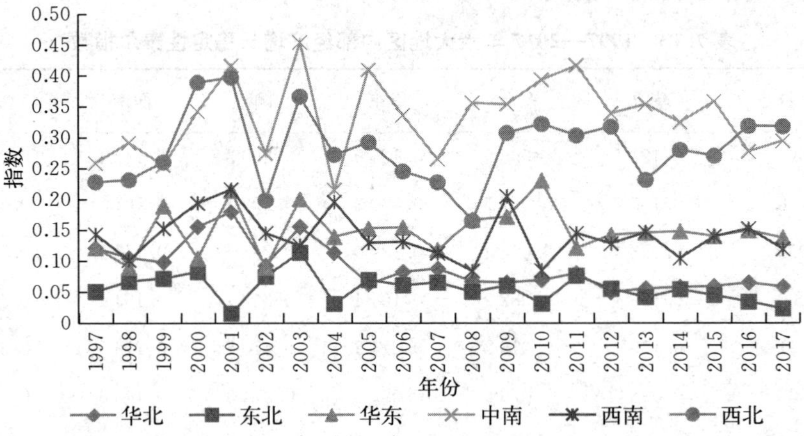

图7.18　1997—2017年六大地区内部经济增长稳定性泰尔指数变化情况

（5）从未包含居民消费价格指数变动率的稳定性指数来看，除了东北和中南地区在个别年份有较大变化以外，六大地区泰尔指数整体较为平稳（图7.19）。具体来说，中南地区的稳定性泰尔指数呈现波动上升的特征，但整体上升幅度不大，仅在2011年出现较大幅度的上涨。根据前文对各省份经济增

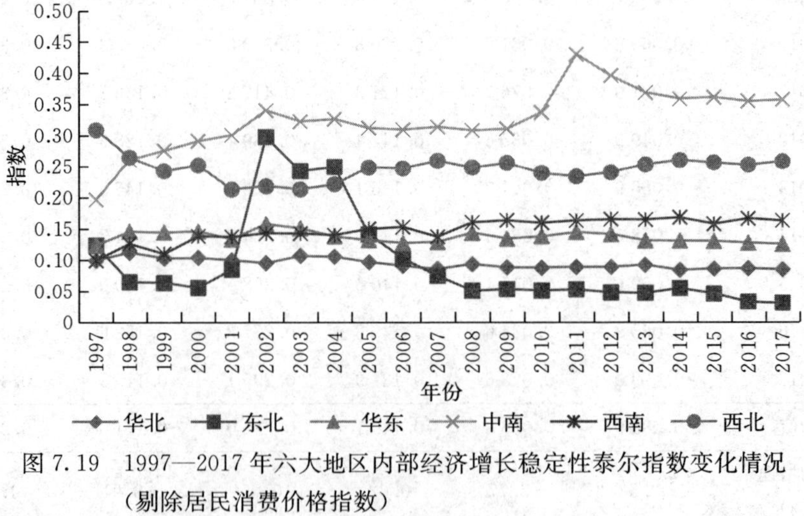

图7.19　1997—2017年六大地区内部经济增长稳定性泰尔指数变化情况（剔除居民消费价格指数）

长稳定性的分析，这是由于 2011 年海南省失业率较大幅度下降，稳定性指数大幅上涨，高于中南地区其他省份。东北地区在 2002 年也出现较大幅度上涨，这是由于辽宁在 2002 年失业率大幅上涨，稳定性指数大幅下降，远远低于黑龙江和吉林。

7.2.2.5　分享性指数的地区差异

（1）经济增长分享性指数全国内的差异以及地区内各省份的差异逐渐缩小。图 7.20 中展示了我国经济增长分享性泰尔指数的变化情况，从整体上看，泰尔指数和地区内差异呈逐年递减的特征，表明在经济增长分享性方面，全国的差异以及地区内各省份的差异逐渐减小。地区间差异变化不大，说明六大地区之间的差异在样本期没有发生太大变化。具体来说，地区内差异是构成泰尔指数的最主要方面，并且与泰尔指数走势几乎一致。这说明在经济增长分享性方面，同一地区内各省份的差异主导了全国层面总体差异的走向。

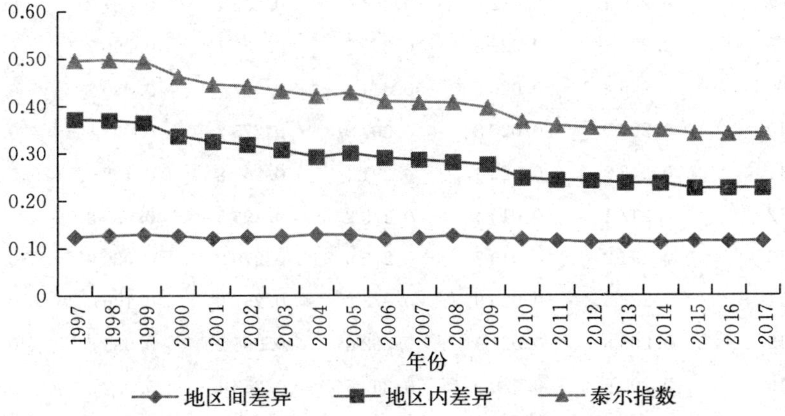

图 7.20　1997—2017 年经济增长分享性的区域差异变化情况

（2）经济增长分享性区域内部差异最大的为西北地区，东北地区的分享性指数内部差异最小。六大地区内部的经济增长分享性差异如表 7.14 所示。从 1997—2017 年的泰尔指数均值来看，经济增长分享性区域内部差异从大到小排序，依次为西北地区（0.401 5）＞华东地区（0.386 8）＞中南地区（0.278 3）＞华北地区（0.247 7）＞西南地区（0.091 6）＞东北地区（0.032 3）。西南和东北地区内各省份的差异较小，西北和华东地区内各省份差异较大。华东地区尽管在经济增长分享性方面指数较高，但泰尔指数也较大。这说明华东地区较高的经济增长分享性指数内部差异过大，主要表现为上海的分享性指数远远高于华东地区其他省份。东北地区的泰尔指数较小，分享性指数位居第 3 位，说明东北地区各省份在经济增长分享性方面发展较为均衡。

表 7.14 1997—2017 年六大地区内部经济增长分享性泰尔指数

年份	华北	东北	华东	中南	西南	西北
1997	0.281 2	0.044 3	0.603 3	0.253 6	0.095 9	0.457 7
1998	0.272 5	0.050 3	0.579 4	0.267 1	0.086 6	0.483 5
1999	0.279 5	0.044 4	0.564 0	0.285 1	0.100 1	0.459 2
2000	0.273 6	0.039 8	0.493 2	0.280 3	0.090 9	0.454 3
2001	0.263 2	0.044 0	0.474 0	0.277 8	0.087 6	0.437 5
2002	0.255 6	0.048 4	0.466 1	0.265 6	0.087 0	0.426 8
2003	0.230 8	0.035 9	0.443 3	0.318 2	0.101 1	0.387 9
2004	0.244 1	0.039 5	0.423 7	0.296 9	0.098 6	0.334 9
2005	0.256 7	0.037 0	0.413 7	0.288 2	0.097 6	0.414 3
2006	0.275 6	0.032 9	0.388 9	0.283 8	0.079 8	0.389 5
2007	0.269 4	0.032 6	0.366 6	0.292 1	0.087 2	0.408 7
2008	0.253 4	0.029 8	0.360 2	0.280 1	0.090 7	0.423 3
2009	0.246 4	0.026 5	0.344 8	0.307 7	0.080 7	0.418 5
2010	0.227 0	0.026 8	0.307 9	0.275 7	0.095 8	0.362 6
2011	0.242 8	0.023 4	0.291 4	0.259 8	0.102 0	0.359 8
2012	0.242 1	0.015 4	0.279 2	0.296 5	0.085 3	0.358 4
2013	0.234 2	0.019 2	0.272 6	0.270 8	0.089 9	0.379 7
2014	0.222 5	0.020 9	0.273 2	0.257 6	0.106 0	0.388 6
2015	0.206 8	0.023 5	0.262 0	0.265 2	0.085 5	0.356 0
2016	0.209 6	0.020 9	0.260 6	0.253 1	0.088 3	0.376 7
2017	0.215 0	0.021 9	0.254 6	0.269 3	0.088 1	0.353 9
均值	0.247 7	0.032 3	0.386 8	0.278 3	0.091 6	0.401 5
年均增速（%）	−1.33	−3.46	−4.22	0.30	−0.42	−1.28

（3）除中南地区分享性的内部差异呈扩大趋势外，其余各地区分享性的内部差异均逐渐缩小。从六大地区经济增长分享性泰尔指数变动情况（图 7.21）来看，整体上除中南地区外，其余各地区经济增长分享性泰尔指数呈下降的趋势。这说明多数地区内各省份经济增长分享性差异在逐渐减小，各省份经济增长分享性水平更加均衡。具体来说，华东和西北 2 个地区的泰尔指数下降特征明显。其中，华东地区降幅较大，由 1997 年的 0.603 3 下降至 2017 年的 0.254 6；西北地区呈波动下降的特征，降幅较小。

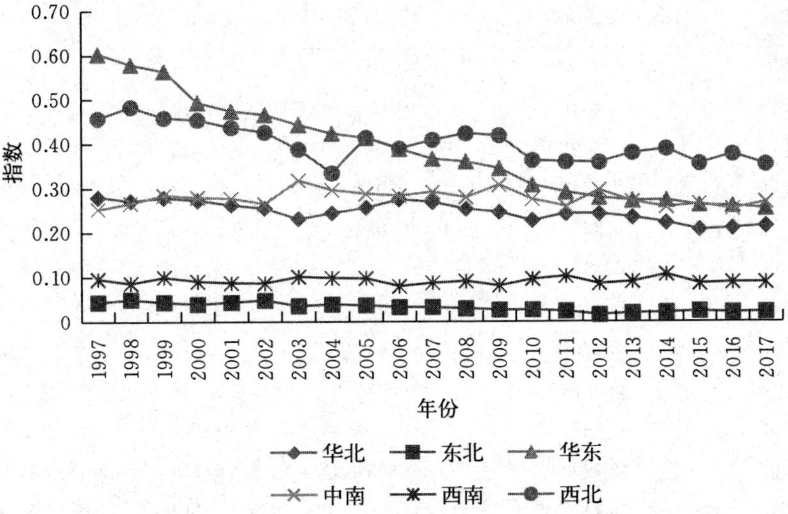

图 7.21 1997—2017 年六大地区内部经济增长分享性泰尔指数变化情况

7.3 经济增长质量的敛散性分析

上一节中通过泰尔指数，分析了全国整体和六大地区经济增长质量及各维度的异质性，结果表明，经济增长质量的地区差异呈现波动下降的特征。那么，从更长的时间范围来看，中国经济增长质量的地区差异变化如何呢？在这一节中，本研究将通过包含空间效应的β绝对收敛模型探索中国以及东、中、西三大地带的经济增长质量及各维度的敛散性。

7.3.1 研究方法说明

经济增长质量及其各维度的β绝对收敛的计算方法、空间权重的设定、空间相关性检验方法与第5章一致，详见5.4.1。

7.3.2 敛散性结果及分析

7.3.2.1 空间相关性检验结果

本节使用邻接矩阵作为空间权重矩阵计算了1997—2017年各省份经济增长质量及其各维度指数的全局莫兰指数。总的来说，经济增长质量及其各维度指数呈现正的空间相关性。经济增长质量的全局莫兰指数如表7.15所示，经济增长各维度指数的空间全局莫兰指数见附录9。

表 7.15 1997—2017 年各省份经济增长质量的全局莫兰指数

年份	莫兰指数	$E(I)$	Sd	Z
1997	0.279***	−0.034	0.111	2.581 6
1998	0.294***	−0.034	0.111	2.952
1999	0.310***	−0.034	0.112	3.071
2000	0.324***	−0.034	0.112	3.206
2001	0.325***	−0.034	0.113	3.183
2002	0.349***	−0.034	0.114	3.386
2003	0.375***	−0.034	0.114	3.591
2004	0.379***	−0.034	0.114	3.624
2005	0.386***	−0.034	0.116	3.626
2006	0.399***	−0.034	0.117	3.710
2007	0.409***	−0.034	0.118	3.769
2008	0.411***	−0.034	0.118	3.769
2009	0.414***	−0.034	0.119	3.776
2010	0.412***	−0.034	0.119	3.747
2011	0.386***	−0.034	0.120	3.509
2012	0.404***	−0.034	0.120	3.643
2013	0.410***	−0.034	0.120	3.699
2014	0.402***	−0.034	0.121	3.615
2015	0.399***	−0.034	0.121	3.584
2016	0.395***	−0.034	0.121	3.541
2017	0.388***	−0.034	0.121	3.485

注：***表示在1%水平下显著。

从经济增长质量的全局莫兰指数来看，样本期内的莫兰指数均显著为正，且呈现波动上升的变化趋势，在一定程度上表明中国各省份的经济增长质量呈现正的空间相关性，且空间总体差异在缩小。这在表 6.7 中也得到了体现，1997—2017 年各省份越来越接近。经济增长质量指数的莫兰指数在 2007 年后走势较为平稳，在 0.4 上下小幅波动，并且在 2013 年开始呈现连续小幅下降的特征。

7.3.2.2 β 绝对收敛的估计结果

本节分别使用地理矩阵和经济矩阵估计了基于 SDM 模型的经济增长质量绝对收敛结果。为了考察经济增长质量及其各维度的敛散性在东、中、西三大地带是否存在异质性，本节进一步估计了三大地带经济增长质量及各维度的绝对收敛。地理矩阵的估计结果见表 7.16～表 7.19，经济矩阵的详细估计结果见附录 10。由于 Hausman 检验结果拒绝随机效应的原假设，本研究选择固定效应模型，同时 LR 检验结果均以 1%显著性水平拒绝个体固定效应和时间固定效应，因此本研究选择个体和时间双固定效应模型。

（1）经济增长质量 β 绝对收敛估计结果。经济增长质量 β 绝对收敛估计结果见表 7.16。从整体上，全国以及东、中、西三大地带的经济增长质量均存在显著的 β 绝对收敛特征，并且中部地带的收敛程度最高，西部次之，东部最低。具体如下：①全国经济增长质量初始值的直接效应为－0.112 8，且通过了 1%显著性水平检验，表明对于全国样本而言，经济增长质量的初始值与其增长速度呈负相关关系，初始经济增长质量水平越低的省份，其经济质量的增长速度越快，符合 β 绝对收敛的特征。但是，ρ 接近于 0 且不显著，意味着周边省份对本地经济增长速度的影响并不明显，本地经济增长质量速度提升的动力来源于自身的经济发展。②中部地带经济增长质量 β 绝对收敛系数为－0.289 3，且居于三大地带首位，表明相较于东部地带和西部地带，中部地带经济增长质量的收敛速度更快。③东部地带的收敛系数接近于 0（－0.038 3），收敛程度较弱。究其原因，发现 ρ 显著为负（－0.178 6），即意味着在东部地带相邻省份之间存在经济质量增速相互抑制的情况，进而导致了较弱的收敛程度。④西部地带间接效应显著为 0.179 6，说明在西部地带邻近省份初始经济增长质量水平对本地经济质量增长率存在明显的正向空间溢出效应。

表 7.16　基于地理矩阵的经济增长质量 β 绝对收敛的估计结果

项　目	全国	东部	中部	西部
ρ	－0.028 4	－0.178 6***	－0.136 2*	－0.084 9
	－0.503 3	－2.618 7	－1.821 1	－0.938 6
直接效应	－0.112 8***	－0.038 3*	－0.289 3***	－0.125 4***
	－6.702 9	－1.941 2	－4.991 9	－3.416 2
间接效应	－0.090 5**	－0.034 4	0.012 9	0.179 6*
	－2.400 7	－0.988 0	0.163 5	2.162 4
总效应	－0.203 3***	－0.072 7	－0.276 4***	0.054 1
	－4.628 2	－1.632 9	－3.538 2	0.621 4
R^2	0.375 9	0.463 9	0.607 1	0.402 7
σ^2	0.000 8	0.000 4	0.000 5	0.001 1

注：*、**、***分别表示在 10%、5%、1%水平下显著。

（2）经济结构性 β 绝对收敛估计结果。经济结构性 β 绝对收敛估计结果见表 7.17。从整体上，全国的经济结构性呈现显著的发散特征，东部地带和中部地带存在显著的β绝对收敛，西部地带发散特征不显著。具体如下：①全国经济结构性的收敛系数为1.0791，意味着经济结构性指数的增长率与其初始值呈负相关关系，初始经济结构性指数越高的省份其增长率越高，伴随时间推移，省际经济结构性指数差异将逐渐扩大。这与图7.10经济结构性的泰尔指数值较大且在样本期内呈波动扩大趋势的结果相对应，表明应注重缩小省际经济结构性差异。②西部地带各省份经济结构性指数呈现发散特征，且发散程度高于全国整体水平，结合图6.2可知西北地区和西南地区初始经济结构性水平差异较大，表明西部地带省际经济结构性差异是决定全国经济结构性是否收敛的关键。

表7.17 基于地理矩阵的经济结构性β绝对收敛的估计结果

项　目	全国	东部	中部	西部
ρ	−0.0272	0.0447	−0.1361*	−0.0838
	−0.4807	0.6605	−1.8184	−0.9245
直接效应	1.0791*	−0.1075***	−0.1206*	2.5384
	2.0345	−3.3047	−2.1945	1.7820
间接效应	−1.0999	0.0079	0.0375	0.6372
	−1.4569	0.1610	0.6329	0.2006
总效应	−0.0208	−0.0996*	−0.0831	3.1756
	−0.0267	−2.0856	−1.0601	0.8209
R^2	0.0941	0.2320	0.3599	0.1683
σ^2	3.1080	0.0025	0.0061	8.1093

注：*、**、***分别表示在10%、5%、1%水平下显著。

(3) 经济效率β绝对收敛估计结果。经济效率β绝对收敛估计结果见表7.18。从整体上，全国的经济效率具有显著的β绝对收敛特征，但东部和西部地带的收敛不显著，且中部地带经济效率发散。具体如下：①全国经济效率收敛系数为−0.0189，且ρ显著为正（0.2776），表明全国整体的经济效率呈现收敛特征，同时经济效率提升速度还存在正向的空间溢出效应，有助于进一步缩短省际经济效率指数趋同的时间。②东部地带经济效率初始值的直接效应不显著，意味着收敛系数未能通过显著性检验。但是，其间接效应（−0.0722）和总效应（−0.1023）均显著为负，说明总体上东部地带的经济效率是收敛的，并且该收敛是由邻近省份之间经济效率初始值对经济效率增长率的负向空间溢出效应造成的。东部各省份的经济效率指数均较高，这也表明东部各省份的经济效率存在着相互制约的发展格局。③中部地带经济效率呈现发散特征，并且经济效率初始值的间接效应显著为正（0.081 9），说明初始经济效率较高（低）的省份，能提高（抑制）周边省份经济效率水平的提升速度，暗示中部地带可能存在着类似“马太效应”的经济效率收敛俱乐部，经济效率高值省份和低值省份分别收敛于高值和低值水平，进而导致整体上呈现发散的特征。图7.13给出的中南地区经济效率泰尔指数较高，也佐证了这一点。④西部地带收敛系数接近于0且不显著，同时经济效率初始值的间接效应显著为正，说明与中部地带类似，西部地带也可能存在经济效率收敛俱乐部，西南和西北地区较高的泰尔指数也佐证了这一猜测。

表7.18 基于地理矩阵的经济效率β绝对收敛的估计结果

项 目	全国	东部	中部	西部
ρ	0.277 6***	−0.005 2	−0.136 8*	−0.084 1
	5.597 6	−0.076 2	−1.835 1	−0.928 4
直接效应	−0.018 9*	−0.030 1	0.034 6	−0.028 6
	−1.727 7	−1.672 2	1.092 0	−1.694 4
间接效应	0.007 1	−0.072 2**	0.081 9*	0.070 1*
	0.309 4	−2.430 3	1.926 0	1.853 9
总效应	−0.011 8	−0.102 3**	0.116 5**	0.041 6
	−0.425 2	−2.895 7	2.331 6	1.002 4
R^2	0.469 9	0.485 7	0.607 8	0.542 6
σ^2	0.000 4	0.000 5	0.000 2	0.000 5

注：*、**、***分别表示在10%、5%、1%水平下显著。

（4）经济成本性β绝对收敛估计结果。经济成本性β绝对收敛估计结果见表7.19。从整体上，全国以及东、中、西三大地带的经济成本性均呈现显著的β绝对收敛特征，并且中部地带的收敛程度最高。具体如下：①全国经济成本性初始值的直接效应（−0.248 2）和总效应（−0.148 7）均显著为负，说明全国经济成本性指数呈现收敛特征。但是，其间接效应（0.099 5）显著为正，意味着存在经济成本性高值省份和低值省份分别“抱团”的现象，需要警惕其对整体收敛性的不利影响，其收敛系数接近于0且不显著，意味着经济成本性的增长并不存在明显的空间溢出效应。②中部地带经济成本性初始值的间接效应为−0.492 6，即中部省份之间经济成本性初始值对其增长率存在负向的空间溢出效应，表明各省份存在“以邻为壑”的环境污染转嫁劣性发展格局，并且中部地带收敛系数显著为负（−0.141 5），说明周围省份经济成本性增长率越高，本省份经济成本性增长率就越低，也证实了这一点。

表 7.19　基于地理矩阵的经济成本性 β 绝对收敛的估计结果

项　目	全国	东部	中部	西部
ρ	−0.011 1	0.001 8	−0.141 5*	−0.085 0
	−0.197 1	0.026 4	−1.936 2	−0.941 7
直接效应	−0.248 2***	−0.159 8***	−0.564 8***	−0.272 5***
	−10.308 7	−8.004 8	−9.380 0	−5.863 3
间接效应	0.099 5**	−0.012 5	−0.492 6***	0.065 9
	2.385 1	−0.346 7	−5.953 0	0.665 4
总效应	−0.148 7***	−0.172 3***	−1.057 4***	−0.206 6
	−3.404 7	−4.429 6	−8.832 9	−1.747 5
R^2	0.255 3	0.563 3	0.537 4	0.261 7
σ^2	0.001 5	0.000 1	0.000 5	0.003 6

注：*、**、***分别表示在10%、5%、1%水平下显著。

(5) 经济稳定性β绝对收敛估计结果。经济稳定性β绝对收敛估计结果见表7.20。从整体上，全国以及东、中、西三大地带的经济稳定性均存在显著的β绝对收敛特征，但西部地带的收敛程度稍弱。具体如下：①全国经济稳定性初始值对其增长率的直接效应（−1.279 0）和总效应（−1.301 0）均显著为负，表明了两者之间呈现负向关系，意味着全国的经济稳定性指数是收敛的。同时，收敛系数显著为正（0.516 4），意味着经济稳定性增长率存在正向空间溢出效应，这有助于进一步加强收敛格局。②中部地带收敛系数显著为负（−0.139 9），说明本省份经济稳定性增长率与周边省份稳定性增长率呈负相关关系。

表 7.20　基于地理矩阵的经济稳定性 β 绝对收敛的估计结果

项　目	全国	东部	中部	西部
ρ	0.516 4***	0.401 5***	−0.139 9*	−0.086 7
	13.110 9	7.463 8	−1.908 0	−0.965 8
直接效应	−1.279 0***	−1.378 0***	−1.325 4***	−1.206 5***
	−31.240 5	−20.408 8	−15.083 1	−16.504 4
间接效应	−0.0220	−0.035 0	0.088 4	0.102 7
	−0.182 6	−0.275 8	0.718 7	0.724 5
总效应	−1.301 0***	−1.413 0***	−1.237 0***	−1.103 8***
	−9.895 1	−9.192 0	−9.811 5	−7.822 4
R^2	0.926 5	0.945 9	0.950 0	0.905 3
σ^2	0.044 6	0.036 0	0.029 6	0.069 1

注：*、**、***分别表示在10%、5%、1%水平下显著。

（6）经济分享性β绝对收敛估计结果。经济分享性β绝对收敛估计结果见表7.21。从整体上，全国以及东、中、西三大地带的经济分享性均存在显著的β绝对收敛特征，且中部收敛程度最高。具体如下：①全国经济分享性初始值的直接效应（−0.206 8）和总效应（−0.225 2）均显著为负，说明全国经济分享性存在收敛特征，各省份经济分享性伴随时间推移收敛于相同的稳态水平。②东部地带收敛系数（−0.086 6）相对较小，表明东部各省份收敛程度较弱。而图7.12中，华东地区较高的泰尔指数也验证了这一点，东部各省份应加强协作，进一步缩小省际经济分享性差异。③中部地带尽管存在显著的收敛性，但是收敛系数显著为负，说明类似于经济效率和经济成本性，经济分享性也存在“以邻为壑”的负向空间溢出效应。④西部地带经济分享性间接效应（0.229 3）显著为正，说明西部地带存在经济分享性高值省份与低值省份分别“抱团”集聚的特征。这不利于经济分享性的进一步收敛，而图7.12中西北地区较高的泰尔指数也证明了这一点。

表7.21　基于地理矩阵的经济分享性β绝对收敛的估计结果

项　目	全国	东部	中部	西部
ρ	−0.027 4	−0.106 6	−0.136 4*	−0.085 1
	−0.485 8	−1.552 3	−1.825 3	−0.942 7
直接效应	−0.206 8***	−0.086 6**	−0.389 4***	−0.300 4***
	−8.660 8	−2.925 0	−5.868 7	−5.989 6
间接效应	−0.018 4	0.018 8	0.095 3	0.229 3**
	−0.358 4	0.358 2	1.126 6	2.217 9
总效应	−0.225 2***	−0.067 8	−0.294 0***	−0.071 1
	−3.870 5	−0.984 1	−3.748 7	−0.626 3
R^2	0.284 6	0.304 0	0.514 2	0.390 2
σ^2	0.002 4	0.001 4	0.001 7	0.003 0

注：*、**、***分别表示在10%、5%、1%水平下显著。

7.4　本章小结

（1）中国各地区经济增长质量稳步提升，其中经济增长分享性、效率和成本性也呈现逐年提升的发展趋势，而经济增长结构性则逐年下滑，稳定性指数波动较大。一方面，中国各地区的经济增长质量发展整体向好，各地区的经济增长质量综合指数都呈现增长趋势。这表明中国各地区在发展经济的同时对经济高质量增长越来越重视。另一方面，从各地区经济增长各维度指数来看，经济增长分享性、经济增长效率和成本性的变化趋势与经济增长质量综合指数的变化趋势相一致，而经济增长结构性的变化趋势则相反，稳定性指数在样本期内波动较大。由于经济增长分享性和经济增长效率在经济增长质量综合指数测算中所占比重较大，因此呈现不断增长趋势，也表明各地区越来越重视经济福利成果分配与经济增长效率提高。经济增长结构性呈降低的变化趋势则是由于各地区在经济发展中二元经济特征显著，产业结构仍有待优化。经济增长稳定性指数波动较大则由于物价指数波动。

（2）中国经济增长质量的区域差异整体呈缩小趋势，各地区内部差异较大，而地区间差异较小。从经济增长各维度来看，经济增长效率和分享性指数的区域差异呈现缩小趋势，但经济增长结构性指数和经济增长成本性指数的区域差异呈扩大趋势，经济增长稳定性指数的区域差异在样本期内呈现大幅度波动。综上所述，各地区应提高对经济增长结构性、成本性和稳定性的均衡化发展，尽可能避免经济增长各维度差距增大。从各地区来看，东北地区的各维度指数内部差异都最小，而西北地区内部各省份的经济增长效率和分享性差异较大，主要表现为新疆的经济增长效率较高，而宁夏的经济增长分享性较高。中南地区的经济增长结构性、成本性和稳定性指数的内部差异最大，其中，海南的结构性指数与其他省份拉开差距，广东的成本性指数与其他省份差距较大，中南地区各省份在经济发展中更应注意向地区内经济增长各维度指数排名靠前的省份借鉴发展经验，避免发展差距进一步扩大。

（3）从经济增长质量以及各维度指数β绝对收敛的结果来看，从全国整体上，除了经济结构以外，经济增长质量以及其余各维度指数均存在显著的β绝对收敛特征，表明各省份经济差异伴随时间推移将逐渐缩小；从东、中、西地带来看，三大地带的收敛情况与全国基本一致，但收敛程度存在差异，大体上中部地带的收敛程度高于西部地带，而东部地带收敛程度较弱。

综合来看，中国各地区经济增长质量尽管存在收敛特征，但是地区内部差异仍旧不容忽视，尤其是中南地区和西北地区经济增长质量及各维度指数的差异较大，在各省份保持经济高质量增长的同时，也要注意对经济增长质量相对较低省份的带动发展。

第8章　基于时间维度金融产业集聚与经济增长质量的关系检验

本章基于第2章和第3章金融产业集聚与经济增长质量的基础理论和已有研究成果，基于时间维度对金融产业集聚与经济增长质量的关系进行实证检验，使用面板向量自回归（PVAR）模型、脉冲响应函数及方差分解结果探讨金融产业集聚影响经济增长质量及各维度的时间滞后性，并对各地区影响效应的异质性进行比较分析。

8.1　面板向量自回归模型构建说明

本节通过构建面板向量自回归模型检验金融产业集聚对经济增长质量的影响，同时考察了金融产业集聚对经济增长质量各维度（结构性、效率、成本性、稳定性、分享性）的影响。该模型综合考虑了时间序列数据（时间效应）与截面数据（个体效应）的特征，适用于检验变量间的长期动态关系。模型设定为

$$Y_{i,t}^{k}=\alpha_i+\gamma_t+\phi_p Y_{i,t-p}+\mu_{i,t} \tag{8.1}$$

式中，t 表示时间，$t=1, 2, \cdots, 21$；i 表示省份，$i=1, 2, 3, \cdots, 30$；k 表示具体模型，$k=1, 2, \cdots, 6$；$\boldsymbol{Y}_{i,t}^{k}$ 表示包含金融产业集聚程度与经济增长质量的二维向量，$\boldsymbol{Y}_{i,t}^{1}=[egcoo, finagg]$，$\boldsymbol{Y}_{i,t}^{2}=[egeff, finagg]$，$\boldsymbol{Y}_{i,t}^{3}=[egeco, finagg]$，$\boldsymbol{Y}_{i,t}^{4}=[egsta, finagg]$，$\boldsymbol{Y}_{i,t}^{5}=[egsha, finagg]$，$\boldsymbol{Y}_{i,t}^{6}=[egqual, finagg]$；$\phi_p$ 表示回归系数；p 表示PVAR模型的滞后阶数；$egcoo$ 表示经济增长结构性；$egeff$ 表示经济增长效率；$egeco$ 表示经济增长成本性；$egsta$ 表示经济增长稳定性；$egsha$ 表示经济增长分享性；$finagg$ 表示金融产业集聚度；α_i 和 γ_t 分别表示个体效应和时间效应；$\mu_{i,t}$ 表示随机扰动项，并且假设 $\mu_{i,t}$ 的协方差矩阵为 ψ，则 $\mu_{i,t}$ 为同样服从期望为0、协方差为 ψ 的独立同分布，这里进一步假设 $\mu_{i,t}$ 与 $\boldsymbol{Y}_{i,t}^{k}$、α_i 正交。

本节使用1997—2017年中国30个省份的经济增长质量与金融产业集聚度的省级面板数据，模型的被解释变量为经济增长质量综合指数（$egqual$）及经济增长结构性（$egcoo$）、效率（$egeff$）、成本性（$egeco$）、稳定性（$egsta$）、

分享性（*egsha*）各维度指数；模型的解释变量是金融产业集聚度（*finagg*）和经济增长质量综合指数及各维度指数的滞后项。表 8.1 为变量的描述性统计结果，从经济增长质量综合指数及各维度指数均值来看，经济增长分享性指数均值最高。

表 8.1 变量的描述性统计结果

变量名	样本量	平均值	标准误	最小值	最大值
egcoo	630	0.666 2	0.388 3	−0.055 2	1.955 6
egeff	630	1.367 3	0.846 3	0.319 1	4.769 6
egeco	630	1.349 3	0.226 6	0.418 6	1.666 5
egsta	630	1.098 8	0.470 4	0.091 2	2.620 1
egsha	630	1.856 7	1.442 3	0.427 0	9.929 8
egqual	630	1.256 7	0.721 3	0.377 8	4.936 9
finagg	630	1.001 0	0.543 1	0.149 1	3.612 4

8.2 全国整体的估计结果及分析

8.2.1 PVAR 模型估计结果分析

（1）模型平稳性及协整检验。在建立 PVAR 模型前，本小节使用 LLC、IPS 和 Fisher - ADF 3 种常见的面板平稳性检验结果对各变量进行平稳性检验，发现所有变量均存在单位根，为非平稳序列。对原始变量进行 1 阶差分后再次检验，结果见表 8.2。可以看出，所有 1 阶差分后的变量均在 1%的水平下通过检验，因此原始变量为 1 阶单整序列。

表 8.2 面板平稳性检验结果

变量名	LLC	IPS	Fisher - ADF
egcoo	−6.101 8***	−6.406 0***	4.720 9***
egeff	−2.793 8***	−2.150 0**	7.426 3**
egeco	−2.246 8**	−5.881 5***	11.353 3***
egsta	−24.310 5***	−17.757 5***	40.578 6***
egsha	−5.117 1***	−8.168 8***	7.482 5***

（续）

变量名	LLC	IPS	Fisher - ADF
egqual	−7.264 5***	−8.068 6***	2.677 2***
finagg	−2.795 1***	−4.090 4***	3.156 1***

注：***、**、* 分别表示在 1%、5%、10%的水平下通过显著性检验，如无特殊说明，下同。

为了进一步确定 2 个变量间是否存在长期稳定的关系，本章采用 Westerlund 检验方法对各变量进行了协整检验，除组统计量 *Ga* 在经济增长结构性指数与金融产业集聚度的协整检验结果中接受存在协整关系的原假设外，其他 3 个统计量 *Gt*、*Pt*、*Pa* 均至少在 10%的显著水平上拒绝了原假设。由此可以认为，经济增长质量综合指数及其各维度指数与金融产业集聚度间存在长期稳定的协整关系。

本小节使用 AIC、BIC、HQIC 信息准则来确定 PVAR 模型的最优滞后阶数，考虑到样本特征，滞后阶数取值原则上不超过 3 阶。表 8.3 给出了 AIC、BIC 和 HQIC 的检验结果以及各经济增长变量滞后阶数的选择，根据检验结果，可建立 6 个 PVAR 模型，分别是金融产业集聚度与经济增长结构性的 2 阶滞后 PVAR 模型、金融产业集聚度与经济增长效率的 1 阶滞后 PVAR 模型、金融产业集聚度与经济增长成本性的 3 阶滞后 PVAR 模型、金融产业集聚度与经济增长稳定性的 2 阶滞后 PVAR 模型、金融产业集聚度与经济增长分享性的 1 阶滞后 PVAR 模型以及金融产业集聚度与经济增长质量综合指数的 1 阶滞后 PVAR 模型。

表 8.3　滞后阶数检验结果

变量名	滞后阶数	AIC	BIC	HQIC
egcoo	2 阶	−5.129 5	−4.589 1	−4.918 2
egeff	1 阶	−3.489 6	−3.001 7	−3.299 3
egeco	3 阶	−6.140 9	−5.543 1	−5.906 6
egsta	2 阶	−0.975 5	−0.435 0	−0.764 1
egsha	1 阶	−3.081 7	−2.593 8	−2.891 3
egqual	1 阶	−8.766 5	−8.257 9	−8.567 6

（2）模型回归结果。本小节对各被解释变量分别进行截面均值差分和前向均值差分处理后，PVAR 模型估计结果见表 8.4。总体来看，金融产业集聚的 1 阶滞后项对经济增长质量、经济增长结构性及稳定性具有显著正向影响，对

经济增长效率与分享性具有显著负向影响。金融产业集聚度的滞后 1 期值对经济增长质量的变动具有显著的正向作用，但金融产业集聚对经济增长质量各维度指数变动的影响存在差异和时滞性。

表 8.4　模型估计结果

模型（Ⅰ）被解释变量 h_egcoo		模型（Ⅱ）被解释变量 h_egeff		模型（Ⅲ）被解释变量 h_egeco	
解释变量	系数值	解释变量	系数值	解释变量	系数值
L1.h_egcoo	1.106 7***	L1.h_egeff	0.886 9***	L1.h_egeco	0.723 6***
L1.h_finagg	0.065 5***	L1.h_finagg	−0.405 7***	L1.h_finagg	0.000 4
L2.h_egcoo	−0.137 4***			L2.h_egeco	0.042 7
L2.h_finagg	−0.026 2			L2.h_finagg	−0.016 8
				L3.h_egeco	0.085 5*
				L3.h_finagg	0.010 0

模型（Ⅳ）被解释变量 h_egsta		模型（Ⅴ）被解释变量 h_egsha		模型（Ⅵ）被解释变量 h_egqual	
解释变量	系数值	解释变量	系数值	解释变量	系数值
L1.h_egsta	−0.431 8***	L1.h_egsha	0.893 8***	L1.h_egqual	−0.137 2
L1.h_finagg	0.229 3*	L1.h_finagg	−0.437 1***	L1.h_finagg	0.016 3**
L2.h_egsta	−0.188 9***				
L2.h_finagg	−0.131 0				

注：L1、L2、L3 分别表示滞后 1 阶、2 阶和 3 阶，h_ 表示对各变量进行前向差分。若无特殊说明，下同。

具体如下：模型（Ⅰ）是经济增长结构性的回归结果，滞后 1 期的金融产业集聚度对结构性的变动有显著正向影响，具体表现为在 1%的显著性水平下，滞后 1 期的金融产业集聚度每提高 1 个单位，经济增长结构性指数对应提高 0.065 5 个单位；但滞后 2 期的结构性对其具有显著负向影响，表明金融产业集聚能够在短期内对经济增长结构优化起到一定促进作用，但长期看对结构优化影响不显著。模型（Ⅱ）为经济增长效率的回归结果，滞后 1 期的金融产业集聚度对效率的影响显著为负，但滞后 1 期的经济增长效率对其表现出显著正效应，表明经济增长效率更多地受其自身滞后项的影响。模型（Ⅲ）为经济增长成本性回归结果，滞后 3 期的金融产业集聚度对成本性指数无显著影响，成本性指数自身滞后项对其影响程度随时间逐步减弱。由于成本性指数更多依靠技术创新推进绿色经济发展，因此金融产业集聚度在短期内对成本性指数未表现出显著影响。滞后 1 期的成本性指数在 1%的显著性水平下影响系数为

0.723 6，滞后 3 期的成本性指数在 10%的显著性水平下影响系数降至 0.085 5。模型（Ⅳ）为经济增长稳定性回归结果，滞后 1 期的金融产业集聚度在 10%的显著性水平下对经济增长稳定性产生正向影响，稳定性自身滞后 1 期值与滞后 2 期值对稳定性变动均产生负向影响。已有研究表明，物价稳定有利于金融发展（李雪等，2013），故金融产业集聚度在短期内能够有效促进经济增长稳定性。就经济增长的分享性而言（模型Ⅴ），滞后 1 期的金融产业集聚度在 1%的显著性水平下对当期经济增长分享性存在负向影响，经济增长分享性自身滞后 1 期对其具有显著正向影响，具有强烈的路径依赖特征，金融产业集聚度在短期内不利于经济增长分享性的提升。模型（Ⅵ）表明，滞后 1 期的金融产业集聚度能够有效提升经济增长质量。

由以上分析可知，经济增长质量各维度指数均存在一定程度的路径依赖现象，表现为除经济增长稳定性指数滞后 1 期系数值显著为负外，其余各维度指数滞后 1 期系数值均显著促进其自身当期值的提升，依赖自身惯性发展的特征显著。

8.2.2　脉冲响应函数分析

由于 PVAR 模型回归系数仅反映局部的动态关系，因此进一步通过脉冲响应图检验经济增长质量与金融产业集聚间的长期动态关系。本研究经过蒙特卡罗 500 次模拟，得到了经济增长质量对金融产业集聚变量冲击滞后 10 期的响应结果，图 8.1 为脉冲响应图。

可以看出：①图 8.1（a）中经济增长结构性对金融产业集聚度的冲击具有显著的正向响应，第 3 期之后开始下降，第 7 期之后趋于平缓，表明金融产业集聚对经济增长结构性的正向影响显著且持久。长期看，金融产业集聚有利于优化经济增长结构，且短期内优化效果最明显。②图 8.1（b）中，经济增长效率对于金融产业集聚度冲击在短期内正向和负向响应交替出现，但伴随时间的推移，正向响应超过了负向响应。金融产业集聚对经济增长效率的影响在短期内具有不确定性，但从长期看，对经济增长效率具有一定的促进作用。③图8.1（c）中，经济增长成本性对金融产业集聚冲击表现出显著的负向响应，一方面，可能由于金融产业集聚并没有带动更多的金融资源投入生态环境领域；另一方面，则由于金融产业集聚过程中部分企业追逐自身经济利益最大化，将环境治理投资更多地用于购买机器设备等扩大产能的项目，较少用于节能减排相关项目，使得已经投入环境保护和污染治理的金融资源并未发挥实质作用。④图 8.1（d）中，经济增长稳定性对于金融产业集聚的冲击有显著的负向响应，且持续时间较长，在第 8 期开始趋于收敛。这可能是由于金融产业集聚带来的杠杆效应会影响实体经济发展的稳定性。⑤图 8.1（e）中，经济增长分享性对金融产业集聚的冲击在短期内出现正向响应，但持续时间较短，在第 3 期正向响应趋于平稳，表明金融产业集聚对经济增长分享性的正向作用在短期内显著，而长期有限。⑥图 8.1（f）中，经济增长质量对金融产业集聚的冲击在短期内出现正向响应，自第 2 期开始响应强度减弱，随后趋于平稳，表明金融产业集聚在短期内可能有利于经济增长质量的提升，但从长期看这种促进作用有限。

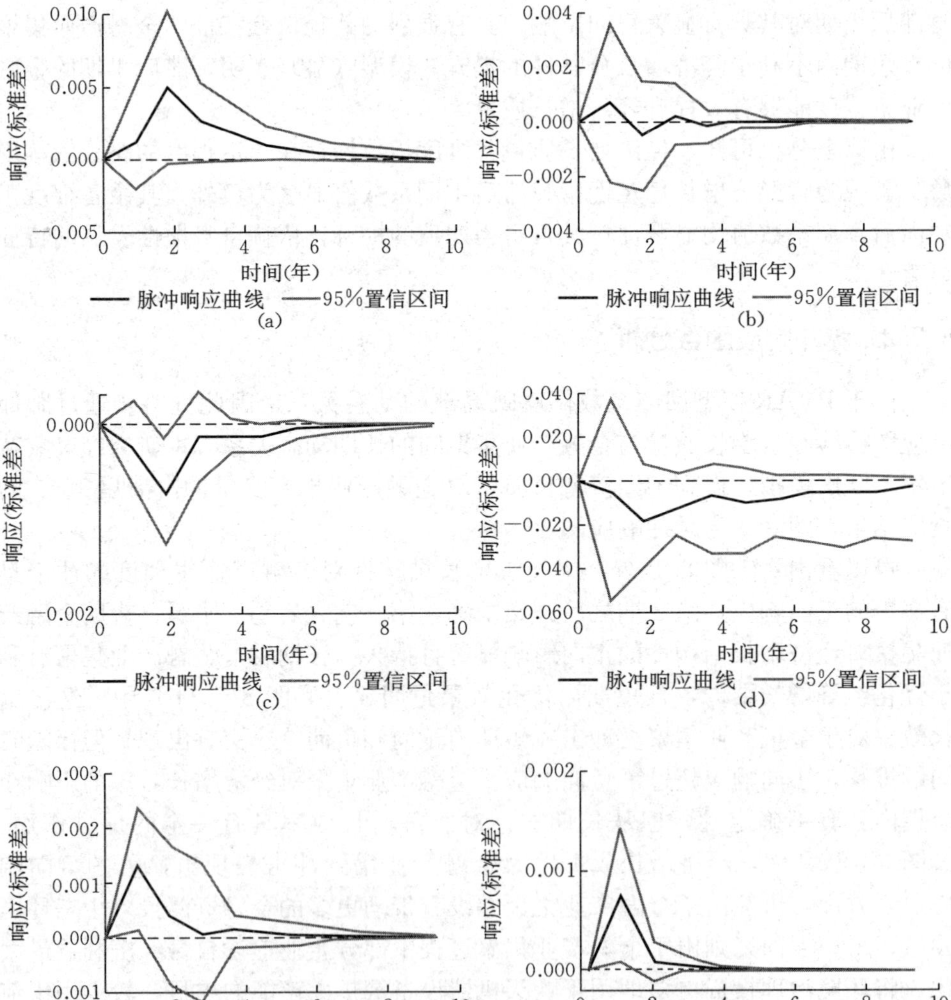

图 8.1　脉冲响应图

a. 结构性　b. 效率　c. 成本性　d. 稳定性　e. 分享性　f. 质量综合指数

8.2.3　方差分解结果及分析

在脉冲响应分析后，进一步通过方差分解考察金融产业集聚度变动对经济增长质量及其各维度指数的贡献度，方差分解结果见表 8.5。从整体上看，除经济增长成本性外，金融产业集聚对经济增长质量及其各维度指数变动的贡献度随期数增加逐渐提高，对成本性的贡献度在第 7 期和第 10 期出现小幅下降。从长期看，金融产业集聚对经济增长效率、质量综合指数及分享性变动的贡献度在第 10 期分别达到 58.9%、54.3%和 52.0%，表明金融产业集聚对三者变动的贡献度较大；金融产业集聚对经济增长结构性和稳定性的贡献度至第 10 期分别为 17.8%和 2.3%，对经济增长成本性的贡献度在第 5 期后趋于平稳，在第 9 期达到最大值（3.6%），表明金融产业集聚对经济增长结构性、稳定性和成本性变动的贡献度长期有限，其变动主要受自身扰动项的影响。

表 8.5　经济增长质量的方差分解结果

期数	*egcoo*		*egeff*		*egeco*	
	egcoo	*finagg*	*egeff*	*finagg*	*egeco*	*finagg*
1	1.000	0.000	1.000	0.000	1.000	0.000
2	0.995	0.005	0.953	0.047	0.981	0.019
3	0.983	0.017	0.869	0.131	0.981	0.019
4	0.967	0.033	0.775	0.225	0.981	0.019
5	0.948	0.052	0.686	0.314	0.967	0.033
6	0.925	0.075	0.609	0.391	0.966	0.034
7	0.901	0.099	0.544	0.456	0.969	0.031
8	0.875	0.125	0.490	0.510	0.968	0.032
9	0.848	0.152	0.446	0.554	0.964	0.036
10	0.822	0.178	0.411	0.589	0.965	0.035

期数	*egsta*		*egsha*		*egqual*	
	egsta	*finagg*	*egsha*	*finagg*	*egqual*	*finagg*
1	1.000	0.000	1.000	0.000	1.000	0.000
2	0.987	0.013	0.964	0.036	0.962	0.038
3	0.986	0.014	0.898	0.102	0.892	0.108
4	0.985	0.015	0.821	0.179	0.811	0.189
5	0.983	0.017	0.745	0.255	0.731	0.269
6	0.982	0.018	0.675	0.325	0.658	0.342
7	0.981	0.019	0.613	0.387	0.595	0.405
8	0.979	0.021	0.561	0.439	0.541	0.459
9	0.978	0.022	0.517	0.483	0.496	0.504
10	0.977	0.023	0.480	0.520	0.457	0.543

8.3 各地区金融产业集聚与经济增长质量关系的地区异质性分析

根据第5章和第7章的分析，六大地区的金融产业集聚和经济增长质量表现存在差异，这使得二者的关系也会因地区样本的不同而存在异质性。本节估计了上述六大地区金融产业集聚和经济增长质量以及各维度指数PVAR模型的结果，具体的描述性统计、平稳性检验、协整检验和最优滞后阶数的详细信息见附录8。

8.3.1 金融产业集聚与经济增长质量综合指数

六大地区金融产业集聚与经济增长质量PVAR模型的估计结果见表8.6，总体上除了中南地区以外的其余地区经济质量增长具有较强的连续性，存在路径依赖现象，而金融产业集聚对经济增长质量的影响在东北和西南地区较为显著，且在大部分地区存在时滞，而西南地区的金融产业集聚对经济增长质量具有较强的持续影响。

表8.6 各地区金融产业集聚与经济增长质量综合指数的回归结果比较

变量	华北	东北	华东	中南	西南	西北	全国
L1.h _ egqual	1.583 3***	1.736 3***	1.289 9*	0.848 5	1.299 9***	1.124 7***	−0.137 2
L1.h _ finagg	0.129 0	−0.735 4*	−0.356 5	−4.629 9	−0.327 0	−0.224 6	0.016 3**
L2.h _ egqual	−0.242 3	−0.562 4***	0.244 4	0.444 6	−0.157 1	0.235 8	
L2.h _ finagg	−0.510 4	1.624 7***	0.378 5	2.765 2	1.498 1*	0.076 4	
L3.h _ egqual	−0.337 9***	−0.169 6	−0.543 6	−0.322 3	−0.163 9	−0.382 6***	
L3.h _ finagg	0.343 6	−0.964 2***	−0.083 9	−0.844 6	−0.991 9**	0.197 0	

注：*L1*、*L2*、*L3*分别表示滞后1阶、2阶和3阶，*h* _ 表示对各变量进行前向差分。

具体如下：①除了中南地区以外，其余地区滞后1期的经济增长质量估计系数均显著为正，表明前一期的经济增长质量水平越高，本期经济增长质量水平也就越高，经济增长质量具有连续性，存在路径依赖现象。②在滞后1期的金融产业集聚系数估计中，仅华北地区的金融产业集聚度与经济质量增长综合指数呈现正向关系，而其余地区均呈现负向关系；而在滞后2期的金融产业集聚系数估计中，除了华北地区以外，其余地区的金融产业集聚均有助于提升经济增长质量水平，表明在大部分地区，金融产业集聚对经济增长质量的影响存在时滞。③在滞后3期金融产业集聚系数估计中，仅华北和西北地区的金融产业集聚度与经济质量增长综合指数呈现正向关系，而西北地区在滞后1期时呈现负向关系，在滞后 2、3 期均呈现正向关系，表明与其他地区相比，西北地区金融产业集聚对经济增长质量的提升作用持续性更强，西北地区更应该着力提升金融产业集聚水平。

8.3.2　金融产业集聚与经济增长结构性

表 8.7 列出了六大地区金融产业集聚与经济增长结构性 PVAR 模型的估计结果。从整体上，除了华北和西南地区以外，其余地区的经济增长结构性存在显著的路径依赖现象，仅有西北地区的金融产业集聚对经济增长结构性产生了显著负向影响，说明短期内金融产业集聚对经济增长结构性的促进作用需要在自身结构性较好的基础上产生，若本身结构性表现不佳，金融产业集聚将会产生负向作用。

表 8.7　各地区金融产业集聚与经济增长结构性的回归结果比较

变量	华北	东北	华东	中南	西南	西北	全国
L1.h _ egcoo	1.599 8	1.041 1***	1.064 9***	1.368 5***	0.619 8	0.702 3***	1.106 7***
L1.h _ finagg	−0.873 9	−0.494 9	0.171 8	0.055 1	−5.880 9	−10.941 8*	0.065 5***
L2.h _ egcoo	−0.188 0	0.022 0	−0.133 2	−0.188 3	0.151 3	0.416 1	−0.137 4***
L2.h _ finagg	−0.056 5	0.917 8	−0.202 0	0.267 9	9.625 7	11.499 6	−0.026 2
L3.h _ egcoo	−0.294 7	−0.189 8**		−0.210 7**	−0.045 3	−0.256 0	
L3.h _ finagg	0.524 6	−0.362 5		−0.160 3	−4.023 1	−2.627 4	

注：*L*1、*L*2、*L*3 分别表示滞后 1 阶、2 阶和 3 阶，*h* _ 表示对各变量进行前向差分。

具体如下：①除了华北和西南地区以外，其余地区滞后 1 期的经济增长结构性估计系数均显著为正向关系，表明前 1 期的经济增长结构性水平越高，本期经济增长结构性水平也就越高，经济增长结构性具有连续性，存在路径依赖现象。②在滞后 1 期的金融产业集聚系数估计中，仅华东和中南地区的金融产业集聚与经济增长结构性存在正向关系，但不显著，而其余地区均呈现负向关系，并且在西北地区显著为负向关系（−10.941 8），同时西南地区的估计系数也达到了−5.880 9，远远高于其他地区的估计系数。结合西南、西北 2 个地区的结构性指数较低可知，短期内金融产业集聚对经济增长结构性的促进作用需要在自身结构性较好的基础上产生，若本身结构性表现不佳，金融产业集聚将会产生负向作用。③在滞后 2 期的金融产业集聚系数估计中，仅华北和华东地区的金融产业集聚与经济增长结构性存在负向关系，但不显著，在滞后 3 期中，仅华北地区为正向关系。

8.3.3 金融产业集聚与经济增长效率

表 8.8 列出了六大地区金融产业集聚与经济增长效率 PVAR 模型的估计结果。从整体上，除了华东地区以外，其余地区经济增长效率均具有路径依赖，而短期内金融产业集聚对经济增长效率的正向影响不显著，长期内存在负向影响。

表 8.8　各地区金融产业集聚与经济增长效率的回归结果比较

变量	华北	东北	华东	中南	西南	西北	全国
L1.h_egeff	1.412 5***	1.864 3***	2.074 9	1.954 1***	1.627 4***	1.460 2***	0.886 9***
L1.h_finagg	0.067 4	0.192 5	0.549 8	−0.571 3	0.197 2	0.491 5	−0.405 7***
L2.h_egeff	−0.038 0	−0.871 2***	−1.060 9	−0.953 6***	−0.337 6	−0.120 8	
L2.h_finagg	0.428 2	−0.302 7	−0.387 0	0.170 6	0.080 9	−0.318 6	
L3.h_egeff	−0.390 6***				−0.296 1***	−0.349 7*	
L3.h_finagg	−0.438 9***				−0.224 9*	−0.066 4	

注：*L*1、*L*2、*L*3 分别表示滞后 1 阶、2 阶和 3 阶，*h*_表示对各变量进行前向差分。

具体如下：①除了华东地区以外，其余地区滞后 1 期的经济增长效率估计系数均显著为正向关系，表明前 1 期的经济增长效率水平越高，本期经济增长效率水平也就越高，经济增长效率具有连续性，存在路径依赖现象。②在滞后 1 期的金融产业集聚系数估计中，除了中南地区以外，其余地区的金融产业集聚与经济增长结构性存在正向关系，但不显著，意味着在短期内金融产业集聚对经济增长效率的促进作用并不显明显。③在滞后 2 期的金融产业集聚系数估计中，东北、华东和西北地区的金融产业集聚抑制了经济增长效率水平的提升；而在滞后 3 期中，华北、西南和西北地区也呈现负向关系，结合西北地区经济增长效率水平较低可知，若自身经济增长效率水平较低，金融产业集聚持续性促进经济增长效率水平较为困难，甚至可能抑制经济效率增长。④总体上看，金融产业集聚滞后期估计系数表现出“前期增长、中期平稳、后期抑制”的变化规律，这与纪玉俊等（2015）提出的 S 形关系相一致。而后期抑制同 Pandit 等（2010）提及的在金融产业集聚达到一定程度时，会使其他企业进入的成本过高，反而会提高该地区的经济危机的发生率，抑制经济增长效率相一致。

8.3.4 金融产业集聚与经济增长成本性

根据表 8.9 中金融产业集聚与经济增长成本性指数回归结果来看，仅华北、华东和中南地区的经济增长成本性存在路径依赖，金融产业集聚对经济增长成本性的正向影响需要在金融产业集聚度较高水平上才能显现。

表 8.9　各地区金融产业集聚与经济增长成本性的回归结果比较

变量	华北	东北	华东	中南	西南	西北	全国
L1.h_egeco	0.657 7***	0.678 2	1.367 6*	0.672 4**	0.567 2	0.913 9	0.723 6***
L1.h_finagg	−0.091 2	0.029 4	−0.394 5	−0.678 2	−0.149 0	−0.211 9	0.000 4
L2.h_egeco	−0.003 3	0.130 9	0.146 1	0.274 2	0.004 1	0.232 6	0.042 7
L2.h_finagg	−0.273 6	−0.034 0	0.267 6	0.456 3	−0.437 7	1.265 8	−0.016 8
L3.h_egeco	0.143 0		−0.479 4	−0.057 9	0.203 3	−0.005 3	0.085 5*
L3.h_finagg	0.308 9***		−0.040 6	−0.163 6	0.517 4	−0.707 0	0.010 0

注：L1、L2、L3 分别表示滞后 1 阶、2 阶和 3 阶，h_表示对各变量进行前向差分。

具体如下：①华北、华东和中南地区滞后 1 期的经济增长成本性估计系数均显著为正向关系，这 3 个地区的经济增长成本性存在路径依赖现象，而表 7.6 显示华北、华东和中南地区经济增长成本性指数较高，意味着这 3 个地区在节约资源消耗和保护生态环境上存在持续性。②滞后 1 期和滞后 2 期的金融产业集聚对经济增长成本性的影响在六大地区均不显著，表明在中短期，金融产业集聚尚未通过促进产业结构升级、淘汰落后产业和促进环保投资来减少经济增长的生态环境代价；而滞后 3 期的金融产业集聚对华北地区的经济增长成本性表现出显著的正向影响，华北地区金融产业集聚度位居六大地区之首，这意味着金融产业集聚对经济增长成本性的正向影响需要在金融产业集聚度较高水平上才能显现。

8.3.5　金融产业集聚与经济增长稳定性

据表 8.10 中金融产业集聚与经济质量增长稳定性指数回归结果来看，大部分地区经济增长稳定性不存在路径依赖，而金融产业集聚对经济增长稳定性的影响仅在西南地区显著。

表 8.10　各地区金融产业集聚与经济增长稳定性的回归结果比较

变量	华北	东北	华东	中南	西南	西北	全国
L1.h_egsta	−0.233 6***	−0.006 4	−0.096 2	−0.095 6	−0.372 2**	−0.118 1	−0.137 2
L1.h_finagg	1.467 9	2.301 0	2.838 2	8.072 0	−14.231 6	−12.448 3*	0.016 3**
L2.h_egsta	−0.366 9***	−0.495 1***			−0.365 8**	−0.297 5***	
L2.h_finagg	−0.724 9	3.196 3			9.149 3	3.776 6	
L3.h_egsta		0.390 3***				0.271 2***	
L3.h_finagg		−2.705 7				5.966 0	

注：L1、L2、L3 分别表示滞后 1 阶、2 阶和 3 阶，h_表示对各变量进行前向差分。

具体如下：①经济增长稳定性滞后 1 期的估计系数中，华北和西南地区显著为负向关系，其余地区的估计系数也为负，这与样本期内稳定性指数波动较大有关（图 7.5）。②金融产业集聚的所有滞后期中，仅西北地区滞后 1 期的金融产业集聚对经济增长稳定性产生了负向影响，且负向影响较大。

8.3.6 金融产业集聚与经济增长分享性

根据表 8.11 中金融产业集聚与经济增长分享性指数回归结果来看，华北和东北 2 个地区经济分享性增长路径依赖程度相对较弱，金融产业集聚对经济增长分享性的影响在六大地区均不显著。

表 8.11 各地区金融产业集聚与经济增长分享性的回归结果比较

变量	华北	东北	华东	中南	西南	西北	全国
L1.h _ egsha	0.870 2***	0.814 8***	1.496 3	1.191 1**	1.097 8***	1.918 8*	0.893 8***
L1.h _ finagg	0.104 9	0.752 4	−1.437 9	−15.079 0	−0.213 3	4.311 1	−0.437 1***
L2.h _ egsha			−0.473 5		−0.058 8	0.302 8	
L2.h _ finagg			0.870 8		0.765 5	−2.376 8	
L3.h _ egsha					−0.073 1	−0.908 2	
L3.h _ finagg					−0.389 4	−0.757 7	

注：*L*1、*L*2、*L*3 分别表示滞后 1 阶、2 阶和 3 阶，*h* _ 表示对各变量进行前向差分。

具体如下：①除了华东地区，其余地区经济增长分享性滞后 1 期的估计系数均显著为正向关系，并且华北和东北的估计系数小于 1，说明 2 个地区经济分享性增长的路径依赖程度较低，即当期经济增长分享性指数受上期分享性指数影响相对较小。这意味着 2 个地区内部各省份经济增长分享性的差异较小。图 7.21 六大地区内部经济增长分享性泰尔指数变化情况也说明了这一点，华北和东北 2 个地区的泰尔指数较小，而该系数估计值最大的西北和华东地区，其泰尔指数也较大。②在滞后 1 期中，华北、东北和西北地区的金融产业集聚对经济增长分享性的影响为正向关系，华东、中南和西南为负向关系；在滞后 2 期中，华东和西南的地区影响是正向关系，西北为负向关系；在滞后 3 期中，西南和西北地区均为负向关系。

8.4 本章小结

（1）从整体来看，金融产业集聚对经济增长质量具有显著的促进作用，但对经济增长质量各维度的影响存在差异。金融产业集聚度的变动正向作用于经济增长的结构性、成本性和稳定性，却不利于经济增长效率和分享性的提高；

但由于其对提升经济增长结构性、成本性和稳定性的正面效应超过了对效率和分享性的负面影响，因此金融产业集聚度的提高对改善经济增长质量具有显著的促进作用。这一结论与前文假设有相反之处，假设中提出金融产业集聚可能会对经济增长稳定性产生负向影响，而对其他各维度产生正向影响，但结果中金融产业集聚对经济增长的效率和分享性表现为负向影响。这一结果表明，金融产业集聚在一定程度上能够优化产业结构，通过支持技术创新等促进经济发展转向环境友好型，金融适度集聚也有利于保持经济增长的稳定性。但同时也要注意，金融产业集聚不合理将会对经济增长效率和分享性产生负面影响。

（2）金融产业集聚对经济增长各维度的影响存在滞后性。除金融产业集聚对经济增长成本性的贡献度在样本期内增长趋势不明显外，金融产业集聚对经济增长结构性、效率、稳定性和分享性的贡献度均随时间变化而逐渐提高。其中，金融产业集聚对改善经济增长分享性的贡献度在长期将超过其自身扰动项对其变化的贡献度；从长期来看，金融产业集聚对经济增长质量综合指数变化的贡献度达50%以上。但同时也要注意到，金融产业集聚对经济增长结构性、效率和稳定性的贡献度较低。这在一定程度上验证了金融产业集聚影响经济增长质量的时滞性特征，从长期来看，金融产业集聚将有利于经济增长质量的提升，尤其有利于经济增长分享性的提升，如北京和上海等金融产业集聚中心，其经济增长分享性指数也位居前列。

（3）各地区金融产业集聚与经济增长质量的关系具有显著差异性。从分维度分地区的回归结果可以看出，多个地区经济增长质量各维度会受到各维度自身滞后项的影响，而金融产业集聚在多个地区对经济增长质量的影响显著为负向关系。具体来看，金融产业集聚分别对华北地区经济增长效率和经济增长成本性具有滞后的负向影响和正向影响，金融产业集聚不利于华北地区经济增长效率提升，但有助于其经济增长成本性的改善。金融产业集聚对东北地区经济增长质量的影响较为复杂，滞后1期和滞后3期的金融产业集聚不利于经济增长质量提升，但滞后2期的金融产业集聚对经济增长质量提升具有促进作用。华东和中南地区的金融产业集聚对其经济增长质量无显著影响。而西部地区金融产业集聚对经济增长质量的影响多表现为显著负向影响。上述结果分析表明，要发挥金融产业集聚对经济增长质量的提升作用，就必须在各地区内部规划合理集聚区，避免金融产业过度集聚，真正发挥金融产业集聚对经济增长质量的提升作用。

第 9 章　基于空间维度金融产业集聚与经济增长质量的关系检验

从第 4 章和第 6 章对金融产业集聚和经济增长质量的时空演化特征分析来看，二者具有空间数据特征，若用非空间计量模型去估计两者之间的关系，忽略了各省份之间的空间联系对其经济增长质量和金融产业集聚的影响，会使最终的结果存在一定的偏差。为了探究某地区的经济增长质量及其各维度指数除了与自身的金融产业集聚水平和经济增长质量及其各维度指数有关以外，是否还受到邻近地区的经济增长质量及其各维度指数和金融产业集聚水平的影响，以及空间溢出效应的影响大小，本章通过建立静态和动态的空间面板模型对两者关系进行检验。

9.1　空间相关性检验及结果分析

9.1.1　空间相关性检验说明

本研究在第 5 章和第 7 章中使用全局莫兰指数考察了金融产业集聚和经济增长质量的空间相关性。全局莫兰指数考察所有地区整体的空间相关性，为了考察某个地区变量的集聚情况，可以使用局部莫兰指数。因此，本研究使用局部莫兰指数进一步分析两者的空间相关性，局部莫兰指数的计算方法为

$$Moran's\ I_i = \frac{(X_i - \overline{X})}{S^2}\sum_{j=1}^{n} W_{ij}(X_j - \overline{X}) \tag{9.1}$$

式中，W_{ij} 表示空间权重矩阵；X_i 表示第 i 个地区的观测值；$\overline{X} = \frac{1}{n}\sum_{i=1}^{n} X_i$；$S^2 = \frac{1}{n}\sum_{i=1}^{n}(X_i - \overline{X})^2$。正的 $Moran's\ I_i$ 表示第 i 个区域的观测值为高（低）值，且被观测值同样为高（低）值的地区所包围；负的 $Moran's\ I_i$ 表示第 i 个区域的观测值为高（低）值，且被观测值为低（高）值的地区所包围。

9.1.2　空间相关性检验结果

由于全局自相关仅能够展示所有省份整体上的空间相关程度，为了考虑各省份局部的空间相关性，接下来分析各省份经济增长质量的局部自相关情况，

由于在第5章中已得到金融产业集聚未通过全局莫兰指数检验的结论，因此不再计算其局部莫兰指数。表9.1展示了各省份基于地理矩阵得到的经济增长质量局部自相关情况。其中，HH代表高高型区域，表明该省份和周围省份均为经济质量高水平地区；LH代表低高型区域，表明该地区为低水平区域，周围地区为高水平区域；HL代表高低型区域，表明该地区为高水平型区域，而周围地区为低水平区域；LL代表低低型区域，表明该地区和周围地区同为低水平区域。

表9.1　1997—2017年各省份经济增长质量的局部空间相关类型

省份	1997年	2002年	2007年	2012年	2017年
北京	HH	HH	HH	HH	HH
天津	HH	HH	HH	HH	HH
河北	LH	LH	LH	LH	LH
山西	LL	LL	LL	LL	LL
内蒙古	LH	LH	HL	HL	HL
辽宁	HH	HH	HH	HH	HH
吉林	HH	HH	HH	HH	HH
黑龙江	HH	HH	HH	HH	LH
上海	HH	HH	HH	HH	HH
江苏	HH	HH	HH	HH	HH
浙江	HH	HH	HH	HH	HH
安徽	LH	LH	LH	LH	LH
福建	HH	HH	HH	HH	HH
江西	LH	LH	LH	LH	LH
山东	LL	HL	HL	HL	HL
河南	LL	LL	LL	LL	LL
湖北	LL	LL	LL	LL	LL
湖南	LL	LL	LL	LL	LL
广东	HL	HL	HL	HL	HL
广西	LL	LL	LL	LL	LL
海南	LH	LH	LH	LH	LH
重庆	LL	LL	LL	HL	HL
四川	LL	LL	LL	LL	LL
贵州	LL	LL	LL	LL	LL
云南	LL	LL	LL	LL	LL
陕西	LL	LL	LL	LL	LL
甘肃	LL	LL	LL	LL	LL

（续）

省份	1997 年	2002 年	2007 年	2012 年	2017 年
青海	LL	LL	LL	LL	LL
宁夏	HL	HL	LL	LL	LL
新疆	LL	HL	LL	LL	LL
HH 型个数	9	9	9	9	8
HL 型个数	2	4	3	4	4
LL 型个数	14	12	14	13	13
LH 型个数	5	5	4	4	5

从表 9.1 可以看出，30 个省份大多数属于 HH 型地区和 LL 型地区，约占 2/3，表明大部分省份的经济增长质量水平存在空间正相关性，我国的经济增长质量具有显著的集聚特征。具体来看，在上文分析中，京津和长三角地区是经济增长质量高水平的集聚区域，北京、天津、上海的经济增长质量局部自相关结果也证实了这一点，3 个省份均属于 HH 型地区，表明这 3 个省份对周边省份经济增长质量的影响作用较强。东北地区的 3 个省份与经济增长质量水平相当的内蒙古邻接，也同样呈现出 HH 型特征。东部沿海的浙江、江苏、福建也属于 HH 型模式，但是同样是沿海地区的广东，由于经济增长质量水平远高于周边的广西等地，从而呈现了 HL 型模式，同时也表明广东对周边地区的经济增长质量辐射带动能力较弱。山东则因为略微高于周边地区，而多数年份呈现 HL 型的模式。值得注意的是，重庆从 LL 型转变成 HL 型，这表明重庆的经济增长质量提升速度高于周边的四川等地，从而成为西南地区经济增长质量的“热点”地区，这与 1997 年重庆成为直辖市以后政策自由度提高的背景分不开。表 6.4 也证明了这一点，重庆的经济增长质量年均增速为 7.05%，而四川年均增速为 5.82%、贵州为 5.50%、陕西为 6.35%、湖北为 4.97%、湖南为 4.89%，重庆的经济质量提升速度高于周边地区，这使得它与周边省份拉开了差距，最终呈现 HL 型模式。西南地区其余省份均在样本期内呈现 LL 型模式，与之相似的是西北地区的省份，样本期内大部分省份呈现 LL 型模式，表明这些地区整体的经济增长质量水平都不高。宁夏在样本前期，呈现 HL 型模式，表明该地区的经济增长质量高于周边地区，但是在样本后期，宁夏则变成了 LL 型模式，由于所有省份的经济增长质量水平在样本期内都是提高的，因此可以解释为，宁夏的经济增长质量水平提高速度较周边地区慢，所以在样本后期，周边地区与宁夏的经济增长质量水平差距不断缩小，使得宁夏呈现出 LL 型模式。表 6.4 也证明了这一点，宁夏经济增长质量的年均增速为 4.54%，而与之相邻的内蒙古、甘肃、陕西年均增速分别为 6.32%、5.52%和 6.35%。

9.2　静态空间面板模型估计结果及分析

9.2.1　空间杜宾模型说明

空间杜宾模型表示某省份的经济增长质量不仅受到自身滞后项的影响，还可能受到邻近地区经济增长质量和金融产业集聚度的影响。本章建立的空间杜宾模型表达式为

$$Y_{i,t}=\beta X_{i,t}+\rho WY_{i,t}+\theta WX_{i,j,t}+\varepsilon_{i,t}$$
$$\varepsilon\sim N(0,\ \sigma^2 I) \tag{9.2}$$

式中，$Y_{i,t}$、$X_{i,t}$分别表示第i个地区第t年的经济增长质量及其各维度指数与金融产业集聚的观测值；$WY_{i,t}$、$WX_{i,j,t}$表示第i个地区的周边地区在第t年的经济增长质量及其各维度指数与金融产业集聚的观测值。

9.2.2　模型适用性检验

由于经济增长质量存在显著的正向空间相关性，而金融产业集聚并不存在空间相关性，所以无法通过建立空间联立方程模型去考察两者的相互作用关系。因此，本节以经济增长质量为被解释变量、金融产业集聚为解释变量，建立空间计量模型。本节对于空间计量模型的选择，通过拉格朗日乘数的 2 个统计量及其强健值来判断，即 LM - lag、LM - error 和 Robust LM - lag、Robust LM - error。当 LM - lag、LM - error 显著时，Robust LM - lag、Robust LM - error 才具备参考价值。若 LM - lag 统计量和 LM - error 统计量都不显著，则采用普通面板回归模型；若 LM - lag 统计量比 LM - error 统计量更显著，则采用空间滞后模型；LM - error 统计量比 LM - lag 统计量更加显著时，则采用空间误差模型；LM - lag 统计量和 LM - error 统计量都显著时，则选择空间滞后模型和空间误差模型结合的空间杜宾模型。根据表 9.2 检验结果可知，无论是基于地理矩阵还是经济矩阵，LM - lag 统计量和 LM - error 统计量都十分显著，因此选择空间杜宾模型。

表 9.2　空间计量模型的选择

基于地理矩阵			基于经济矩阵		
检验统计量	统计量值	P 值	检验方法	统计量	P 值
LM - error	564.125***	0.000	LM - error	320.322***	0.000
LM - lag	590.838***	0.000	LM - lag	264.911***	0.000
Robust LM - error	11.416***	0.001	Robust LM - error	143.167***	0.000
Robust LM - lag	38.129***	0.000	Robust LM - lag	87.756***	0.000

注：***表示通过 1%显著性检验。

在选择空间面板杜宾模型之后，对于模型的回归效应进行检验。首先使用Hausman检验的结果选择随机效应和固定效应。基于地理矩阵和经济矩阵Hausman检验的结果分别为 *chi*2=7.87 和 *chi*2=13.71，此时 *prob*=0.005 0 和 *prob*=0.000 2，均拒绝随机效应的原假设，因而选择固定效应模型。在确定使用固定效应回归之后，分别对模型的地区固定、时间固定以及双向固定模型进行估计后，将得到的结果使用似然比检验进行比较，得到的结果如表 9.3 所示。通过将似然比的检验结果，与地区固定效应模型和时间固定效应模型相比，均表明选择双向固定效应模型更优。综上所述，选择动态空间面板杜宾模型的双向固定效应进行固定效应回归结果更优。

表 9.3　效应选择结果

项　目	基于地理矩阵		基于经济矩阵	
	*LR chi*2（10）	结果	*LR chi*2（10）	结果
both/ind	481.30***	both	548.78***	both
both/time	1 825.40***	both	1 864.88***	both

为了进一步验证选择空间杜宾模型的正确性，通过 Wald 和似然比 LR 检验判断空间杜宾模型是否能够退化为空间自回归模型（SAR）和空间误差模型（SEM）。检验结果如表 9.4 所示。

表 9.4　空间杜宾模型与空间滞后和空间误差模型的比较结果

项　目	基于地理矩阵		基于经济矩阵	
	*chi*2（1）	结果	*chi*2（1）	结果
Wald - SAR	5.08**	拒绝原假设	6.95***	拒绝原假设
Wald - SEM	2.85*	拒绝原假设	6.06**	拒绝原假设
LR - SAR	5.05**	拒绝原假设	6.90***	拒绝原假设
LR - SEM	2.76*	拒绝原假设	6.10**	拒绝原假设

根据以上结果可知，尽管使用了不同的矩阵，但是最终得到的适合模型都是空间杜宾模型，并且无论是 Wald 检验还是 LR 似然比检验，两者的 *chi*2 均较为显著。所以，均拒绝空间杜宾模型能够简化为空间滞后模型或者空间误差模型的原假设，说明选择空间杜宾模型优于其他两种模型。

9.2.3　模型估计结果及分析

上一节基于 Hausman 检验说明数据更适合固定效应，但是 Lee 等（2010）证明了固定效应下的空间面板模型估计存在偏误。因此，本研究使用 Lee 等（2010）的正交转换消除固定效应，使用包含固定效应估计偏误校正的估计方法对金融产业集聚与经济增长质量及各维度指数的关系进行检验。但由于LeSage等（2009）指出，空间杜宾模型解释变量的估计系数无法作为判断其对被解释变量影响的依据，而应关注解释变量的直接效应、间接效应和总效应，因此本研究重点关注金融产业集聚对经济增长质量及其各维度影响的直接效应、间接效应和总效应。

（1）金融产业集聚与经济增长质量。从表9.5空间杜宾模型的拟合优度来看，基于地理矩阵和经济矩阵回归的模型拟合度分别为0.67和0.34，这说明基于地理矩阵的回归结果相比较经济矩阵的回归结果更优。基于地理矩阵的回归结果，经济增长质量具有显著的正向空间溢出效应，金融产业集聚在一定程度上促进了本省份经济增长质量水平的提升，但不利于周边省份的经济质量增长，绝大部分省份处于较低水平的金融产业集聚阶段，尚未发展到扩散转移阶段。

表9.5 金融产业集聚与经济增长质量空间杜宾模型估计结果

变量	基于地理矩阵		基于经济矩阵	
	系数	*t-stat*	系数	*t-stat*
$finagg_{it}$	0.162 9**	2.477 8	0.144 5***	2.867 3
$Wfinagg_{it}$	−0.143 5*	−1.698 1	−0.169 6*	−1.920 4
$Wegqual_{it}$	0.754 5***	29.670 7	0.137 5***	2.734 6
直接效应	0.159 2**	2.686 6	0.139 4***	2.882 6
间接效应	−0.070 0	−0.361 0	−0.165 4	−1.635 6
总效应	0.089 1	0.461 9	−0.026 0	−0.225 5
R^2	0.656 2		0.342 0	
Sigma^2	0.090 2		0.172 7	
Log-*likelihood*	−169.808 4		−316.483 2	

具体如下：①地理矩阵下$Wegqual_{it}$的估计系数为0.754 5，经济增长质量具有显著的正向空间溢出效应，且大于经济矩阵下的空间溢出效应（0.139 4），说明相比经济发展水平接近的省份，地理位置接近的省份更能实现经济增长质量的良性互动。②本省份金融产业集聚的直接效应（0.159 2）显著为正向关系，证实了金融资源配置对经济增长质量的积极影响。但间接效应接近于0且不显著（−0.070 0），表明当前我国的金融产业集聚尚未发展到扩散转移阶段，并不能带动周边省份的经济增长。③周边地区的经济增长质量水平对本地区经济增长质量的正向影响大于自身金融产业集聚的影响（0.754 5>0.159 2）。这说明当前我国金融产业集聚还处于初步阶段，它对经济增长的促进作用并没有得到完全体现，甚至还不及周边地区经济增长的辐射带动效应。

（2）金融产业集聚与经济增长结构性。从表 9.6 中空间杜宾模型的拟合优度来看，基于地理矩阵和经济矩阵回归的模型拟合度分别为 0.752 5 和 0.561 4，这说明基于地理矩阵的回归结果比经济矩阵的回归结果更优。

表 9.6　金融产业集聚与经济增长结构性空间杜宾模型估计结果

变量	基于地理矩阵		基于经济矩阵	
	系数	*t - stat*	系数	*t - stat*
$finagg_{it}$	−0.302 7***	−7.077 5	−0.236 2***	−7.494 9
$Wfinagg_{it}$	0.269 4***	4.837 6	0.081 5	1.474 2
$Wegcoo_{it}$	0.740 2***	28.041 3	0.193 4***	3.935 9
直接效应	−0.291 2***	−7.335 4	−0.234 1***	−7.380 4
间接效应	0.163 0	1.380 5	0.042 3	0.664 0
总效应	−0.128 1	−1.101 8	−0.191 7**	−2.568 2
R^2	0.752 5		0.561 4	
Sigma^2	0.040 4		0.071 7	
Log - *likelihood*	86.190 5		−41.163 4	

注：由于个别省份个别年份经济增长结构性指数为负值，无法取对数，此处使用原始值估计。

基于地理矩阵的回归结果，经济增长结构性具有显著的正向空间溢出效应，但金融产业集聚未能促进经济增长结构性水平的提升。具体如下：①$Wegcoo_{it}$的估计系数显著为正向关系（0.740 2），正向空间溢出效应表明各省份经济增长结构性实现了良性互动，某一经济增长结构性表现优秀的省份将带动周边省份经济增长结构的优化。②金融产业集聚对经济增长结构性的直接效应显著为负（−0.291 2），间接效应不显著（0.163 0），金融产业集聚不利于本省份经济结构的优化，并且对周边省份的经济结构水平提升作用有限。

（3）金融产业集聚与经济增长效率。金融产业集聚影响经济增长效率的空间杜宾模型估计结果见表 9.7。总体上看，相比经济发展程度相似的省份，地理位置接近的省份更能实现经济效率增长的良性互动，金融产业集聚有利于经济增长效率的提升，但经济发展水平相似的省份，在经济增长效率的发展过程中，出现了相互抢夺金融资源的情况。具体如下：①$Wegeff_{it}$的估计系数在地理矩阵和经济矩阵中分别为 0.814 3 和 0.109 1，证实了经济增长效率的正向空间溢出效应，并且地理矩阵中的估计空间溢出效应更大，说明相比经济发展程度相似的省份，地理位置接近的省份更能实现经济效率增长的良性互动。②地理矩阵下，金融产业集聚的直接效应（0.664 8）和间接效应（0.100 2）均显著为正向关系，表明金融产业通过风险分散效应和资源配置的中介效应，缓解企业融资约束、促进生产投资，从而促进了经济增长的效率，国内学者茹乐峰等（2014）也得出了相似的研究结论。但在经济矩阵下，其间接效应显著为负向关系（−0.048 0），说明经济发展水平相似的省份，在经济增长效率的发展过程中，出现了相互抢夺金融资源的情况。

表 9.7　金融产业集聚与经济增长效率空间杜宾模型估计结果

变量	基于地理矩阵		基于经济矩阵	
	系数	*t - stat*	系数	*t - stat*
$finagg_{it}$	0.655 8***	74.304 1	0.688 7***	64.540 6
$Wfinagg_{it}$	−0.514 1***	−30.573 9	−0.120 2***	−3.055 1
$Wegeff_{it}$	0.814 3***	52.190 3	0.109 1**	2.248 1
直接效应	0.664 8***	72.501 4	0.687 1***	65.377 6
间接效应	0.100 2*	2.202 9	−0.048 0*	−2.022 8
总效应	0.765 1***	14.515 1	0.639 0***	24.660 6
R^2	0.968 7		0.918 3	
Sigma^2	0.008 2		0.021 5	
Log - *likelihood*	552.542 0		341.025 6	

（4）金融产业集聚与经济增长成本性。从表 9.8 中金融产业集聚与经济增长成本性空间杜宾模型的拟合优度来看，基于地理矩阵和经济矩阵回归的模型拟合度分别为 0.808 9 和 0.630 3，这说明地理矩阵的回归结果比经济矩阵的回归结果更优。

表 9.8　金融产业集聚与经济增长成本性空间杜宾模型估计结果

变量	基于地理矩阵		基于经济矩阵	
	系数	*t - stat*	系数	*t - stat*
$finagg_{it}$	1.893 0***	21.172 0	2.105 7***	21.740 1
$Wfinagg_{it}$	−1.142 7***	−8.139 6	0.198 2	0.894 1
$Wegeco_{it}$	0.745 2***	29.348 1	0.074 8	1.464 3
直接效应	1.983 9***	21.799 4	2.116 3***	22.108 7
间接效应	0.963 8**	2.604 2	0.381 1*	1.908 5
总效应	2.947 8***	7.355 5	2.497 5***	10.830 5
R^2	0.808 9		0.630 3	
Sigma^2	0.050 1		0.097 0	
Log - *likelihood*	16.453 7		−133.653 1	

基于地理矩阵的回归结果，总体上看，经济增长成本性具有显著的正向空间溢出效应，金融产业集聚有利于降低各省份经济增长的资源消耗和生态环境污染。

具体如下：①$Wegeco_{it}$的估计系数在地理矩阵下显著为正向关系（0.745 2），表明地理位置接近的省份在降低经济增长资源消耗和生态环境污染上达成了良好的合作关系，但是在经济矩阵下该估计系数接近于0（0.074 8），意味着经济发展水平相似的省份可能在经济增长成本性方面形成了恶性竞争关系。②金融产业集聚对经济增长成本性的直接效应（1.983 9）和间接效应（0.963 8）均显著为正向关系，金融产业集聚不仅有利于降低本省份经济增长的资源消耗和生态环境污染，还能降低周边省份的资源消耗和生态环境污染。

（5）金融产业集聚与经济增长稳定性。金融产业集聚影响经济增长稳定性的空间杜宾模型估计结果见表9.9。经济增长稳定性具有显著的正向空间溢出效应，但金融产业集聚未能对经济增长稳定性产生显著影响。具体如下：①地理矩阵和经济矩阵下，$Wegsta_{it}$的估计系数分别为0.754 5和0.126 5，地理矩阵下经济增长稳定性的空间溢出效应更强，与经济增长效率具有相似性，即相比经济发展水平接近的省份，地理位置接近的省份更能实现经济增长稳定性的良性互动。②金融产业集聚对经济增长稳定性的直接效应和间接效应均为负向关系，金融产业集聚不利于经济增长的稳定性。这与前文的分析相一致，但估计系数不显著也说明可能当前我国金融产业集聚水平总体偏低，尚未达到显著抑制经济增长稳定性的水平。

表9.9　金融产业集聚与经济增长稳定性空间杜宾模型估计结果

变量	基于地理矩阵		基于经济矩阵	
	系数	*t-stat*	系数	*t-stat*
$finagg_{it}$	−0.033 1	−1.232 8	−0.016 2	−0.438 2
$Wfinagg_{it}$	−0.006 7	−0.133 3	−0.042 0	−0.618 7
$Wegsta_{it}$	0.754 5***	29.672 2	0.126 5**	2.502 2
直接效应	−0.045 8	−1.097 1	−0.017 0	−0.452 1
间接效应	−0.126 7	−0.575 7	−0.046 3	−0.627 8
总效应	−0.172 2	−0.676 6	−0.063 4	−0.724 5
R^2	0.653 2		0.330 2	
Sigma^2	0.091 0		0.175 8	
Log-*likelihood*	−172.498 0		−321.832 8	

（6）金融产业集聚与经济增长分享性。从表9.10中金融产业集聚与经济增长分享性空间杜宾模型的拟合优度来看，基于地理矩阵和经济矩阵回归的模型拟合度均在0.9以上，但地理矩阵的系数大于经济矩阵，这说明基于地理矩阵的回归结果比经济矩阵的回归结果更优。

基于地理矩阵的回归结果，经济增长分享性具有显著的正向空间溢出效应，金融产业集聚有利于本省份经济增长分享性水平的提升，但是对周边省份经济增长分享性的影响有限。具体如下：①地理矩阵（0.700 7）和经济矩阵（0.135 7）下 $Wegsha_{it}$ 的估计系数均显著为正，表明经济增长分享性具有显著的正向空间溢出效应。②金融产业集聚对经济增长分享性的直接效应为 0.809 2，间接效应为 0.001 2，金融产业集聚能显著提升本省份的经济增长分享性，但对周边省份经济增长分享性的提升作用有限。

表 9.10　金融产业集聚与经济增长分享性空间杜宾模型估计结果

变量	基于邻接矩阵		基于经济矩阵	
	系数	*t* - *stat*	系数	*t* - *stat*
$finagg_{it}$	0.809 6***	130.627 3	0.805 0***	140.427 4
$Wfinagg_{it}$	−0.567 1***	−32.228 8	−0.103 5***	−3.033 1
$Wegsha_{it}$	0.700 7***	36.952 0	0.135 7***	3.403 9
直接效应	0.809 2***	138.522 6	0.805 4***	139.785 9
间接效应	0.001 2	0.069 1	0.005 7	0.473 8
总效应	0.810 5***	41.131 2	0.811 1***	59.405 5
R^2	0.989 3		0.980 8	
Sigma^2	0.002 8		0.005 0	
Log - *likelihood*	891.560 1		795.901 1	

9.3　动态空间面板模型估计结果及分析

9.3.1　动态空间面板模型说明

空间杜宾模型关注到了周边地区经济增长质量与金融发展程度的影响，但是经济增长是一个长期的过程，前期取得的经济增长成就会显著影响后期的经济增长，而第 8 章估计结果也显示经济增长质量及其各维度指数具有一定的路径依赖现象。因此，本研究考虑将经济增长质量时间 1 阶滞后项纳入空间计量模型当中。同时，由于空间杜宾模型中间接效应较小，表明该地区的经济增长质量受周边地区金融产业集聚的影响较小，因此本研究决定将金融产业集聚的空间滞后项剔除空间计量模型。由此建立的动态空间面板模型，分别考察了经济增长质量水平及其各维度指数受到的自身时间滞后项、空间滞后项和金融集聚水平的影响情况。本节建立的动态空间面板模型表达式为

$$Y_{i,t}=\alpha Y_{i,t-1}+\rho WY_{i,t}+\beta \ln X_{i,t}+\varphi_{i,t}+\varepsilon_{i,t}$$
$$\varphi_{i,t}=\delta W\varphi_{i,t}+\varepsilon_{t} \qquad (9.3)$$

式中，$Y_{i,t}$ 表示 i 省份第 t 年的经济增长质量及其各维度指数观测值；$X_{i,t}$

表示 i 省份第 t 年的金融产业集聚观测值；$Y_{i,t-1}$ 表示 i 省份第 $t-1$ 年的经济增长质量及其各维度指数观测值；W 表示 i 省份相邻地区在第 t 年的经济增长质量及其各维度指数观测值；ρ 表示空间回归系数，反映相邻省份之间的溢出效应大小和方向，$\rho>0$ 为溢出效应，$\rho<0$ 为虹吸效应；β 表示自变量金融产业集聚对因变量经济增长质量的影响系数；ε 表示随机误差向量；$\varphi_{i,t}$ 和 $\varepsilon_{i,t}$ 为扰动项，其中 $\varepsilon_{i,t}$ 满足独立同分布，期望为 0，方差为 δ^2。

9.3.2 动态空间面板模型回归结果

（1）金融产业集聚与经济增长质量。本节加入了经济增长质量的时间滞后项，得到动态的空间面板模型，模型估计结果如表 9.11 所示。从模型的拟合优度来看，基于地理矩阵和经济矩阵回归模型的拟合优度均在 0.9 以上，调整后的 R^2 值表明，基于经济矩阵的回归结果比地理矩阵的回归结果更优。

表 9.11 金融产业集聚与经济增长质量动态空间面板模型估计结果

变量	基于地理矩阵		基于经济矩阵	
	系数	t 统计量	系数	t 统计量
$egqual_{i,t-1}$	1.45***	12.55	2.20***	12.01
$Wegqual_{it}$	0.19***	45.09	5.06***	12.74
$finagg_{it}$	0.03	0.42	0.38***	3.36
R^2	0.95		0.96	
$Adj.R^2$	0.95		0.96	

从基于经济矩阵的回归结果来看，经济增长质量同时具有时间溢出效应和空间溢出效应，金融产业集聚显著促进了经济增长质量水平的提升。具体来看：①$egqual_{i,t-1}$ 的回归系数表明，省份自身上期经济增长质量对当期经济增长质量有显著正向影响，上期经济增长质量越高，则当期经济增长质量也会较高，具体表现为当上期经济增长质量每提高 1%，会引起当期经济增长质量相应的提高 2.2%。②经济矩阵下经济增长质量的空间溢出效应显著为正（$Wegqual_{it}=5.06$），超过了时间溢出效应（$egqual_{i,t-1}=2.20$），并且大于地理矩阵下的空间溢出效应，而在表 9.5 中，其空间溢出效应在地理矩阵下更大。说明考虑经济质量增长的时间连续性以后，只有经济发展水平相似的省份才能有效实现省际经济质量的良性互动。③从 $finagg_{it}$ 的回归系数来看，其对经济增长质量的影响在 1%的显著水平上为正，但影响程度最小，表现为该省份的金融产业集聚每提高 1%，经济增长质量对应地提高 0.38%。

（2）金融产业集聚与经济增长结构性。本节加入了经济增长结构性的时间滞后项，得到动态的空间面板模型，模型估计结果如表 9.12 所示。从模型的拟合优度来看，基于地理矩阵和经济矩阵回归的模型拟合度分别为 0.797 0 和 0.921 7，这说明基于经济矩阵的回归结果更优。同时，调整后的 R^2 值也表明，基于经济矩阵的回归结果比地理矩阵的回归结果更优。

表 9.12　金融产业集聚与经济增长结构性动态空间面板模型估计结果

变量	基于地理矩阵		基于经济矩阵	
	系数	t 统计量	系数	t 统计量
$egcoo_{i,t-1}$	1.328 2***	10.81	1.540 4***	10.24
$Wegcoo_{it}$	0.174 7***	19.98	3.140 1***	7.84
$finagg_{it}$	−0.033 9	−0.26	−0.133 3	−0.86
R^2	0.797 0		0.921 7	
$Adj.R^2$	0.796 3		0.921 4	

从基于经济矩阵的回归结果来看，经济增长结构性具有显著的时间溢出效应和空间溢出效应，但金融产业集聚未能对经济增长结构性产生显著影响。具体来看：①$egcoo_{i,t-1}$的回归系数表明，省份自身上期经济增长结构性对当期经济增长结构性有显著正向影响，上期经济增长结构性越高，则当期经济增长结构性也会较高，具体表现为当上期经济增长结构性每提高 1%，会引起当期经济增长结构性提高 1.54%。②$Wegcooi_{it}$的回归系数显示，经济发展水平邻近的省份经济增长结构性也会对该省份的经济增长结构性呈现显著的正向影响：经济发展水平邻近的省份经济增长结构性每提高 1%，会导致该省份经济增长结构性提高 3.14%。③从 $finagg_{it}$ 的回归系数来看，其对经济增长结构性有不显著的负向影响。

（3）金融产业集聚与经济增长效率。金融产业集聚影响经济增长效率的动态空间面板模型的估计结果见表 9.13。从整体上，经济增长效率具有显著的时间滞后效应和空间溢出效应，金融产业集聚对经济增长效率的影响在经济矩阵下有显著的正向影响，但在地理矩阵下为负向不显著。具体如下：①$egeff_{i,t-1}$的回归系数表明，当上一期经济增长效率每提高 1%，会引起当期经济增长效率提高 2.45%，经济效率的增长具有时间上的连续性。②$Wegeff_{it}$的估计系数在地理矩阵（0.193 7）和经济矩阵（4.846 4）下均显著为正，地理位置邻近的省份经济增长效率每提高 1%，会导致该省份经济增长效率提高 0.19%，而经济水平相似的省份其经济增长效率每提高 1%将引起该省份经济增长效率提高 4.84%，省际经济增长效率形成了相互促进的良性互动格局。③在地理矩阵中，金融产业集聚对经济增长效率有不显著的负向影响。但在表 9.7 中，在不考虑经济增长效率时间滞后项时，金融产业集聚对经济增长效率有显著正向影响，说明相比金融产业集聚，经济增长效率更多受到自身增长

"惯性"的影响。

表 9.13 金融产业集聚与经济增长效率动态空间面板模型估计结果

变量	基于地理矩阵		基于经济矩阵	
	系数	t 统计量	系数	t 统计量
$egeff_{i,t-1}$	2.452 9***	23.07	2.791 4***	65.13
$Wegeff_{it}$	0.193 7***	62.37	4.846 4***	13.88
$finagg_{it}$	−0.138 2	−0.97	1.073 6***	2.95
R^2	0.975 4		0.915 6	
$Adj.R^2$	0.975 4		0.915 3	

（4）金融产业集聚与经济增长成本性。本节加入了经济增长成本性的时间滞后项，得到动态的空间面板模型，模型估计结果如表 9.14 所示。从模型的拟合优度来看，基于地理矩阵和经济矩阵回归的模型拟合度分别为 0.68 和 0.83。且调整后的 R^2 值也表明，基于经济矩阵的回归结果比地理矩阵的回归结果更优。

表 9.14 金融产业集聚与经济增长成本性动态空间面板模型估计结果

变量	基于地理矩阵		基于经济矩阵	
	系数	t 统计量	系数	t 统计量
$egeco_{i,t-1}$	0.582 3***	5.26	0.985 8***	4.40
$Wegeco_{it}$	0.153 4***	15.46	−0.541 2***	−3.43
$finagg_{it}$	−0.049 6	−0.70	−0.170 6	−1.38
R^2	0.683 4		0.833 4	
$Adj.R^2$	0.682 3		0.832 8	

从基于经济矩阵的回归结果来看，经济增长成本性具有显著的时间滞后效应。但是，经济水平相似的省份之间在经济增长成本性上表现为"以邻为壑"，金融产业集聚未能对经济增长成本性产生显著影响。具体如下：①$egeco_{i,t-1}$估计系数显著为正（0.582 3，0.985 8），表明上期经济增长成本性越高，当期经济增长成本性也会较高，各省份在经济增长过程中对资源消耗和环境污染的关注具有持续性。②经济成本性的空间溢出效应在地理矩阵下显著为正（0.153 4），但在经济矩阵下显著为负（−0.541 2）。这与表 9.8 的估计结果相似，意味着经济水平相似的省份之间在环境污染上表现为"以邻为壑"。③在 2 种矩阵下，金融产业集聚对经济增长成本性的影响均为负。

（5）金融产业集聚与经济增长稳定性。本节加入了经济增长稳定性的时间滞后项，得到动态的空间面板模型，模型估计结果如表 9.15 所示。从模型的拟合优度来看，基于地理矩阵和经济矩阵回归的模型拟合度分别为 0.672 2 和 0.061 9。且调整后的 R^2 值也表明，基于地理矩阵的回归结果比经济矩阵的回归结果更优。

表 9.15 金融产业集聚与经济增长稳定性动态空间面板模型估计结果

变量	基于地理矩阵		基于经济矩阵	
	系数	t 统计量	系数	t 统计量
$egsta_{i,t-1}$	−0.027 6	−0.47	0.158 2***	3.46
$Wegsta_{it}$	0.193 3***	34.54	3.576 2***	9.64
$finagg_{it}$	−0.013 0	−0.15	−0.244 3	−0.57
R^2	0.672 2		0.061 9	
$Adj.R^2$	0.671 1		0.058 8	

从基于地理矩阵的回归结果来看，经济增长稳定性不具有时间溢出效应，但具有显著的空间溢出效应，金融产业集聚抑制了经济增长的稳定性。具体如下：①$egsta_{i,t-1}$的估计系数显著为正（0.158 2），经济增长稳定性的变化具有时间连续性，当上期经济增长稳定性每提高 1%，会引起当期经济增长稳定性增长 0.15%。②$Wegsta_{it}$的估计系数显著为正（0.193 3），地理位置邻近的省份的经济增长稳定性每提高 1%，会导致该省份经济增长稳定性提高 0.19%。③从 $finagg_{it}$的回归系数来看，金融产业集聚对经济增长稳定性有不显著负向影响。

（6）金融产业集聚与经济增长分享性。本节加入了经济增长分享性的时间滞后项，得到动态的空间面板模型，模型估计结果如表 9.16 所示。从模型的拟合优度来看，基于地理矩阵和经济矩阵回归的模型拟合度均在 0.8 以上。且调整后的 R^2 值表明，基于地理矩阵的回归结果比经济矩阵的回归结果更优。

表 9.16 金融产业集聚与经济增长分享性动态空间面板模型估计结果

变量	基于地理矩阵		基于经济矩阵	
	系数	t 统计量	系数	t 统计量
$egsha_{i,t-1}$	0.905 2***	9.46	1.565 8***	7.29
$Wegsha_{it}$	0.189 2***	40.20	5.037 3***	11.07
$finagg_{it}$	0.086 0	0.64	0.646 4**	2.57
R^2	0.853 1		0.831 2	
$Adj.R^2$	0.852 6		0.830 6	

从基于地理矩阵的回归结果来看，经济增长分享性具有显著的时间溢出效应和空间溢出效应，但金融产业集聚对经济增长分享性的影响有限。具体如

下：①$egsha_{i,t-1}$的估计系数显著为正（0.905 2），当上期经济增长分享性提高1%，会引起当期经济增长分享性提高0.91%。②$Wegsha_{it}$估计系数显著为正（0.189 2），经济增长分享性具有显著的正向空间溢出效应，地理位置邻近的省份的经济增长分享性提高1%，会导致该省份经济增长分享性提高0.19%。③地理矩阵下，金融产业集聚对经济增长分享性有不显著的负向影响，但在经济矩阵下显著为正（0.646 4）。

9.4 本章小结

（1）经济增长质量及其各维度指数均具有显著的正向空间溢出效应，并在地理矩阵和经济矩阵下表现不同。具体为，在不考虑经济发展时间累积效应的静态角度下，地理位置越接近的省份之间空间溢出效应更强烈。但是，考虑在经济发展时间累积效应的动态角度下，空间溢出效应在经济水平较接近的省份之间更强烈。

（2）从静态的角度来看，金融产业集聚显著促进了本地经济增长质量水平的提升，但其对周边省份经济增长质量的影响并不明显，同时其对各维度指数的影响存在差异。金融产业集聚显著促进了本地经济效率、经济成本性、经济分享性指数水平的提升，但是抑制了本地经济结构性的增长，同时本地对经济稳定性的影响不显著；金融产业集聚对经济成本性产生了显著的正向空间溢出效应，但对其余各维度指数的空间溢出效应均不显著，表明金融产业集聚不仅有利于降低本地经济产出的生态环境消耗，还能对周围省份资源环境消耗产生积极影响。

（3）从动态的角度来看，金融产业集聚对经济增长质量水平的提升作用仅在经济矩阵下显著，并且弱于经济增长质量的时间累积效应，同时其对各维度指数的影响也存在差异。在地理矩阵和经济矩阵下，金融产业集聚对经济结构性、成本性、稳定性的负向影响均不显著；在经济矩阵下，金融产业集聚对经济效率和经济分享性均产生了显著的促进作用，但是在地理矩阵下的影响不显著，说明相比地理位置的接近，经济水平的接近更能影响金融产业集聚与经济效率、经济分享性之间的关系；相较于金融产业集聚，滞后1期的经济增长各指标对其自身水平的影响更加显著，说明经济增长质量以及各维度指数的提升均存在显著的时间累积效应。

第 10 章　研究结论与政策启示

10.1　研究结论

（1）在时空维度下，金融产业集聚对经济增长质量的影响机理表明：一方面，金融产业集聚通过信息共享、优化产业结构、促进技术研发等对本地区的经济增长结构性、效率和成本性具有正向影响；另一方面，从空间维度来看，金融产业在集聚早期通过极化效应强化本地的金融产业集聚程度，在集聚的后期通过扩散效应将“极地”的金融资源扩散到周边地区，从而带动周边地区金融产业的发展。在金融产业集聚外部性等因素的作用下，周边地区金融产业发展又带动周边经济增长质量水平的提高。由于金融产业集聚产生的知识溢出效应受到空间距离的影响，距离金融产业集聚中心越远的地区，其通过金融优势地区知识溢出效应降低资本积累成本、实现经济内生增长的效果越小，因而相比周边地区，一个地区的金融产业集聚度对本地的经济增长质量影响更大。金融与经济密切相关，除了空间距离因素以外，2 个地区之间的经济开发程度也显著影响金融知识溢出效应的大小，经济交流越频繁、通信等基础设施越健全的地区，金融产业集聚对对方经济增长质量的影响越大。

（2）从中国各省份金融产业集聚度时空演化特征来看，金融产业集聚度在样本期内呈波动递增趋势，且始终呈现以北京、上海、宁夏、重庆、青海为多极点发展的空间格局。自 2008 年之后，各省份的金融产业增加值明显开始提速，但整体上以广西、海南和湖北的提升趋势最明显，而北京、上海等金融产业集聚度较高的地方年均增速反而为负；京津以及东部沿海等经济发达的省份，金融产业起步早、发展速度快，并且中国金融资源的主要流动方向为由其他地区向东部地区转移；宁夏、重庆、青海等西部省份的金融产业集聚水平也相对较高，主要由于“西部大开发”政策和“一带一路”倡议，输送了大量人才、资源和技术等促进西部发展，进而带动西部地区金融产业发展；除了东北地区以外，其余地区均存在至少一个金融产业集聚中心。

（3）金融产业集聚度的地区差异整体呈现“先升后降”的波动下降特征，并且六大地区内部各省份之间金融产业集聚度的差异是其主要形成原因，同时金融产业集聚度存在显著的β绝对收敛特征，表明中国各地区金融产业发展趋于更加平衡。华北地区金融产业集聚度最高（1.363 6），其次分别为华东地区（1.083 4）、西南地区（1.063 6）、西北地区（0.880 1）和中南地区（0.795 2），东北地区金融产业集聚度最低（0.678 1）；华北、华东和东北地区的泰尔指数较高，意味着东部各省份金融产业集聚度的省际差异较大；中国金融产业集聚度存在显著β绝对收敛特征，意味着中国各省份的金融产业集聚水平伴随时间推移趋于相同；东部和中部地带却并不存在显著的β绝对收敛特征，结合全国整体金融产业集聚度的差异主要由地区内部差异造成且东部地带省份差异较大的结论可知，进一步提高全国金融产业集聚的收敛程度，关键在于缩小东部地带各省份之间的差异。

（4）中国各省份经济增长质量的时空演化特征表明，中国经济增长质量呈现以上海为单极向多极化的发展特征，且地区内部各省份的经济增长质量综合指数也从单极化空间分布格局向多极化发展，其中以华北地区、华东地区和中南地区变化最为明显。中国各省份经济增长质量的提升过程存在明显的极点带动式发展特征，具体表现为以上海、北京、天津、重庆、宁夏为序，逐步辐射带动周边省份经济增长质量的提升，从而促进全国经济增长质量逐步提高。从经济增长质量综合评价体系来看，经济增长分享性对经济增长质量的贡献最大。经济增长质量各维度指数的提升过程与综合指数的提升过程具有明显的差异性，具体表现为经济增长分享性、经济增长效率和经济增长成本性在样本期内呈增长趋势，而经济增长稳定性与经济增长结构性在样本期内呈下降趋势，与经济增长质量综合指数的变化趋势完全相反。中国各省份在提高经济增长质量的同时，更应注意对经济增长稳定性的保持，尽可能降低经济增长大幅波动，同时应注意对经济增长结构性的合理优化。中国经济增长质量的区域差异整体呈缩小趋势，各地区内部差异较大，地区间差异较小，整体上各省份经济增长质量向更均衡的方向发展。

（5）中国经济增长质量的地区差异不断缩小，但中南和西北 2 个地区内部省份差异较大，经济增长质量存在显著的β绝对收敛特征，但东部地带收敛程度较弱。中国各地区经济增长质量稳步提升，其中经济增长分享性、效率和成本性也呈现逐年提升的发展趋势，而经济增长结构性则逐年下滑，稳定性指数波动较大；六大地区中，中南（0.308 5）和西北（0.314 9）地区经济增长质量的平均泰尔指数较高，说明两地区内部差异较大，而东北（0.039 5）和西南（0.091 1）两地区内部差异较小；经济增长效率和分享性指数的地区差异呈现缩小趋势，但经济增长结构性指数和经济增长成本性指数的地区差异呈扩大趋势，经济增长稳定性指数的地区差异在样本期内呈现大幅度波动；从全国来看，除了经济结构以外，经济增长质量以及其余各维度指数均存在显著的β

绝对收敛特征，表明各省份之间经济差异伴随时间推移将逐渐缩小；三大地带的收敛情况与全国基本一致，但收敛程度存在差异，大体上中部地带的收敛程度高于西部地带，而东部地带收敛程度较弱。

（6）从时间维度上看，金融产业集聚对经济增长质量具有显著的促进作用，且具有时间滞后性和地区异质性，但对经济增长各维度的影响存在差异。金融产业集聚度的变动将正向作用于经济增长的结构性、成本性和稳定性，却不利于经济增长效率和分享性的提高；除经济增长成本性以外，金融产业集聚对经济增长结构性、效率、稳定性和分享性的贡献度均随时间变化而逐渐提高，并且金融产业集聚对经济增长质量综合指数变化的贡献度长期在 50%以上；各地区金融产业集聚与经济增长质量的关系具有显著差异性，整体上六大地区金融产业集聚对经济增长质量的促进作用均不显著，其经济增长质量更多受到自身时间滞后项的影响。

（7）从空间维度上看，金融产业集聚有助于本地经济增长质量水平的提升，但金融产业集聚对周边省份经济增长质量的促进作用并不明显，经济增长质量的时间累积效应大于金融产业集聚的积极作用，并且经济增长质量具有显著的正向空间溢出效应。在静态角度下，金融产业集聚显著促进了本地经济效率、经济成本性、经济分享性指数水平的提升，但是抑制了本地经济结构性的增长，同时对本地经济稳定性的影响不显著；金融产业集聚对经济成本性产生了显著的正向空间溢出效应，但对其余各维度指数的空间溢出效应均不显著，表明金融产业集聚不仅有利于降低本地经济产出的生态环境消耗，还能对周围省份资源环境消耗产生积极影响。在动态角度下，金融产业集聚对经济增长质量水平的提升作用仅在经济矩阵下显著，并且弱于经济增长质量的时间累积效应；金融产业集聚对经济结构性、成本性、稳定性的负向影响均不显著，意味着金融产业集聚可能不利于经济结构性、成本性和稳定性的增长；在经济矩阵下，金融产业集聚对经济效率和经济分享性均产生了显著的促进作用，但是在地理矩阵下的影响不显著，说明相比地理位置的接近，经济水平的接近更能影响金融产业集聚与经济效率、经济分享性之间的关系；相较于金融产业集聚，滞后 1 期的经济增长各指标对其自身水平的影响更加显著，说明经济增长质量以及各维度指数的提升均存在显著的时间累积效应。

10.2　政策启示

（1）继续深入发展金融产业，适度扩大长三角、京津冀和珠三角地区金融扩散范围。当前，我国各省份金融产业增加值持续增长，产业发展整体向好，金融产业对经济发展的贡献度逐渐提高。但金融产业增加值呈现“东高西低”

的分布格局，而绝大部分西部省份金融产业发展速度却更快，表明各省份尤其是西部省份应继续深入发展金融产业，以缩小与东部省份的金融产业发展差距。各省份金融产业集聚度保持小幅提升的发展态势，具有显著金融产业集聚趋势的省份多分布在珠三角、长三角和环渤海地区，并且上述地区存在一定程度的金融扩散现象，在金融产业集聚度也呈现“东高西低”分布格局的背景下，适度扩大长三角、京津冀和珠三角地区的金融扩散范围，对缩小省际金融产业发展差异具有重要的意义。

（2）华北和华东地区应合理控制内部各省份金融产业发展差异，以进一步提高金融产业集聚的收敛程度。尽管中国金融产业集聚度的泰尔指数呈现先提高后波动下降的变动趋势，在一定程度表明中国各地区金融发展趋于平衡，但是地区差异仍旧存在，且主要是由六大地区内部各省份之间的差异引起的，其中以华北和华东地区的内部差异较大。因此，各地区尤其是华北和华东地区应合理控制金融产业发展的地区内部差异。整体上全国金融产业集聚度存在显著β绝对收敛特征，但东部和中部地带的金融产业集聚度却呈现发散特征，结合全国金融产业集聚度的差异主要由地区内部差异造成且东部地带省际差异较大的结论可知，进一步提高全国金融产业集聚的收敛程度，关键在于缩小东部地带各省份之间的差异。

（3）注重经济增长分享性和经济增长效率，培育经济增长质量的新增长极。经济增长质量五大维度中，对经济增长质量的贡献度较大的是分享性和效率2个维度，表明提升经济增长质量的重点在于经济增长分享性和经济增长效率。各省份经济增长质量有序提升，呈现由单极向多极化、极点带动转变的空间发展特征，继上海之后，北京、天津、辽宁、广东、重庆等省份相继成为新的增长极。显然当前的增长极多分布在东部沿海地区，西部地带尤其是西北地区急需培育新的经济质量增长极，以发挥极点带动作用，提升西部地带整体经济增长质量水平。

（4）西北和中南地区应合理控制内部各省份经济增长质量差异，以进一步提高经济增长质量的收敛程度。中国经济增长质量的区域差异整体呈缩小趋势，但各地区内部差异较大，尤其是西北和中南2个地区泰尔指数较大且下降趋势不明显。尽管全国以及东、中、西三大地带经济增长质量呈现收敛特征，但东部和西部地带的收敛程度较弱，制约了全国的经济收敛性。在各省份保持经济高质量增长的同时，也要重视对经济增长质量相对较低省份的带动发展，尤其是中南地区的广东更应发挥带动作用，以缩小地区内部省际经济增长质量差异，进而进一步促进经济收敛程度。

（5）充分发挥金融产业集聚对经济增长质量的促进作用，增强省际经济与金融合作，推进局部高集聚度省份的金融产业进入扩散转移阶段。继续保持金融产业集聚在提升经济增长结构性、效率及分享性方面的正面效应，但也要警惕金融产业集聚过程中放大杠杆倍数对生态环境和经济增长稳定性造成的负面影响。经济增长质量具有显著的正向空间溢出效应，地理位置接近的省份需要进一步加强经济合作，以实现经济增长质量的良性互动。金融产业集聚对周边省份经济增长质量的支持作用有限，需要增强金融资源的流动性，推进局部高集聚度省份的金融产业进入扩散转移阶段。

附　录 >>>

附录1　1997—2017年中国

省份	1997年	1998年	1999年	2000年	2001年	2002年	2003年	2004年	2005年	2006年
北京	2.123	2.105	2.075	2.066	2.067	2.095	2.122	2.130	2.163	2.205
天津	1.054	1.075	1.052	1.034	1.019	1.005	0.990	0.969	0.948	0.941
河北	1.138	1.121	1.108	1.101	1.111	1.114	1.110	1.121	1.121	1.131
山西	1.614	1.596	1.612	1.598	1.614	1.586	1.612	1.642	1.654	1.626
内蒙古	0.543	0.555	0.568	0.579	0.597	0.606	0.596	0.611	0.583	0.572
辽宁	1.141	1.121	1.116	1.107	1.119	1.127	1.142	1.135	1.134	1.124
吉林	0.941	0.920	0.921	0.918	0.912	0.914	0.909	0.906	0.918	0.937
黑龙江	1.041	1.057	1.069	1.089	1.070	1.068	1.079	1.069	1.062	1.065
上海	1.999	2.052	2.084	2.101	2.054	2.042	2.004	2.028	2.061	2.088
江苏	0.964	0.967	0.955	0.946	0.946	0.943	0.943	0.944	0.948	0.952
浙江	0.770	0.769	0.760	0.755	0.753	0.758	0.765	0.769	0.786	0.796
安徽	1.080	1.090	1.111	1.128	1.149	1.181	1.248	1.274	1.236	1.199
福建	0.890	0.877	0.867	0.861	0.854	0.844	0.840	0.843	0.860	0.887
江西	1.236	1.281	1.300	1.310	1.284	1.239	1.191	1.169	1.150	1.124
山东	0.953	0.943	0.926	0.914	0.913	0.904	0.898	0.885	0.880	0.878
河南	0.975	0.966	0.966	0.950	0.950	0.951	0.956	0.940	0.929	0.919
湖北	0.571	0.578	0.589	0.596	0.599	0.609	0.622	0.627	0.626	0.633
湖南	0.606	0.614	0.624	0.626	0.627	0.634	0.642	0.641	0.654	0.653
广东	0.754	0.741	0.740	0.741	0.741	0.740	0.726	0.717	0.721	0.718
广西	0.222	0.218	0.219	0.227	0.232	0.234	0.236	0.237	0.233	0.230
海南	0.448	0.441	0.430	0.423	0.417	0.411	0.405	0.409	0.412	0.412
重庆	1.797	1.860	1.835	1.819	1.797	1.771	1.751	1.735	1.746	1.761
四川	0.608	0.613	0.618	0.635	0.632	0.637	0.644	0.642	0.631	0.636
贵州	0.925	0.929	0.906	0.937	0.989	0.989	1.000	1.018	1.074	1.117
云南	1.272	1.279	1.289	1.305	1.348	1.374	1.393	1.430	1.467	1.428
陕西	0.466	0.456	0.464	0.465	0.465	0.463	0.460	0.453	0.453	0.461
甘肃	1.078	1.096	1.135	1.150	1.148	1.160	1.187	1.218	1.230	1.226
青海	1.741	1.720	1.730	1.748	1.711	1.683	1.670	1.661	1.633	1.645
宁夏	2.183	2.188	2.251	2.247	2.224	2.202	2.182	2.181	2.144	2.099
新疆	1.342	1.349	1.395	1.418	1.446	1.472	1.503	1.500	1.481	1.515

各省份金融产业集聚度

2007年	2008年	2009年	2010年	2011年	2012年	2013年	2014年	2015年	2016年	2017年
2.216	3.039	2.680	2.669	2.742	2.684	2.490	2.486	2.405	2.262	2.194
0.934	1.218	1.245	1.256	1.346	1.470	1.434	1.428	1.367	1.364	1.389
1.140	0.584	0.619	0.610	0.612	0.650	0.670	0.723	0.700	0.734	0.797
1.627	0.884	0.998	0.985	0.930	0.999	1.071	1.111	1.259	1.258	1.122
0.555	0.573	0.607	0.600	0.627	0.598	0.619	0.644	0.656	0.744	0.902
1.116	0.740	0.748	0.700	0.684	0.738	0.769	0.818	0.919	1.118	1.108
0.936	0.509	0.505	0.443	0.395	0.388	0.513	0.532	0.567	0.607	0.627
1.088	0.475	0.538	0.594	0.593	0.670	0.703	0.743	0.792	0.796	0.774
2.147	2.235	2.435	2.297	2.387	2.297	2.168	2.279	2.336	2.300	2.297
0.961	0.932	0.941	1.028	1.065	1.098	1.110	1.146	1.066	1.056	1.043
0.798	1.713	1.678	1.696	1.699	1.508	1.240	1.088	0.961	0.878	0.901
1.177	0.788	0.726	0.648	0.662	0.679	0.795	0.793	0.796	0.806	0.813
0.880	1.022	1.016	1.053	0.988	0.975	0.969	0.952	0.912	0.881	0.843
1.106	0.416	0.438	0.517	0.614	0.604	0.631	0.743	0.757	0.776	0.731
0.878	0.633	0.626	0.703	0.727	0.732	0.723	0.720	0.670	0.673	0.664
0.912	0.511	0.521	0.611	0.649	0.648	0.667	0.682	0.759	0.758	0.743
0.638	0.771	0.751	0.711	0.691	0.740	0.797	0.792	0.884	0.965	0.983
0.655	0.643	0.626	0.584	0.512	0.495	0.516	0.555	0.539	0.548	0.627
0.709	1.192	1.174	1.168	1.102	1.052	1.106	1.036	1.115	1.030	1.008
0.228	0.789	0.882	0.812	0.764	0.832	0.902	0.883	0.854	0.844	0.908
0.413	0.700	0.807	0.765	0.839	0.866	0.987	0.950	0.924	0.946	0.914
1.698	1.163	1.213	1.266	1.416	1.518	1.416	1.357	1.265	1.259	1.233
0.623	0.725	0.753	0.770	0.831	1.033	1.087	1.012	1.033	1.127	1.143
1.174	0.946	1.009	1.017	1.049	1.010	0.921	0.838	0.815	0.796	0.768
1.427	1.085	1.158	1.050	1.032	0.993	1.028	1.061	1.016	1.005	0.963
0.463	0.873	0.836	0.768	0.695	0.722	0.763	0.847	0.847	0.828	0.784
1.202	0.509	0.529	0.493	0.581	0.618	0.778	0.843	0.920	0.957	0.980
1.650	0.798	0.857	0.816	0.753	0.837	1.147	1.201	1.288	1.299	1.381
2.048	1.197	1.134	1.171	1.284	1.353	1.341	1.321	1.241	1.219	1.206
1.538	0.914	0.944	0.837	0.879	0.908	0.940	0.915	0.852	0.808	0.756

附录 2 1997—2017 年中国各省份

省份	1997 年	1998 年	1999 年	2000 年	2001 年	2002 年	2003 年	2004 年	2005 年	2006 年
北京	1.185	1.270	1.370	1.397	1.522	1.579	1.643	1.749	1.848	2.020
天津	1.126	1.142	1.212	1.277	1.306	1.436	1.486	1.620	1.717	1.850
河北	0.583	0.619	0.625	0.640	0.664	0.716	0.771	0.806	0.829	0.860
山西	0.572	0.553	0.561	0.598	0.631	0.654	0.698	0.739	0.783	0.845
内蒙古	0.740	0.802	0.790	0.788	0.814	0.835	0.841	0.916	1.029	1.069
辽宁	0.908	0.919	0.957	0.955	0.969	1.014	1.106	1.142	1.199	1.292
吉林	0.870	0.881	0.864	0.867	0.881	0.929	0.937	1.001	1.056	1.100
黑龙江	0.869	0.742	0.756	0.780	0.800	0.834	0.851	0.899	0.990	1.045
上海	2.442	2.532	2.648	2.620	2.770	2.875	2.980	3.092	3.168	3.323
江苏	0.708	0.744	0.793	0.832	0.867	0.900	0.970	1.039	1.162	1.266
浙江	0.727	0.759	0.789	0.869	0.908	1.009	1.073	1.187	1.227	1.376
安徽	0.555	0.549	0.565	0.590	0.614	0.625	0.661	0.681	0.690	0.735
福建	0.741	0.767	0.798	0.831	0.889	0.908	0.960	1.008	1.081	1.155
江西	0.738	0.704	0.731	0.758	0.799	0.771	0.861	0.897	0.877	0.916
山东	0.593	0.615	0.636	0.678	0.733	0.784	0.826	0.894	0.958	1.048
河南	0.529	0.555	0.528	0.552	0.589	0.608	0.593	0.654	0.704	0.744
湖北	0.684	0.683	0.688	0.719	0.735	0.726	0.772	0.796	0.814	0.883
湖南	0.645	0.639	0.654	0.657	0.688	0.712	0.739	0.785	0.814	0.857
广东	0.813	0.827	0.848	0.846	0.876	0.936	0.975	1.040	1.133	1.217
广西	0.563	0.569	0.580	0.643	0.646	0.671	0.696	0.742	0.767	0.813
海南	0.700	0.721	0.757	0.766	0.804	0.825	0.888	0.897	0.932	0.955
重庆	0.604	0.602	0.614	0.648	0.688	0.712	0.735	0.786	0.860	0.881
四川	0.516	0.536	0.548	0.578	0.629	0.649	0.667	0.694	0.721	0.778
贵州	0.443	0.416	0.426	0.439	0.378	0.381	0.430	0.438	0.453	0.476
云南	0.426	0.420	0.424	0.471	0.463	0.475	0.488	0.555	0.572	0.597
陕西	0.510	0.519	0.532	0.573	0.543	0.580	0.639	0.738	0.707	0.756
甘肃	0.471	0.491	0.503	0.515	0.541	0.549	0.587	0.633	0.622	0.628
青海	0.645	0.674	0.687	0.675	0.649	0.687	0.753	0.772	0.868	0.847
宁夏	0.715	0.738	0.740	0.752	0.761	0.792	0.807	0.837	0.873	0.924
新疆	0.705	0.735	0.779	0.767	0.833	0.884	0.904	0.952	0.980	0.994

经济增长质量综合指数

2007 年	2008 年	2009 年	2010 年	2011 年	2012 年	2013 年	2014 年	2015 年	2016 年	2017 年
2.146	2.177	2.358	2.482	2.595	2.759	2.922	2.983	3.169	3.332	3.492
1.978	2.108	2.298	2.493	2.735	2.977	3.176	3.366	3.587	3.865	3.996
0.914	0.973	1.045	1.140	1.158	1.240	1.330	1.402	1.509	1.568	1.635
0.907	0.945	0.992	1.074	1.121	1.218	1.306	1.318	1.420	1.463	1.554
1.185	1.306	1.438	1.600	1.770	1.878	1.913	2.023	2.235	2.393	2.482
1.370	1.484	1.602	1.705	1.808	2.019	2.140	2.167	2.246	2.266	2.310
1.152	1.236	1.315	1.408	1.481	1.595	1.724	1.783	1.888	1.994	2.078
1.098	1.149	1.233	1.363	1.438	1.530	1.634	1.667	1.759	1.836	1.936
3.386	3.511	3.657	3.795	3.872	4.046	4.237	4.270	4.486	4.681	4.937
1.379	1.468	1.606	1.796	1.942	2.125	2.265	2.424	2.626	2.796	2.986
1.469	1.595	1.701	1.805	1.968	2.137	2.311	2.390	2.525	2.690	2.867
0.765	0.815	0.880	0.977	1.013	1.154	1.217	1.301	1.389	1.416	1.508
1.222	1.310	1.469	1.558	1.688	1.744	1.916	2.079	2.210	2.308	2.509
0.983	1.007	1.069	1.120	1.176	1.261	1.360	1.408	1.514	1.550	1.634
1.123	1.181	1.287	1.420	1.500	1.604	1.728	1.814	1.970	2.067	2.209
0.784	0.844	0.909	0.988	1.063	1.107	1.188	1.275	1.311	1.362	1.454
0.922	0.957	1.014	1.118	1.197	1.289	1.362	1.429	1.595	1.652	1.787
0.909	0.955	1.012	1.099	1.153	1.208	1.290	1.374	1.497	1.573	1.667
1.313	1.402	1.485	1.617	1.748	1.829	1.906	2.021	2.194	2.350	2.481
0.834	0.866	0.941	1.041	1.130	1.170	1.280	1.379	1.471	1.515	1.576
1.013	1.060	1.167	1.212	1.262	1.379	1.416	1.453	1.566	1.603	1.715
0.950	1.044	1.164	1.324	1.481	1.584	1.681	1.869	1.998	2.155	2.336
0.805	0.846	0.937	1.023	1.117	1.223	1.305	1.343	1.444	1.477	1.588
0.506	0.566	0.619	0.702	0.797	0.839	0.956	1.043	1.067	1.113	1.238
0.644	0.668	0.699	0.782	0.845	0.913	0.990	1.022	1.123	1.167	1.228
0.801	0.882	0.958	1.063	1.127	1.269	1.382	1.442	1.606	1.585	1.703
0.662	0.711	0.758	0.872	0.940	1.009	1.071	1.156	1.244	1.266	1.363
0.950	1.002	1.116	1.136	1.197	1.286	1.384	1.453	1.480	1.554	1.648
0.960	1.090	1.093	1.113	1.170	1.240	1.379	1.472	1.604	1.637	1.720
1.031	1.092	1.123	1.213	1.282	1.317	1.368	1.430	1.498	1.538	1.676

附录 3　1997—2017 年中国

省份	1997 年	1998 年	1999 年	2000 年	2001 年	2002 年	2003 年	2004 年	2005 年	2006 年
北京	1.269	1.084	0.951	0.957	0.934	0.980	0.990	1.071	0.960	0.937
天津	1.305	1.261	1.183	1.032	0.957	0.901	0.852	0.788	0.745	0.700
河北	1.000	0.942	0.857	0.827	0.814	0.798	0.750	0.766	0.756	0.733
山西	0.792	0.698	0.473	0.462	0.380	0.405	0.392	0.338	0.256	0.261
内蒙古	1.643	1.562	1.363	1.253	1.149	1.033	0.712	0.600	0.461	0.336
辽宁	1.341	1.345	1.353	1.165	1.146	1.053	0.978	0.910	0.843	0.768
吉林	1.733	1.568	1.387	1.263	1.185	1.161	1.094	1.186	1.159	1.002
黑龙江	1.648	0.826	0.786	0.621	0.587	0.553	0.472	0.554	0.595	0.583
上海	0.543	0.527	0.559	0.568	0.488	0.494	0.535	0.507	0.483	0.494
江苏	0.856	0.783	0.759	0.717	0.708	0.705	0.693	0.706	0.706	0.724
浙江	0.815	0.744	0.731	0.911	0.949	0.967	0.978	0.994	0.971	0.977
安徽	1.273	1.187	1.194	1.115	1.071	1.025	0.924	0.939	0.900	0.882
福建	1.103	1.039	0.991	0.987	0.970	0.918	0.923	0.927	0.935	0.887
江西	1.956	1.733	1.703	1.671	1.597	1.511	1.498	1.457	1.415	1.350
山东	0.715	0.655	0.630	0.561	0.539	0.522	0.558	0.558	0.602	0.568
河南	0.880	0.895	0.714	0.651	0.649	0.642	0.556	0.599	0.608	0.600
湖北	1.485	1.404	1.317	1.216	1.136	1.040	1.011	0.947	0.853	0.768
湖南	1.412	1.299	1.191	1.005	0.992	0.969	0.997	1.032	1.022	0.989
广东	0.882	0.801	0.729	0.700	0.658	0.631	0.592	0.582	0.605	0.598
广西	1.025	0.991	1.003	1.015	0.955	0.904	0.856	0.831	0.815	0.758
海南	1.650	1.546	1.584	1.610	1.662	1.730	1.705	1.679	1.630	1.561
重庆	0.772	0.708	0.660	0.613	0.585	0.579	0.561	0.532	0.507	0.390
四川	0.884	0.855	0.899	0.917	0.913	0.912	0.868	0.813	0.750	0.709
贵州	0.962	0.811	0.681	0.679	0.088	−0.040	0.010	−0.001	0.038	0.116
云南	0.274	0.203	0.125	0.203	0.167	0.143	0.120	0.113	0.143	0.150
陕西	0.630	0.557	0.466	0.470	0.415	0.402	0.398	0.418	0.400	0.356
甘肃	0.486	0.494	0.435	0.359	0.337	0.311	0.288	0.261	0.098	0.070
青海	0.826	0.759	0.716	0.514	0.351	0.348	0.374	0.400	0.399	0.403
宁夏	0.735	0.665	0.646	0.549	0.542	0.522	0.540	0.511	0.478	0.516
新疆	1.202	1.275	1.284	1.113	1.056	1.036	1.010	1.013	1.090	1.029

各省份经济增长结构性指数

2007年	2008年	2009年	2010年	2011年	2012年	2013年	2014年	2015年	2016年	2017年
0.866	0.824	0.809	0.751	0.771	0.785	0.801	0.806	0.734	0.649	0.602
0.715	0.655	0.573	0.552	0.512	0.501	0.514	0.505	0.532	0.535	0.559
0.713	0.682	0.645	0.609	0.592	0.599	0.604	0.592	0.579	0.569	0.569
0.205	0.180	0.165	0.147	0.139	0.144	0.142	0.136	0.138	0.143	0.199
0.258	0.242	0.166	0.129	0.133	0.107	0.145	0.207	0.172	0.150	0.157
0.714	0.658	0.623	0.564	0.545	0.547	0.582	0.571	0.570	0.514	0.493
0.817	0.739	0.636	0.543	0.492	0.499	0.552	0.601	0.634	0.673	0.697
0.557	0.527	0.472	0.460	0.446	0.441	0.442	0.494	0.462	0.491	0.496
0.538	0.563	0.537	0.610	0.582	0.479	0.444	0.503	0.421	0.384	0.384
0.732	0.714	0.709	0.714	0.700	0.693	0.688	0.699	0.715	0.707	0.704
1.008	1.021	1.014	1.094	1.162	1.141	1.101	1.057	1.027	1.050	1.064
0.899	0.910	0.878	0.775	0.692	0.718	0.722	0.749	0.741	0.708	0.697
0.871	0.852	0.847	0.793	0.801	0.791	0.765	0.754	0.760	0.740	0.723
1.267	1.172	1.102	1.034	0.993	0.995	0.992	0.980	0.964	0.949	0.950
0.552	0.499	0.463	0.432	0.434	0.435	0.435	0.435	0.448	0.471	0.481
0.574	0.557	0.552	0.531	0.513	0.502	0.517	0.459	0.491	0.492	0.527
0.678	0.600	0.530	0.463	0.405	0.390	0.392	0.432	0.460	0.478	0.493
0.915	0.845	0.777	0.681	0.612	0.554	0.511	0.478	0.470	0.447	0.447
0.558	0.563	0.567	0.593	0.574	0.557	0.547	0.538	0.526	0.513	0.501
0.676	0.582	0.478	0.384	0.329	0.283	0.293	0.297	0.293	0.278	0.318
1.431	1.456	1.423	1.387	1.348	1.340	1.531	1.493	1.571	1.524	1.517
0.365	0.344	0.321	0.304	0.298	0.310	0.321	0.331	0.352	0.372	0.375
0.652	0.608	0.544	0.502	0.452	0.430	0.415	0.418	0.423	0.426	0.424
0.106	0.076	0.086	0.085	0.045	0.045	0.046	0.073	0.088	0.113	0.134
0.158	0.153	0.131	0.086	0.057	0.070	0.062	0.071	0.054	0.051	0.075
0.322	0.305	0.313	0.298	0.284	−0.011	0.003	0.019	0.046	0.046	0.055
0.037	0.029	0.004	−0.021	−0.044	−0.054	−0.055	−0.049	−0.048	−0.043	0.029
0.435	0.361	0.340	0.301	0.291	0.293	0.168	0.128	0.142	0.145	0.126
0.462	0.436	0.493	0.140	0.129	0.096	0.089	0.086	0.068	0.069	0.145
0.995	0.964	0.930	0.867	0.816	0.727	0.755	0.726	0.733	0.746	0.800

附录 4　1997—2017 年中国

省份	1997 年	1998 年	1999 年	2000 年	2001 年	2002 年	2003 年	2004 年	2005 年	2006 年
北京	0.788	0.899	0.999	1.113	1.223	1.272	1.366	1.315	1.431	1.537
天津	0.712	0.784	0.861	0.987	1.101	1.232	1.371	1.543	1.727	1.913
河北	0.459	0.502	0.550	0.593	0.639	0.695	0.768	0.855	0.955	1.067
山西	0.449	0.496	0.527	0.574	0.626	0.692	0.780	0.888	0.981	1.064
内蒙古	0.469	0.513	0.550	0.601	0.657	0.730	0.892	1.052	1.278	1.484
辽宁	0.607	0.656	0.697	0.741	0.799	0.890	0.990	1.082	1.199	1.353
吉林	0.500	0.567	0.609	0.642	0.693	0.744	0.805	0.886	0.976	1.105
黑龙江	0.591	0.622	0.674	0.739	0.805	0.883	0.954	1.034	1.117	1.226
上海	1.039	1.159	1.312	1.430	1.722	1.829	2.004	2.227	2.403	2.627
江苏	0.540	0.598	0.658	0.724	0.794	0.881	0.993	1.127	1.276	1.448
浙江	0.571	0.630	0.691	0.747	0.811	0.899	1.015	1.139	1.250	1.394
安徽	0.358	0.381	0.411	0.438	0.473	0.512	0.553	0.615	0.674	0.747
福建	0.597	0.657	0.718	0.773	0.833	0.904	0.988	1.078	1.176	1.292
江西	0.408	0.433	0.461	0.495	0.534	0.576	0.639	0.707	0.778	0.855
山东	0.502	0.551	0.601	0.650	0.708	0.782	0.873	0.987	1.114	1.252
河南	0.414	0.438	0.461	0.485	0.527	0.573	0.628	0.702	0.787	0.884
湖北	0.373	0.400	0.425	0.455	0.490	0.529	0.573	0.627	0.693	0.767
湖南	0.456	0.483	0.515	0.553	0.592	0.634	0.681	0.747	0.816	0.896
广东	0.749	0.787	0.836	0.871	0.927	1.008	1.087	1.172	1.247	1.374
广西	0.376	0.408	0.438	0.467	0.502	0.552	0.605	0.666	0.742	0.829
海南	0.428	0.470	0.499	0.525	0.560	0.593	0.634	0.684	0.729	0.798
重庆	0.572	0.609	0.647	0.695	0.754	0.833	0.929	1.035	1.142	1.265
四川	0.376	0.408	0.431	0.463	0.500	0.548	0.604	0.672	0.747	0.835
贵州	0.319	0.339	0.364	0.387	0.402	0.431	0.467	0.510	0.559	0.614
云南	0.376	0.397	0.418	0.437	0.457	0.489	0.524	0.569	0.603	0.656
陕西	0.379	0.413	0.444	0.480	0.520	0.554	0.603	0.664	0.728	0.806
甘肃	0.374	0.401	0.433	0.467	0.502	0.541	0.589	0.644	0.730	0.797
青海	0.360	0.385	0.410	0.439	0.485	0.537	0.593	0.660	0.733	0.810
宁夏	0.364	0.395	0.409	0.441	0.476	0.515	0.563	0.611	0.667	0.731
新疆	0.445	0.492	0.517	0.571	0.608	0.642	0.695	0.751	0.790	0.854

各省份经济增长效率指数

2007年	2008年	2009年	2010年	2011年	2012年	2013年	2014年	2015年	2016年	2017年
1.719	1.806	1.955	2.091	2.184	2.277	2.383	2.521	2.633	2.742	2.866
2.056	2.287	2.563	2.831	3.164	3.447	3.708	3.958	4.241	4.592	4.770
1.184	1.277	1.378	1.516	1.646	1.755	1.857	1.958	2.077	2.204	2.339
1.206	1.279	1.323	1.460	1.599	1.709	1.809	1.868	1.903	1.954	2.069
1.720	1.976	2.237	2.486	2.715	2.911	3.000	3.104	3.344	3.545	3.733
1.520	1.699	1.862	2.085	2.287	2.443	2.567	2.667	2.856	2.868	2.991
1.261	1.435	1.602	1.793	1.994	2.193	2.291	2.388	2.487	2.623	2.760
1.341	1.470	1.610	1.764	1.934	2.080	2.200	2.278	2.443	2.565	2.728
2.654	2.834	3.032	3.266	3.486	3.705	3.915	3.561	3.810	4.058	4.309
1.641	1.827	2.031	2.262	2.486	2.716	2.957	3.194	3.452	3.711	3.956
1.517	1.632	1.733	1.912	2.054	2.197	2.356	2.519	2.701	2.883	3.073
0.835	0.915	1.012	1.136	1.258	1.376	1.487	1.598	1.717	1.849	1.982
1.448	1.593	1.731	1.918	2.013	2.166	2.397	2.560	2.702	2.898	3.108
0.945	1.042	1.153	1.281	1.405	1.526	1.645	1.776	1.914	2.061	2.214
1.399	1.532	1.686	1.856	2.019	2.179	2.360	2.537	2.716	2.903	3.122
0.995	1.092	1.185	1.306	1.421	1.531	1.635	1.743	1.856	1.979	2.106
0.867	0.967	1.083	1.224	1.367	1.499	1.630	1.770	1.920	2.068	2.218
1.008	1.120	1.246	1.394	1.537	1.676	1.810	1.949	2.103	2.262	2.444
1.524	1.631	1.721	1.872	2.015	2.159	2.280	2.419	2.585	2.744	2.910
0.946	1.051	1.177	1.321	1.458	1.651	1.799	1.930	2.062	2.190	2.327
0.901	0.962	1.034	1.156	1.240	1.288	1.340	1.385	1.458	1.553	1.597
1.437	1.601	1.799	2.058	2.324	2.562	2.796	3.049	3.340	3.657	3.958
0.942	1.024	1.152	1.304	1.474	1.633	1.769	1.894	2.022	2.160	2.307
0.691	0.809	0.891	1.005	1.131	1.255	1.379	1.493	1.622	1.763	1.905
0.717	0.769	0.842	0.918	1.011	1.121	1.234	1.306	1.410	1.504	1.631
0.911	1.033	1.149	1.291	1.451	1.910	2.076	2.191	2.260	2.374	2.493
0.876	0.938	1.004	1.098	1.211	1.341	1.456	1.557	1.657	1.761	1.800
0.903	1.006	1.089	1.229	1.370	1.512	1.643	1.763	1.876	1.999	2.113
0.812	0.911	0.962	1.083	1.168	1.273	1.366	1.445	1.534	1.628	1.721
0.936	1.013	1.070	1.145	1.212	1.288	1.336	1.422	1.482	1.524	1.590

附录5 1997—2017年中国

省份	1997年	1998年	1999年	2000年	2001年	2002年	2003年	2004年	2005年	2006年
北京	1.221	1.264	1.322	1.358	1.389	1.411	1.425	1.451	1.484	1.492
天津	1.375	1.398	1.444	1.443	1.447	1.467	1.496	1.520	1.526	1.541
河北	1.206	1.210	1.263	1.261	1.248	1.258	1.268	1.254	1.262	1.278
山西	0.828	0.683	0.847	0.899	0.912	0.884	0.913	0.982	1.025	1.047
内蒙古	0.777	0.885	0.950	1.005	1.016	1.011	1.027	0.979	1.052	1.079
辽宁	1.090	1.143	1.194	1.219	1.246	1.293	1.309	1.340	1.351	1.370
吉林	1.009	1.131	1.177	1.251	1.286	1.292	1.332	1.355	1.352	1.378
黑龙江	1.201	1.255	1.313	1.380	1.406	1.425	1.450	1.451	1.479	1.502
上海	1.381	1.410	1.433	1.459	1.475	1.494	1.516	1.527	1.542	1.552
江苏	1.424	1.437	1.462	1.480	1.463	1.487	1.512	1.513	1.505	1.522
浙江	1.475	1.460	1.477	1.474	1.468	1.475	1.490	1.504	1.505	1.516
安徽	1.104	1.174	1.201	1.234	1.253	1.286	1.330	1.353	1.388	1.408
福建	1.459	1.476	1.484	1.488	1.464	1.475	1.480	1.512	1.464	1.488
江西	1.108	1.195	1.236	1.212	1.267	1.279	1.319	1.361	1.376	1.391
山东	1.474	1.466	1.497	1.513	1.504	1.537	1.548	1.556	1.516	1.529
河南	1.306	1.320	1.339	1.348	1.362	1.376	1.391	1.390	1.406	1.426
湖北	1.009	1.059	1.122	1.170	1.243	1.253	1.260	1.258	1.293	1.322
湖南	1.070	1.116	1.226	1.293	1.314	1.330	1.336	1.348	1.310	1.366
广东	1.499	1.503	1.518	1.534	1.542	1.539	1.554	1.564	1.548	1.561
广西	1.103	1.125	1.154	1.210	1.193	1.225	1.204	1.250	1.240	1.315
海南	1.177	1.203	1.236	1.231	1.246	1.253	1.295	1.326	1.344	1.382
重庆	1.312	1.347	1.191	1.251	1.298	1.336	1.368	1.403	1.423	1.438
四川	1.082	1.140	1.201	1.197	1.234	1.250	1.257	1.286	1.378	1.408
贵州	0.511	0.419	0.668	0.750	0.790	0.900	0.850	0.854	1.012	0.994
云南	1.177	1.203	1.254	1.264	1.262	1.264	1.279	1.274	1.254	1.273
陕西	1.091	1.203	1.302	1.339	1.343	1.343	1.359	1.375	1.363	1.385
甘肃	0.798	0.841	0.899	0.988	1.095	1.107	1.100	1.135	1.166	1.195
青海	0.905	0.964	0.891	0.988	1.047	1.118	1.156	1.136	1.028	1.029
宁夏	0.741	0.780	0.873	0.536	0.647	0.648	0.734	0.740	0.693	0.782
新疆	0.870	0.888	0.966	1.015	1.023	1.046	1.050	1.038	1.029	1.038

各省份经济增长成本性指数

2007年	2008年	2009年	2010年	2011年	2012年	2013年	2014年	2015年	2016年	2017年
1.507	1.512	1.524	1.538	1.549	1.561	1.568	1.577	1.582	1.588	1.591
1.561	1.576	1.590	1.594	1.603	1.612	1.620	1.625	1.633	1.640	1.642
1.293	1.337	1.348	1.363	1.353	1.392	1.411	1.433	1.451	1.465	1.470
1.092	1.110	1.104	1.115	1.126	1.164	1.188	1.223	1.228	1.238	1.245
1.149	1.202	1.255	1.276	1.287	1.329	1.420	1.425	1.436	1.457	1.450
1.405	1.415	1.462	1.484	1.478	1.496	1.529	1.530	1.527	1.528	1.526
1.414	1.442	1.466	1.487	1.500	1.526	1.549	1.560	1.572	1.586	1.588
1.494	1.506	1.520	1.534	1.540	1.545	1.568	1.571	1.572	1.574	1.576
1.559	1.565	1.569	1.582	1.584	1.588	1.593	1.601	1.599	1.599	1.605
1.541	1.556	1.567	1.574	1.578	1.589	1.601	1.606	1.614	1.619	1.624
1.529	1.541	1.547	1.554	1.566	1.577	1.584	1.593	1.596	1.599	1.604
1.425	1.447	1.471	1.501	1.502	1.522	1.537	1.550	1.557	1.570	1.579
1.501	1.518	1.529	1.550	1.554	1.585	1.594	1.604	1.615	1.618	1.621
1.413	1.444	1.470	1.490	1.492	1.519	1.532	1.547	1.551	1.563	1.573
1.537	1.547	1.560	1.563	1.555	1.569	1.579	1.585	1.589	1.594	1.600
1.447	1.469	1.485	1.517	1.516	1.538	1.547	1.557	1.570	1.580	1.589
1.356	1.389	1.421	1.447	1.455	1.483	1.524	1.537	1.549	1.559	1.568
1.391	1.426	1.452	1.473	1.487	1.510	1.524	1.562	1.573	1.579	1.587
1.570	1.582	1.591	1.604	1.608	1.615	1.621	1.625	1.631	1.632	1.636
1.295	1.326	1.401	1.434	1.466	1.488	1.524	1.546	1.564	1.559	1.566
1.422	1.414	1.425	1.466	1.455	1.466	1.444	1.480	1.493	1.494	1.492
1.482	1.515	1.523	1.517	1.621	1.636	1.639	1.647	1.653	1.662	1.667
1.413	1.462	1.489	1.506	1.533	1.554	1.567	1.583	1.597	1.604	1.609
1.017	1.122	1.133	1.168	1.200	1.223	1.220	1.297	1.353	1.386	1.402
1.295	1.323	1.346	1.372	1.340	1.390	1.431	1.453	1.476	1.497	1.511
1.392	1.413	1.434	1.468	1.487	1.508	1.521	1.529	1.533	1.544	1.550
1.231	1.251	1.286	1.366	1.279	1.309	1.346	1.370	1.393	1.428	1.417
1.051	1.085	1.127	1.163	0.956	1.005	1.055	1.088	1.098	1.151	1.204
0.812	0.888	0.954	0.787	0.888	0.997	1.053	1.075	1.116	1.145	1.097
1.056	1.094	1.095	1.096	1.046	0.997	0.977	1.002	1.044	1.063	1.066

附录 6　1997—2017 年中国

附表 6.1　1997—2017 年中国

省份	1997 年	1998 年	1999 年	2000 年	2001 年	2002 年	2003 年	2004 年	2005 年	2006 年
北京	2.041	1.553	1.375	0.580	1.140	1.887	0.724	0.924	0.986	1.166
天津	2.007	1.679	1.157	0.929	0.770	1.316	0.800	0.824	1.186	1.051
河北	1.645	1.913	1.119	0.776	0.919	1.302	0.484	0.689	1.456	1.065
山西	1.826	1.817	0.901	0.312	1.733	1.281	0.457	0.666	1.359	1.106
内蒙古	1.552	1.908	0.975	0.786	1.168	1.104	0.684	0.917	1.120	1.205
辽宁	1.808	1.686	1.172	0.819	1.036	1.205	0.531	0.713	1.380	1.064
吉林	1.638	1.798	1.264	0.939	0.585	1.354	0.747	0.545	1.472	1.051
黑龙江	1.493	1.725	1.679	0.783	0.597	1.288	0.768	0.542	1.472	0.922
上海	2.064	1.532	0.794	0.879	1.463	0.949	1.102	0.675	1.252	1.005
江苏	2.253	1.451	1.182	0.808	0.931	1.310	0.727	0.518	1.380	1.135
浙江	1.867	1.574	1.206	0.665	1.254	1.157	0.553	0.709	1.482	1.082
安徽	2.399	1.285	1.427	0.548	1.080	1.299	0.578	0.555	1.556	1.072
福建	1.739	1.411	1.170	0.543	1.621	0.898	0.816	0.500	1.343	1.275
江西	2.066	1.245	1.463	0.760	1.185	0.941	0.920	0.590	1.350	1.136
山东	2.119	1.621	1.074	0.897	0.780	1.464	0.733	0.622	1.368	1.172
河南	2.159	2.060	1.168	0.646	0.800	1.157	0.793	0.399	1.586	1.185
湖北	2.021	1.861	1.161	0.836	0.819	1.161	0.593	0.585	1.367	1.260
湖南	1.835	1.488	0.996	0.892	1.435	0.977	0.545	0.579	1.501	1.192
广东	1.876	1.687	1.065	0.496	1.415	1.168	0.701	0.649	1.179	1.142
广西	1.963	1.690	0.937	0.703	0.894	1.293	0.705	0.479	1.368	1.227
海南	1.600	1.638	0.877	0.563	1.492	0.878	0.944	0.315	1.528	1.041
重庆	2.089	2.174	0.539	1.496	0.158	1.394	0.868	0.514	1.527	0.771
四川	1.706	1.949	1.251	0.756	0.698	1.438	0.694	0.497	1.563	0.937
贵州	1.917	1.597	1.199	0.998	0.648	1.515	0.660	0.565	1.538	0.926
云南	1.757	1.497	1.402	1.368	0.846	0.912	0.805	0.218	1.796	0.945
陕西	1.789	2.098	1.169	0.760	0.797	1.404	0.563	0.808	1.361	0.995
甘肃	2.179	1.700	1.303	0.722	0.282	1.713	0.860	0.845	1.152	1.118
青海	1.940	1.732	1.268	1.058	0.504	1.098	1.099	0.844	1.446	0.911
宁夏	1.531	1.662	1.262	0.879	0.698	1.413	0.635	0.708	1.406	0.969
新疆	2.092	1.630	1.528	0.689	0.256	1.809	0.864	0.657	1.382	0.944

各省份经济增长稳定性指数

各省份经济增长稳定性指数

2007年	2008年	2009年	2010年	2011年	2012年	2013年	2014年	2015年	2016年	2017年
0.804	0.630	2.143	0.392	0.544	1.448	1.073	1.357	1.040	1.139	0.987
0.591	0.850	2.091	0.268	0.820	1.416	0.987	1.258	1.087	0.984	1.075
0.543	0.808	2.161	0.382	0.618	1.558	0.988	1.274	1.183	0.947	1.016
0.603	0.645	2.277	0.402	0.687	1.502	0.959	1.302	1.251	0.948	1.028
0.519	0.867	2.021	0.449	0.651	1.462	1.041	1.321	1.134	1.034	0.982
0.379	1.133	1.802	0.532	0.688	1.450	1.122	1.182	1.121	1.087	1.188
0.384	1.079	1.867	0.430	0.801	1.494	0.994	1.210	1.102	1.064	1.060
0.488	0.979	1.921	0.405	0.732	1.473	1.216	1.170	1.108	0.973	1.076
0.694	0.626	2.054	0.429	0.710	1.449	1.128	0.981	1.096	0.911	1.294
0.598	0.878	1.998	0.330	0.811	1.498	1.108	1.076	1.140	0.958	1.159
0.524	0.931	2.119	0.118	0.800	1.581	1.038	1.092	1.172	0.974	1.022
0.346	0.904	2.193	0.351	0.636	1.589	1.040	1.192	1.107	0.969	1.156
0.293	1.150	2.098	0.169	0.704	1.525	1.034	1.138	1.103	1.049	1.132
0.439	0.855	2.136	0.411	0.694	1.468	1.090	1.088	1.188	0.968	1.053
0.478	0.907	1.914	0.554	0.706	1.530	1.038	1.107	1.173	0.900	1.153
0.356	0.798	2.273	0.339	0.706	1.564	0.992	1.223	1.159	0.955	1.141
0.496	0.802	2.124	0.472	0.564	1.525	1.072	1.190	1.147	0.947	1.180
0.323	0.982	2.081	0.439	0.650	1.617	0.964	1.148	1.133	0.962	1.128
0.738	0.757	2.345	0.102	0.702	1.475	1.110	1.098	1.194	0.928	1.195
0.231	0.779	2.620	0.155	0.573	1.492	1.223	1.077	1.159	1.044	1.058
0.432	0.769	2.264	0.091	0.866	1.544	1.126	1.135	1.300	0.757	1.064
0.649	0.902	2.214	0.204	0.703	1.499	1.039	1.205	1.134	0.965	1.189
0.437	1.179	1.732	0.635	0.695	1.508	1.003	1.250	1.064	0.977	1.126
0.242	0.862	2.466	0.315	0.676	1.448	1.089	1.075	1.153	1.122	1.139
0.370	1.081	1.897	0.480	0.842	1.407	0.982	1.175	1.127	1.117	1.147
0.411	0.850	2.004	0.447	0.771	1.527	1.025	1.290	1.160	1.003	1.000
0.389	0.572	2.145	0.574	0.756	1.576	0.985	1.253	1.152	1.117	1.067
0.183	0.501	2.226	0.559	0.939	1.540	0.924	1.241	1.091	1.189	1.109
0.436	0.555	2.277	0.458	0.684	1.739	0.815	1.302	1.180	0.978	1.031
0.331	0.630	2.232	0.428	0.785	1.392	1.038	1.354	1.313	0.930	0.925

附表 6.2　1997—2017 年中国各省份经济

省份	1997 年	1998 年	1999 年	2000 年	2001 年	2002 年	2003 年	2004 年	2005 年	2006 年
北京	1.816	1.829	1.839	1.793	1.698	1.648	1.650	1.651	1.481	1.493
天津	1.684	1.664	1.259	1.182	1.078	1.006	1.023	1.030	1.066	1.088
河北	1.499	1.428	1.378	1.287	1.195	1.079	0.994	0.976	1.007	1.037
山西	1.395	1.452	1.488	1.421	1.335	1.116	1.227	1.212	1.252	1.193
内蒙古	1.054	1.214	1.227	1.146	1.062	0.941	0.830	0.821	0.896	0.977
辽宁	1.007	1.142	1.113	1.054	1.187	0.338	0.338	0.339	0.580	0.695
吉林	1.493	1.213	1.170	1.052	1.213	1.085	0.902	0.919	0.934	0.915
黑龙江	1.343	1.405	1.374	1.156	0.796	0.748	0.934	0.846	0.883	0.880
上海	1.317	1.305	1.137	1.107	0.911	0.775	0.749	0.845	0.899	0.876
江苏	1.368	1.347	1.296	1.184	1.089	0.922	0.947	1.029	1.088	1.135
浙江	1.147	1.194	1.113	1.104	1.064	0.919	0.921	0.960	1.070	1.107
安徽	1.194	1.210	1.181	1.169	1.055	0.979	0.961	0.902	0.892	0.900
福建	1.388	1.486	1.449	1.346	1.040	0.921	0.949	0.982	0.986	0.998
江西	1.235	1.398	1.334	1.263	1.155	1.123	1.068	1.085	1.114	1.089
山东	1.143	1.165	1.194	1.186	1.165	1.074	1.075	1.126	1.164	1.165
河南	1.436	1.353	1.347	1.328	1.294	1.260	1.204	1.116	1.109	1.112
湖北	1.110	1.184	1.170	1.104	0.982	0.905	0.904	0.922	0.902	0.934
湖南	1.096	1.025	1.011	1.055	0.984	0.984	1.030	0.863	0.911	0.905
广东	1.316	1.420	1.422	1.356	1.271	1.200	1.250	1.316	1.346	1.339
广西	0.936	1.169	1.178	1.189	1.108	1.040	1.089	0.947	0.925	0.932
海南	0.874	1.144	1.188	1.184	1.136	1.210	1.129	1.137	1.090	1.069
重庆	1.266	1.129	1.119	1.105	1.005	0.949	0.949	0.954	0.963	0.980
四川	1.011	1.067	1.085	0.963	0.904	0.846	0.875	0.873	0.832	0.853
贵州	0.347	1.040	0.982	1.039	0.981	0.956	0.976	0.949	0.932	0.960
云南	1.300	1.455	1.374	1.339	1.170	0.960	0.961	0.887	0.949	0.884
陕西	0.375	1.207	1.349	1.315	1.193	1.153	1.107	1.028	0.935	0.984
甘肃	0.697	1.158	1.296	1.310	1.289	1.187	1.131	1.132	1.161	1.089
青海	0.116	1.367	1.373	1.385	1.088	1.084	1.037	1.007	1.011	1.010
宁夏	0.801	0.798	0.855	0.823	0.883	0.882	0.864	0.866	0.859	0.897
新疆	1.039	1.018	1.062	1.022	1.062	1.064	1.084	1.110	1.013	1.009

增长稳定性指数（剔除居民消费价格指数）

2007年	2008年	2009年	2010年	2011年	2012年	2013年	2014年	2015年	2016年	2017年
1.529	1.573	1.638	1.646	1.663	1.676	1.698	1.676	1.651	1.648	1.648
1.081	1.081	1.086	1.082	1.091	1.098	1.093	1.127	1.117	1.113	1.157
1.038	1.000	1.011	0.993	1.041	1.072	1.072	1.102	1.083	1.061	1.063
1.162	1.198	1.037	0.968	1.117	1.180	1.223	1.171	1.139	1.078	1.068
0.979	0.964	0.988	1.018	1.039	1.076	1.077	1.096	1.062	1.066	1.094
0.901	1.018	1.012	1.080	1.071	1.103	1.144	1.162	1.174	1.173	1.237
1.004	0.985	0.996	1.034	1.061	1.071	1.084	1.154	1.114	1.105	1.129
0.908	0.935	0.911	0.899	0.961	0.948	0.898	0.880	0.856	0.928	0.930
0.913	0.961	0.920	0.863	1.127	1.220	0.982	0.966	0.986	0.959	0.959
1.188	1.174	1.190	1.186	1.198	1.220	1.243	1.246	1.241	1.245	1.245
1.157	1.135	1.172	1.163	1.232	1.248	1.237	1.245	1.261	1.268	1.263
0.951	1.018	1.009	1.051	1.067	1.069	1.148	1.197	1.218	1.188	1.190
1.000	1.021	1.014	1.026	1.070	1.092	1.089	1.119	1.068	1.015	1.013
1.132	1.137	1.138	1.158	1.247	1.248	1.194	1.166	1.142	1.138	1.139
1.191	1.073	1.136	1.137	1.146	1.170	1.190	1.170	1.143	1.116	1.114
1.135	1.150	1.119	1.126	1.141	1.225	1.222	1.240	1.244	1.241	1.242
0.918	0.940	0.933	0.926	0.964	1.049	1.120	1.217	1.347	1.399	1.395
0.890	0.939	0.960	0.929	0.943	0.942	0.941	0.963	0.967	0.938	0.934
1.362	1.364	1.346	1.346	1.381	1.380	1.389	1.398	1.365	1.371	1.366
1.026	1.047	1.054	1.059	1.122	1.143	1.170	1.201	1.268	1.272	1.267
1.092	1.087	1.102	1.211	1.589	1.512	1.436	1.428	1.424	1.395	1.397
0.962	0.991	0.982	0.999	1.115	1.176	1.144	1.120	1.086	1.063	1.071
0.927	0.850	0.884	0.956	0.934	0.996	0.975	0.945	0.964	0.934	0.931
0.963	1.002	1.035	1.077	1.073	1.170	1.169	1.173	1.163	1.190	1.190
0.932	0.943	0.897	0.932	0.950	0.988	0.990	1.009	0.979	1.086	1.079
0.966	1.007	1.023	1.004	1.090	1.194	1.174	1.172	1.151	1.166	1.159
1.157	1.202	1.161	1.177	1.209	1.315	1.428	1.456	1.475	1.448	1.483
1.027	1.035	1.054	0.997	1.044	1.144	1.172	1.199	1.196	1.216	1.220
0.907	0.883	0.887	0.872	0.890	0.937	0.970	0.998	0.984	1.009	1.013
1.002	1.068	1.055	1.165	1.178	1.137	1.144	1.195	1.274	1.377	1.366

附录 7　1997—2017 年中国

省份	1997 年	1998 年	1999 年	2000 年	2001 年	2002 年	2003 年	2004 年	2005 年	2006 年
北京	1.897	2.130	2.385	2.367	2.622	2.702	2.822	3.129	3.353	3.762
天津	1.752	1.757	1.931	2.078	2.097	2.364	2.414	2.670	2.798	3.034
河北	0.585	0.670	0.691	0.717	0.752	0.849	0.981	0.994	0.957	0.964
山西	0.715	0.684	0.776	0.848	0.903	0.912	0.980	1.009	1.069	1.175
内蒙古	0.808	0.961	0.990	0.984	1.047	1.098	1.122	1.250	1.419	1.402
辽宁	1.251	1.233	1.303	1.348	1.334	1.415	1.635	1.681	1.754	1.924
吉林	1.074	1.101	1.099	1.129	1.162	1.248	1.252	1.322	1.395	1.482
黑龙江	1.002	0.969	0.973	1.065	1.079	1.106	1.136	1.169	1.314	1.389
上海	5.607	5.774	5.968	5.771	5.964	6.174	6.296	6.439	6.496	6.743
江苏	0.891	0.993	1.091	1.169	1.212	1.218	1.334	1.410	1.616	1.758
浙江	0.937	1.019	1.061	1.172	1.197	1.402	1.489	1.693	1.703	2.009
安徽	0.473	0.486	0.493	0.589	0.635	0.642	0.763	0.756	0.721	0.801
福建	0.827	0.881	0.944	1.003	1.106	1.134	1.209	1.265	1.375	1.505
江西	0.650	0.633	0.689	0.771	0.870	0.793	0.995	1.057	0.938	1.013
山东	0.652	0.713	0.745	0.855	0.975	1.045	1.081	1.177	1.218	1.371
河南	0.498	0.543	0.543	0.629	0.696	0.702	0.652	0.751	0.788	0.826
湖北	0.758	0.761	0.799	0.907	0.948	0.920	1.038	1.088	1.101	1.271
湖南	0.598	0.607	0.662	0.714	0.760	0.808	0.840	0.895	0.908	0.972
广东	0.993	1.039	1.099	1.085	1.119	1.236	1.305	1.420	1.600	1.731
广西	0.601	0.606	0.618	0.764	0.767	0.804	0.868	0.953	0.947	1.020
海南	0.660	0.725	0.797	0.794	0.828	0.840	0.987	0.988	1.043	1.084
重庆	0.623	0.604	0.687	0.734	0.831	0.798	0.793	0.862	0.964	0.982
四川	0.538	0.566	0.564	0.625	0.735	0.734	0.771	0.812	0.813	0.927
贵州	0.431	0.427	0.459	0.468	0.549	0.555	0.666	0.658	0.594	0.591
云南	0.541	0.537	0.562	0.642	0.629	0.644	0.659	0.830	0.807	0.841
陕西	0.632	0.634	0.689	0.777	0.678	0.748	0.892	1.107	0.956	1.053
甘肃	0.627	0.663	0.692	0.729	0.776	0.743	0.839	0.931	0.883	0.851
青海	0.976	1.062	1.120	1.139	1.101	1.138	1.261	1.253	1.470	1.350
宁夏	1.250	1.313	1.309	1.420	1.405	1.452	1.446	1.501	1.563	1.630
新疆	0.902	0.921	1.012	1.016	1.207	1.296	1.339	1.431	1.430	1.445

各省份经济增长分享性指数

2007年	2008年	2009年	2010年	2011年	2012年	2013年	2014年	2015年	2016年	2017年
4.001	4.032	4.394	4.691	4.922	5.285	5.658	5.702	6.177	6.586	6.960
3.276	3.462	3.774	4.145	4.549	4.986	5.326	5.649	6.022	6.512	6.717
1.032	1.118	1.223	1.425	1.365	1.476	1.648	1.764	1.970	2.034	2.102
1.256	1.307	1.375	1.534	1.543	1.697	1.870	1.844	2.105	2.187	2.317
1.563	1.675	1.823	2.115	2.392	2.517	2.513	2.703	3.119	3.404	3.490
2.032	2.208	2.398	2.543	2.665	3.117	3.341	3.330	3.391	3.464	3.489
1.584	1.687	1.792	1.959	2.005	2.133	2.399	2.455	2.653	2.817	2.926
1.460	1.495	1.614	1.887	1.949	2.069	2.265	2.266	2.398	2.500	2.637
6.885	7.074	7.299	7.486	7.518	7.855	8.240	8.628	9.063	9.425	9.930
1.914	2.003	2.197	2.569	2.787	3.094	3.292	3.533	3.872	4.139	4.464
2.164	2.408	2.600	2.742	3.040	3.390	3.778	3.879	4.118	4.424	4.757
0.813	0.863	0.949	1.196	1.225	1.492	1.580	1.704	1.856	1.834	1.978
1.582	1.696	2.010	2.160	2.436	2.442	2.753	3.078	3.325	3.442	3.842
1.175	1.186	1.268	1.363	1.425	1.540	1.728	1.753	1.939	1.920	2.020
1.477	1.538	1.700	1.972	2.056	2.191	2.396	2.483	2.765	2.872	3.074
0.867	0.950	1.022	1.185	1.302	1.312	1.455	1.629	1.619	1.655	1.786
1.347	1.380	1.442	1.676	1.798	1.929	2.024	2.069	2.399	2.425	2.665
1.070	1.117	1.171	1.364	1.416	1.453	1.601	1.724	1.944	2.032	2.137
1.901	2.057	2.178	2.459	2.703	2.799	2.923	3.134	3.486	3.805	4.035
1.037	1.061	1.161	1.411	1.554	1.496	1.676	1.843	1.987	2.007	2.043
1.224	1.288	1.514	1.589	1.664	1.946	1.932	2.010	2.228	2.282	2.564
1.035	1.157	1.308	1.589	1.778	1.837	1.911	2.217	2.320	2.482	2.727
0.945	0.985	1.148	1.299	1.433	1.587	1.718	1.704	1.880	1.853	2.038
0.624	0.676	0.714	0.891	1.058	1.048	1.281	1.406	1.344	1.331	1.552
0.926	0.932	0.947	1.164	1.272	1.344	1.472	1.488	1.691	1.733	1.780
1.116	1.233	1.319	1.528	1.565	1.679	1.860	1.916	2.316	2.156	2.383
0.902	0.986	1.034	1.309	1.426	1.490	1.574	1.714	1.878	1.840	2.054
1.561	1.641	1.862	1.841	1.921	2.029	2.255	2.354	2.326	2.416	2.587
1.692	1.975	1.866	2.043	2.114	2.198	2.531	2.714	3.020	3.031	3.157
1.505	1.613	1.634	1.892	2.056	2.126	2.227	2.332	2.466	2.543	2.856

附录 8　中国各地区面板平稳性及协整检验结果

附表 8.1　华北地区变量的描述性统计结果

变量	样本量	平均值	标准误	最小值	最大值
egcoo	105	0.643 6	0.350 4	0.107 1	1.643 0
egeff	105	1.690 4	0.991 2	0.448 7	4.769 6
egeco	105	1.308 7	0.230 4	0.682 7	1.642 0
egsta	105	1.103 7	0.455 9	0.268 1	2.276 9
egsha	105	2.425 8	1.639 7	0.585 1	6.960 2
egqual	105	1.548 3	0.834 5	0.552 7	3.996 5
finagg	105	1.304 0	0.582 2	0.490 6	2.333 5

附表 8.2　华北地区面板平稳性检验结果

变量	*LLC*	*IPS*	*Fisher-ADF*
egcoo	−6.101 8***	−1.521 4**	26.165 1***
egeff	−2.793 8***	−2.281 1***	20.572 5**
egeco	−2.246 8**	−5.998 5***	38.439 8***
egsta	−24.310 5***	−7.007 7***	74.377 1***
egsha	−5.117 1***	−2.343 4***	22.880 4***
egqual	−7.264 5***	−3.262 3***	38.636 3**
finagg	−2.795 1***	−1.047 0	30.996 8***

注：***、**、* 分别表示在1%、5%、10%的水平下通过显著性检验，如无特殊说明，下同。

附表 8.3　华北地区协整检验结果

变量	*Statistic*	*Value*	*Z-value*
egcoo	*Gt*	−3.229***	2.430
	Ga	−16.451*	1.531
	Pt	−7.357***	3.066
	Pa	−12.729*	1.413
egeff	*Gt*	−4.048***	−4.712
	Ga	−68.342***	−18.974
	Pt	−7.664***	−3.424
	Pa	−59.801***	−19.034

（续）

变量	Statistic	Value	Z-value
egeco	*Gt*	−2.441	0.235
	Ga	−18.000**	2.051
	Pt	−7.835***	3.623
	Pa	−24.341***	5.760
egsta	*Gt*	−5.758***	−9.472
	Ga	−42.034***	−10.130
	Pt	−12.397***	−8.936
	Pa	−42.716***	−12.639
egsha	*Gt*	−1.103	3.488
	Ga	−21.532***	3.239
	Pt	−2.958	2.058
	Pa	−18.568***	3.599
egqualf	*Gt*	−2.425	0.191
	Ga	−32.983***	7.088
	Pt	−4.842	0.138
	Pa	−25.420***	6.164
finagg	*Gt*	−3.229***	2.430
	Ga	−16.451*	1.531
	Pt	−7.357***	3.066
	Pa	−12.729*	1.413

附表 8.4　华北地区滞后阶数检验结果

变量	滞后阶数	AIC	BIC	HQIC
egcoo	3 阶	−6.434 9	−5.802 7	−6.180 6
egeff	3 阶	−9.966 3	−9.334 1	−9.712 0
egeco	3 阶	−10.454 3	−9.822 1	−10.200 0
egsta	2 阶	−4.413 7	−3.913 7	−4.212 1
egsha	1 阶	−8.302 2	−7.925 8	−8.150 1
egqual	3 阶	−9.497 2	−8.865 0	−9.242 9

附表 8.5 东北地区变量的描述性统计结果

变量	样本量	平均值	标准误	最小值	最大值
egcoo	63	0.784 3	0.340 9	0.440 7	1.732 7
egeff	63	1.528 1	0.765 1	0.500 0	2.991 5
egeco	63	1.413 5	0.141 1	1.008 8	1.587 9
egsta	63	1.091 8	0.409 7	0.378 5	1.921 0
egsha	63	1.861 4	0.722 8	0.968 5	3.488 8
egqual	63	1.330 6	0.455 0	0.741 9	2.309 8
finagg	63	1.044 8	0.100 5	0.892 0	1.217 3

附表 8.6 东北地区面板平稳性检验结果

变量	*LLC*	*IPS*	*Fisher-ADF*
egcoo	−6.364 8***	−5.060 0***	16.554 4**
egeff	−2.269 1**	−1.215 1	16.720 8***
egeco	−4.335 5***	−4.683 8***	35.400 1***
egsta	−1.977 4**	−6.481 2***	42.507 6***
egsha	−4.232 6***	−3.012 4***	17.741 9***
egqual	−4.832 2***	−2.364 3***	19.350 8***
finagg	−3.286 5***	−1.336 3*	15.406 8**

附表 8.7 东北地区协整检验结果

变量	*Statistic*	*Value*	*Z-value*
egcoo	*Gt*	−1.281	2.318
	Ga	−9.294	0.678
	Pt	−2.126	1.787
	Pa	−6.791	0.627
egeff	*Gt*	−3.914***	−3.360
	Ga	−67.435***	−14.461
	Pt	−5.657***	−2.327
	Pa	−33.127***	−7.009
egeco	*Gt*	−3.817***	3.150
	Ga	−40.860***	7.541
	Pt	−5.404**	2.033
	Pa	−33.480***	7.112

（续）

变量	Statistic	Value	Z-value
egsta	*Gt*	−4.804***	5.279
	Ga	−27.208***	3.987
	Pt	−6.511***	3.321
	Pa	−27.319***	5.325
egsha	*Gt*	−1.243	2.401
	Ga	−4.946	1.810
	Pt	−2.358	1.516
	Pa	−12.004	0.885
egqual	*Gt*	−2.492	0.294
	Ga	−12.695	0.208
	Pt	−6.922***	3.800
	Pa	−20.149***	3.246
finagg	*Gt*	−1.281	2.318
	Ga	−9.294	0.678
	Pt	−2.126	1.787
	Pa	−6.791	0.627

附表 8.8　东北地区滞后阶数检验结果

变量	滞后阶数	AIC	BIC	HQIC
egcoo	3 阶	−8.638 5	−7.956 6	−8.377 9
egeff	2 阶	−11.119 9	−10.604 3	−10.921 1
egeco	2 阶	−12.488 2	−11.972 5	−12.289 3
egsta	3 阶	−5.479 2	−4.797 4	−5.218 7
egsha	1 阶	−8.610 7	−8.252 2	−8.471 4
egqual	3 阶	−10.312 2	−9.630 4	−10.051 6

附表 8.9　华东地区变量的描述性统计结果

变量	样本量	平均值	标准误	最小值	最大值
egcoo	147	0.831 4	0.299 7	0.384 1	1.955 6
egeff	147	1.622 0	0.970 9	0.357 8	4.308 9
egeco	147	1.495 7	0.107 3	1.104 1	1.624 3
egsta	147	1.099 4	0.455 8	0.117 6	2.398 6

（续）

变量	样本量	平均值	标准误	最小值	最大值
egsha	147	2.517 8	2.171 4	0.472 8	9.929 8
egqual	147	1.599 0	0.988 6	0.549 2	4.936 9
finagg	147	1.141 4	0.447 3	0.753 0	2.412 9

附表 8.10　华东地区面板平稳性检验结果

变量	*LLC*	*IPS*	*Fisher-ADF*
egcoo	−2.407 8***	−2.031 4**	49.490 3***
egeff	−1.649 7**	−4.326 3***	48.424 5***
egeco	−4.574 8***	−6.031 4***	42.354 7***
egsta	−8.838 1***	−3.569 1***	47.784 3***
egsha	−5.675 3***	−4.826 9***	27.010 0**
egqual	−5.957 1***	−5.840 6***	38.301 9***
finagg	−2.221 5**	−1.844 6**	42.653 2***

附表 8.11　华东地区协整检验结果

变量	*Statistic*	*Value*	*Z-value*
egcoo	*Gt*	−4.008***	5.441
	Ga	−18.841***	2.762
	Pt	−6.967**	1.604
	Pa	−13.445**	1.989
egeff	*Gt*	−1.417	3.094
	Ga	−25.642***	−5.467
	Pt	−5.510	0.093
	Pa	−38.098***	−12.909
egeco	*Gt*	−2.750*	1.297
	Ga	−25.611***	5.454
	Pt	−5.537	0.061
	Pa	−22.112***	5.828
egsta	*Gt*	−6.021***	−12.073
	Ga	−53.038***	−16.363
	Pt	−16.177***	−12.331
	Pa	−54.213***	−20.047

（续）

变量	Statistic	Value	Z-value
egsha	*Gt*	−1.242	3.669
	Ga	−8.885	1.198
	Pt	−0.363	6.088
	Pa	−1.582	3.265
egqual	*Gt*	−0.991	4.497
	Ga	−10.924	0.387
	Pt	−1.331	4.961
	Pa	−7.406	0.686
finagg	*Gt*	−4.008***	5.441
	Ga	−18.841***	2.762
	Pt	−6.967*	1.604
	Pa	−13.445**	1.989

附表 8.12　华东地区滞后阶数检验结果

变量	滞后阶数	AIC	BIC	HQIC
egcoo	2 阶	−8.891 7	−8.396 5	−8.690 5
egeff	2 阶	−9.112 4	−8.617 2	−8.911 2
egeco	3 阶	−11.030 6	−10.423 4	−10.784 0
egsta	1 阶	−2.972 7	−2.581 6	−2.813 8
egsha	2 阶	−7.366 0	−6.870 7	−7.164 8
egqual	3 阶	−8.916 1	−8.308 9	−8.669 5

附表 8.13　中南地区变量的描述性统计结果

变量	样本量	平均值	标准误	最小值	最大值
egcoo	126	0.835 0	0.405 0	0.277 7	1.729 7
egeff	126	1.165 6	0.623 0	0.373 0	2.909 7
egeco	126	1.413 0	0.149 0	1.009 4	1.635 5
egsta	126	1.090 7	0.503 0	0.091 2	2.620 1
egsha	126	1.391 0	0.699 3	0.497 9	4.035 2
egqual	126	1.063 0	0.406 1	0.527 7	2.480 9
finagg	126	0.596 9	0.223 6	0.214 6	0.974 9

附表 8.14 中南地区面板平稳性检验结果

变量	*LLC*	*IPS*	*Fisher-ADF*
egcoo	−4.201 1***	−1.145 1	31.621 4***
egeff	−1.458 3*	−1.753 4**	31.025 6***
egeco	−2.833 2***	−3.114 1***	61.216 3***
egsta	−9.098 2***	−4.153 3***	31.590 6***
egsha	−1.625 3*	−3.599 8***	25.008 7**
egqual	−4.7620***	−2.523 9***	35.144 2***
finagg	−1.990 5**	−1.455 3*	34.447 5***

附表 8.15 中南地区协整检验结果

变量	*Statistic*	*Value*	*Z-value*
egcoo	*Gt*	−5.313***	9.018
	Ga	−28.418***	6.084
	Pt	−8.483***	3.853
	Pa	−18.591***	3.952
egeff	*Gt*	−1.955	1.223
	Ga	−44.406***	−11.971
	Pt	−3.324	2.156
	Pa	−18.913***	−4.084
egeco	*Gt*	−2.894**	−1.642
	Ga	−27.824***	−5.865
	Pt	−9.946***	−5.557
	Pa	−37.028***	−11.513
egsta	*Gt*	−5.358***	−9.155
	Ga	−52.952***	−15.118
	Pt	−13.209***	−9.357
	Pa	−51.582***	−17.481
egsha	*Gt*	−0.893	4.461
	Ga	−8.368	1.300
	Pt	−3.961	1.414
	Pa	−19.517***	4.332

（续）

变量	Statistic	Value	Z-value
egqual	*Gt*	−0.474	5.741
	Ga	−4.194	2.837
	Pt	−1.432	4.360
	Pa	−7.479	0.605
finagg	*Gt*	−5.313***	9.018
	Ga	−28.418***	6.084
	Pt	−8.483***	3.853
	Pa	−18.591***	3.952

附表 8.16 中南地区滞后阶数检验结果

变量	滞后阶数	AIC	BIC	HQIC
egcoo	3 阶	−9.161 0	−8.543 3	−8.910 9
egeff	2 阶	−10.115 9	−9.619 2	−9.914 5
egeco	3 阶	−10.615 3	−9.997 6	−10.365 2
egsta	1 阶	−3.925 5	−3.541 5	−3.769 7
egsha	1 阶	−4.152 3	−3.768 2	−3.996 4
egqual	3 阶	−7.521 3	−6.903 7	−7.271 2

附表 8.17 西南地区变量的描述性统计结果

变量	样本量	平均值	标准误	最小值	最大值
egcoo	84	0.360 3	0.287 7	−0.040 3	0.961 7
egeff	84	1.143 5	0.791 9	0.319 1	3.958 4
egeco	84	1.303 4	0.254 4	0.418 6	1.666 5
egsta	84	1.103 0	0.493 1	0.157 8	2.465 7
egsha	84	1.079 5	0.528 2	0.427 0	2.726 8
egqual	84	0.867 1	0.428 7	0.377 8	2.336 1
finagg	84	1.193 5	0.403 3	0.572 8	1.859 5

附表 8.18 西南地区面板平稳性检验结果

变量	LLC	IPS	Fisher-ADF
egcoo	−5.141 1***	−4.500 5***	29.625 2***
egeff	−3.034 1***	−2.154 5**	18.104 3**
egeco	−4.413 0***	−4.397 6***	58.707 4***

（续）

变量	LLC	IPS	Fisher-ADF
egsta	−5.430 9***	−3.210 5***	45.601 7***
egsha	−2.502 0***	−2.660 0***	15.145 2*
egqual	−1.946 4**	−1.290 1*	38.099 8***
finagg	−3.499 1***	−2.832 0***	19.236 9**

附表 8.19 西南地区协整检验结果

变量	*Statistic*	*Value*	*Z-value*
egcoo	*Gt*	−2.044	0.778
	Ga	−6.295	1.684
	Pt	−6.240***	2.347
	Pa	−9.307	0.118
egeff	*Gt*	−0.887	3.659
	Ga	−6.399	1.653
	Pt	−0.871	3.907
	Pa	−2.941	2.013
egeco	*Gt*	−3.259**	2.250
	Ga	−29.690***	5.350
	Pt	−12.272***	9.373
	Pa	−34.939***	8.700
egsta	*Gt*	−4.336***	4.930
	Ga	−31.799***	5.984
	Pt	−12.128***	9.204
	Pa	−31.882***	7.677
egsha	*Gt*	−1.662	1.727
	Ga	−16.387*	1.350
	Pt	−2.354	2.179
	Pa	−12.555	1.206
egqual	*Gt*	−1.591	1.905
	Ga	−13.157	0.378
	Pt	−1.494	3.181
	Pa	−5.115	1.285

(续)

变量	Statistic	Value	Z-value
finagg	*Gt*	−2.044	0.778
	Ga	−6.295	1.684
	Pt	−6.240***	2.347
	Pa	−9.307	0.118

附表 8.20 西南地区滞后阶数检验结果

变量	滞后阶数	AIC	BIC	HQIC
egcoo	3 阶	−5.381 4	−4.695 3	−5.112 0
egeff	3 阶	−10.941 4	−10.288 6	−10.682 7
egeco	3 阶	−9.526 6	−8.873 8	−9.268 0
egsta	2 阶	−3.458 8	−2.952 9	−3.257 4
egsha	3 阶	−7.797 1	−7.144 3	−7.538 4
egqual	3 阶	−8.931 3	−8.278 5	−8.672 6

附表 8.21 西北地区变量的描述性统计结果

变量	样本量	平均值	标准误	最小值	最大值
egcoo	105	0.428 8	0.342 6	−0.055 2	1.284 2
egeff	105	1.012 2	0.535 7	0.360 4	2.493 1
egeco	105	1.106 8	0.225 9	0.535 9	1.550 1
egsta	105	1.104 0	0.492 3	0.182 8	2.276 8
egsha	105	1.540 1	0.612 2	0.626 8	3.156 7
egqual	105	0.985 6	0.343 3	0.470 6	1.719 6
finagg	105	1.365 8	0.537 5	0.441 7	2.250 8

附表 8.22 西北地区面板平稳性检验结果

变量	LLC	IPS	Fisher-ADF
egcoo	−4.407 7***	−3.727 1***	17.837 5*
egeff	−3.061 4***	−1.916 0**	38.445 1***
egeco	−7.329 8***	−2.883 5***	52.952 8***
egsta	−4.594 6***	−6.063 9***	102.282 6***

（续）

变量	LLC	IPS	Fisher-ADF
egsha	−1.843 4**	−2.790 0***	19.607 3**
egqual	−3.851 5***	−1.309 3*	47.114 6***
finagg	−1.512 2*	−3.556 1***	36.248 6***

附表 8.23　西北地区协整检验结果

变量	Statistic	Value	Z-value
egcoo	*Gt*	−3.557***	3.343
	Ga	−14.541	0.889
	Pt	−5.454	0.850
	Pa	−16.584***	2.856
egeff	*Gt*	−2.662	0.851
	Ga	−34.251***	7.514
	Pt	−2.504	2.586
	Pa	−10.105	0.431
egeco	*Gt*	−3.747***	3.873
	Ga	−25.970***	4.731
	Pt	−7.183***	2.864
	Pa	−22.132***	4.933
egsta	*Gt*	−5.919***	−9.919
	Ga	−28.170***	−5.470
	Pt	−15.653***	−12.729
	Pa	−33.470***	−9.178
egsha	*Gt*	−2.115	0.672
	Ga	−13.421	0.512
	Pt	−3.728	1.161
	Pa	−12.400*	1.290
egqual	*Gt*	−2.055	0.838
	Ga	−12.158	0.087
	Pt	−4.463	0.305
	Pa	−12.780*	1.432

（续）

变量	Statistic	Value	Z-value
finagg	*Gt*	−3.557***	3.343
	Ga	−14.541	0.889
	Pt	−5.454	0.850
	Pa	−16.584***	2.856

附表 8.24　西北地区滞后阶数检验结果

变量	滞后阶数	AIC	BIC	HQIC
egcoo	3 阶	−4.766 9	−4.081 9	−4.493 7
egeff	3 阶	−10.238 9	−9.606 7	−9.984 6
egeco	3 阶	−7.967 1	−7.334 9	−7.712 8
egsta	3 阶	−4.655 1	−4.022 9	−4.400 9
egsha	3 阶	−6.557 8	−5.925 6	−6.303 5
egqual	3 阶	−9.425 9	−8.793 7	−9.171 6

附录 9　金融产业集聚和经济增长质量各维度全局莫兰指数

附表 9.1　金融产业集聚莫兰指数

年份	*Moran's I*	*E*（*I*）	*Sd. Er.*	*Z*
1997	−0.059	−0.034	0.121	−0.200
1998	−0.058	−0.034	0.120	−0.192
1999	−0.057	−0.034	0.121	−0.183
2000	−0.059	−0.034	0.121	−0.205
2001	−0.063	−0.034	0.121	−0.237
2002	−0.059	−0.034	0.121	−0.206
2003	−0.055	−0.034	0.121	−0.167
2004	−0.055	−0.034	0.121	−0.169
2005	−0.069	−0.034	0.121	−0.284
2006	−0.061	−0.034	0.121	−0.217
2007	−0.059	−0.034	0.121	−0.205
2008	−0.061	−0.034	0.121	−0.220
2009	−0.061	−0.034	0.121	−0.218
2010	−0.058	−0.034	0.121	−0.194
2011	−0.054	−0.034	0.121	−0.158
2012	−0.055	−0.034	0.120	−0.167
2013	−0.057	−0.034	0.120	−0.190
2014	−0.054	−0.034	0.120	−0.159
2015	−0.054	−0.034	0.120	−0.158
2016	−0.055	−0.034	0.120	−0.167
2017	−0.049	−0.034	0.120	−0.120

附表 9.2　经济增长结构性莫兰指数

年份	*Moran's I*	*E*（*I*）	*Sd. Er.*	*Z*
1997	0.271**	−0.034	0.124	2.473
1998	0.110	−0.034	0.124	1.165
1999	0.066	−0.034	0.123	0.812
2000	0.025	−0.034	0.123	0.487
2001	0.054	−0.034	0.123	0.717

（续）

年份	*Moran's I*	*E*（*I*）	*Sd. Er.*	*Z*
2002	0.039	−0.034	0.122	0.601
2003	0.054	−0.034	0.121	0.730
2004	0.074	−0.034	0.121	0.893
2005	0.095	−0.034	0.122	1.067
2006	0.123	−0.034	0.122	1.291
2007	0.183*	−0.034	0.122	1.778
2008	0.210**	−0.034	0.122	2.010
2009	0.234**	−0.034	0.121	2.213
2010	0.347***	−0.034	0.122	3.134
2011	0.366***	−0.034	0.122	3.299
2012	0.408***	−0.034	0.122	3.633
2013	0.346***	−0.034	0.120	3.179
2014	0.358***	−0.034	0.120	3.272
2015	0.325***	−0.034	0.118	3.038
2016	0.313***	−0.034	0.119	2.920
2017	0.272***	−0.034	0.118	2.591

注：***、**、*分别表示在1%、5%、10%的水平下通过显著性检验，如无特殊说明，下同。

附表 9.3　经济增长效率莫兰指数

年份	*Moran's I*	*E*（*I*）	*Sd. Er.*	*Z*
1997	0.305***	−0.034	0.121	2.796
1998	0.336***	−0.034	0.121	3.050
1999	0.358***	−0.034	0.121	3.243
2000	0.366***	−0.034	0.121	3.306
2001	0.363***	−0.034	0.120	3.319
2002	0.366***	−0.034	0.121	3.320
2003	0.371***	−0.034	0.121	3.349
2004	0.367***	−0.034	0.121	3.317
2005	0.368***	−0.034	0.122	3.310
2006	0.372***	−0.034	0.122	3.330
2007	0.371***	−0.034	0.123	3.293
2008	0.361***	−0.034	0.123	3.208

（续）

年份	*Moran's I*	*E*（*I*）	*Sd. Er.*	*Z*
2009	0.347***	−0.034	0.124	3.088
2010	0.338***	−0.034	0.124	3.017
2011	0.315***	−0.034	0.124	2.829
2012	0.272**	−0.034	0.124	2.478
2013	0.251**	−0.034	0.124	2.314
2014	0.226**	−0.034	0.124	2.100
2015	0.215**	−0.034	0.124	2.013
2016	0.204*	−0.034	0.124	1.930
2017	0.204*	−0.034	0.124	1.925

附表 9.4　经济增长成本性莫兰指数

年份	*Moran's I*	*E*（*I*）	*Sd. Er.*	*Z*
1997	0.309***	−0.034	0.119	2.883
1998	0.183*	−0.034	0.112	1.936
1999	0.322***	−0.034	0.121	2.947
2000	0.229**	−0.034	0.113	2.340
2001	0.221**	−0.034	0.116	2.206
2002	0.236**	−0.034	0.115	2.364
2003	0.261**	−0.034	0.119	2.491
2004	0.274***	−0.034	0.119	2.599
2005	0.290***	−0.034	0.115	2.835
2006	0.298***	−0.034	0.118	2.806
2007	0.298***	−0.034	0.118	2.820
2008	0.320***	−0.034	0.119	2.986
2009	0.301***	−0.034	0.120	2.793
2010	0.198**	−0.034	0.109	2.125
2011	0.309***	−0.034	0.118	2.907
2012	0.347***	−0.034	0.119	3.205
2013	0.323***	−0.034	0.118	3.025
2014	0.342***	−0.034	0.117	3.209
2015	0.350***	−0.034	0.117	3.273
2016	0.327***	−0.034	0.117	3.092
2017	0.315***	−0.034	0.116	3.004

附表 9.5　经济增长稳定性莫兰指数

年份	*Moran's I*	*E* (*I*)	*Sd. Er.*	*Z*
1997	0.363***	−0.034	0.124	3.208
1998	0.357***	−0.034	0.122	3.200
1999	0.049	−0.034	0.115	0.724
2000	0.148	−0.034	0.118	1.548
2001	0.355***	−0.034	0.118	3.295
2002	0.139	−0.034	0.123	1.410
2003	0.033	−0.034	0.123	0.545
2004	0.214**	−0.034	0.116	2.141
2005	0.118	−0.034	0.120	1.271
2006	0.145	−0.034	0.122	1.478
2007	0.184*	−0.034	0.122	1.793
2008	0.248**	−0.034	0.123	2.294
2009	0.136	−0.034	0.122	1.397
2010	0.444***	−0.034	0.121	3.960
2011	0.003	−0.034	0.122	0.303
2012	−0.010	−0.034	0.119	0.208
2013	0.056	−0.034	0.119	0.762
2014	0.621***	−0.034	0.123	5.310
2015	0.077	−0.034	0.120	0.931
2016	0.151	−0.034	0.119	1.567
2017	0.106	−0.034	0.123	1.147

附表 9.6　经济增长分享性莫兰指数

年份	*Moran's I*	*E* (*I*)	*Sd. Er.*	*Z*
1997	0.222**	−0.034	0.110	2.325
1998	0.273***	−0.034	0.111	2.758
1999	0.276***	−0.034	0.112	2.768
2000	0.264***	−0.034	0.111	2.674
2001	0.251***	−0.034	0.111	2.581
2002	0.286***	−0.034	0.112	2.848
2003	0.314***	−0.034	0.112	3.113

（续）

年份	*Moran's I*	*E*（*I*）	*Sd. Er.*	*Z*
2004	0.306***	−0.034	0.113	3.024
2005	0.311***	−0.034	0.115	2.988
2006	0.310***	−0.034	0.116	2.963
2007	0.321***	−0.034	0.117	3.036
2008	0.329***	−0.034	0.118	3.080
2009	0.350***	−0.034	0.118	3.248
2010	0.349***	−0.034	0.118	3.255
2011	0.316***	−0.034	0.119	2.952
2012	0.357***	−0.034	0.119	3.283
2013	0.365***	−0.034	0.119	3.350
2014	0.366***	−0.034	0.119	3.356
2015	0.369***	−0.034	0.120	3.379
2016	0.372***	−0.034	0.120	3.382
2017	0.369***	−0.034	0.120	3.359

附录 10　金融产业集聚和经济增长质量各维度基于经济矩阵绝对收敛估计结果

附表 10.1　基于经济矩阵金融产业集聚 β 绝对收敛的估计结果

项目	全国	东部	中部	西部
ρ	0.005 4	−0.147 6	−0.176 4**	−0.114 6
	0.102 2	−1.442 7	−2.082 2	−1.388 4
直接效应	−0.029 5**	−0.007 5	−0.041 8	−0.054 3**
	−2.496 9	−0.319 5	−1.668 3	−2.535 3
间接效应	0.013 3	0.048 6	−0.052 3	0.050 7
	0.646 5	1.045 9	−1.505 4	1.509 9
总效应	−0.016 2	0.041 1	−0.094 1**	−0.003 6
	−0.785 7	0.658 9	−2.314 7	−0.151 2
R^2	0.200 1	0.340 4	0.303 4	0.424 8
σ^2	0.000 2	0.000 1	0.000 2	0.000 2

注：***、**、* 分别表示在1%、5%、10%的水平下通过显著性检验，如无特殊说明，下同。

附表 10.2　基于经济矩阵全国经济增长质量及各维度 β 绝对收敛的估计结果

项目	*egqual*	*egcoo*	*egeff*	*egeco*	*egsta*	*egsha*
ρ	0.034 2	−0.018 3	−0.073 4	−0.110 9**	0.014 0	0.037 1
	0.645 5	−0.342 7	−1.371 3	−2.078 5	0.266 4	0.700 8
直接效应	−0.103 4***	0.872 8*	−0.022 9**	−0.244 5***	−1.258 9***	−0.205 5***
	−5.951 7	1.734 7	−2.117 5	−10.419 4	−30.579 9	−8.306 0
间接效应	−0.003 8	−0.569 5	−0.035 7*	−0.059 8	0.186 5**	0.029 4
	−0.106 6	−0.518 9	−1.865 8	−1.583 0	2.343 5	0.688 5
总效应	−0.107 2**	0.303 3	−0.058 6**	−0.304 4***	−1.072 4***	−0.176 1***
	−2.735 5	0.264 2	−2.539 2	−6.556 3	−11.543 5	−3.528 3
R^2	0.367 2	0.090 7	0.456 2	0.266 3	0.909 3	0.282 6
σ^2	0.000 8	3.120 7	0.000 5	0.001 5	0.055 0	0.002 4

附表 10.3　基于经济矩阵东部地带经济增长质量及各维度 β 绝对收敛的估计结果

项目	*egqual*	*egcoo*	*egeff*	*egeco*	*egsta*	*egsha*
ρ	−0.152 8	−0.328 9***	−0.130 4	−0.097 8	−0.157 3	−0.179 9*
	−1.490 7	−3.148 7	−1.279 8	−0.971 3	−1.634 2	−1.748 3

（续）

项目	*egqual*	*egcoo*	*egeff*	*egeco*	*egsta*	*egsha*
直接效应	−0.031 1	−0.097 3***	−0.019 0	−0.164 9***	−1.370 7***	−0.090 4***
	−1.690 3	−3.209 1	−0.912 2	−8.225 0	−19.666 9	−3.616 1
间接效应	0.029 2	0.098 6	0.034 6	0.029 8	0.087 5	0.036 2
	0.875 5	1.654 9	0.909 5	0.689 7	0.441 4	0.772 0
总效应	−0.002 0	0.001 3	0.015 6	−0.135 1**	−1.283 3***	−0.054 3
	−0.056 4	0.019 7	0.304 8	−3.039 7	−5.726 6	−1.094 0
R^2	0.445 9	0.318 2	0.489 2	0.570 8	0.937 4	0.307 9
σ^2	0.000 4	0.002 2	0.000 5	0.000 1	0.041 5	0.001 4

附表 10.4　基于经济矩阵中部地带经济增长质量及各维度 β 绝对收敛的估计结果

项目	*egqual*	*egcoo*	*egeff*	*egeco*	*egsta*	*egsha*
ρ	−0.180 4**	−0.072 3	0.006 5	−0.120 9	−0.170 5**	−0.170 7**
	−2.154 6	−0.849 7	0.076 9	−1.423 5	−2.058 1	−2.013 9
直接效应	−0.285 9***	−0.113 5*	0.026 7	−0.358 5***	−1.282 7***	−0.349 1***
	−5.494 3	−2.140 0	0.838 9	−5.909 8	−15.439 9	−5.911 7
间接效应	0.253 0**	0.101 5	0.021 5	0.207 4	0.141 8	0.133 3
	2.693 4	0.966 1	0.303 1	1.165 4	0.893 8	1.301 1
总效应	−0.032 9	−0.012 0	0.048 3	−0.151 1	−1.140 9***	−0.215 8
	−0.313 7	−0.106 3	0.573 5	−0.784 8	−5.895 8	−1.772 9
R^2	0.637 2	0.381 2	0.599 9	0.407 8	0.954 6	0.540 7
σ^2	0.000 5	0.005 6	0.000 2	0.000 6	0.025 3	0.001 6

附表 10.5　基于经济矩阵西部地带经济增长质量及各维度 β 绝对收敛的估计结果

项目	*egqual*	*egcoo*	*egeff*	*egeco*	*egsta*	*egsha*
ρ	−0.103 4	−0.066 9	−0.181 0**	−0.107 4	−0.047 2	0.145 8*
	−1.251 3	−0.810 7	−2.199 6	−1.302 7	−0.579 7	1.899 0
直接效应	−0.119 9***	2.489 9*	−0.033 4*	−0.304 3***	−1.176 2***	−0.406 7***
	−3.334 2	1.809 1	−1.979 5	−6.898 9	−16.931 9	−6.956 3
间接效应	0.059 9	0.680 2	0.006 4	−0.107 4	0.259 8	0.318 1***
	1.042 1	0.197 1	0.200 2	−1.686 6	1.721 0	3.509 2
总效应	−0.060 0	3.170 1	−0.027 0	−0.411 7***	−0.916 4***	−0.088 6
	−1.032 6	0.807 4	−0.825 3	−4.844 9	−5.173 9	−0.985 6
R^2	0.395 8	0.163 1	0.550 1	0.284 3	0.908 9	0.404 7
σ^2	0.001 1	8.175 4	0.000 5	0.003 5	0.062 4	0.003 0

参 考 文 献

阿尔弗雷德·马歇尔，1997. 经济学原理 [M]. 北京：商务印书馆.

阿尔弗雷德·韦伯，1997. 工业区位论 [M]. 北京：商务印书馆.

埃德加·M. 胡佛，1990. 区域经济导论 [M]. 北京：商务印书馆.

安虎森，2009. 新经济地理学原理 [M]. 北京：经济科学出版社.

奥古斯特·勒施，1998. 经济空间秩序——经济财货与地理间的关系 [M]. 北京：商务印书馆.

保罗·埃尔霍斯特，2015. 空间计量经济学——从横截面数据到空间面板 [M]. 肖光恩，译. 北京：中国人民大学出版社.

保罗·克鲁格曼，2002. 地理与贸易 [M]. 北京：北京大学出版社.

保罗·切希尔，埃德温·S. 米尔斯，2003. 区域和城市经济学手册. 第3卷. 应用城市经济学 [M]. 安虎森，朱妍，谌雪莺，等，译. 北京：经济科学出版社.

曹骥赟，2007. 知识溢出双增长模型和中国经验数据的检验 [D]. 天津：南开大学.

钞小静，惠康，2009. 中国经济增长质量的测度 [J]. 数量经济技术经济研究，26 (6)：75-86.

钞小静，任保平，2008. 经济转型、民间投资成长与政府投资转向——投资推动中国经济高速增长的实证分析 [J]. 经济科学 (2)：5-15.

钞小静，任保平，2008. 中国的经济转型与经济增长质量：基于TFP贡献的考察 [J]. 当代经济科学 (4)：23-29，124-125.

钞小静，任保平，2011. 中国经济增长质量的时序变化与地区差异分析 [J]. 经济研究 (4)：26-39.

车欣薇，部慧，梁小珍，等，2012. 一个金融集聚动因的理论模型 [J]. 管理科学学报，15 (3)：16-29.

陈国亮，2010. 新经济地理学视角下的生产性服务业集聚研究 [D]. 杭州：浙江大学.

陈建军，陈国亮，黄洁，2009. 新经济地理学视角下的生产性服务业集聚及其影响因素研究——来自中国222个城市的经验数据 [J]. 管理世界 (4)：84-89.

陈俊，胡宗义，刘亦文，2013. 金融集聚的区域差异及影响因素的空间计量分析 [J]. 财经理论与实践，34 (6)：21-24.

陈立泰，张祖妞，2010. 服务业集聚与区域经济增长的实证研究 [J]. 山西财经大学学报，32 (10)：65-71.

陈路，孙博文，谢贤君，2019. 产业集聚的经济增长溢出效应——基于新经济地理学视角 [J]. 首都经济贸易大学学报，21 (4)：42-52.

陈启亮，王文涛，2017. 中国省域金融集聚的影响因素分析 [J]. 统计与决策 (12)：154-157.

陈雁云，邓华强，2016. 长江经济带制造业产业集聚与经济增长关系研究［J］. 江西社会科学，36（6）：68－72.

初春，吴福象，2018. 金融集聚、空间溢出与区域经济增长——基于中国31个省域空间面板数据的研究［J］. 经济问题探索（10）：79－86.

楚尔鸣，马永军，2014. 消费增长能否提升经济增长质量——基于全要素生产率的分析［J］. 当代经济研究（4）：53－59，9.

戴武堂，2003. 论经济增长质量及其改善［J］. 中南财经政法大学学报（1）：35－39.

丁焕峰，周艳霞，2017. 创新驱动视角下中国城市经济增长质量时空演变研究［J］. 经济问题探索（8）：79－86.

丁艺，李靖霞，李林，2010. 金融集聚与区域经济增长——基于省际数据的实证分析［J］. 保险研究（2）：20－30.

丁艺，李树丞，李林，2009. 中国金融集聚程度评价分析［J］. 软科学，23（6）：9－13.

杜爽，冯晶，杜传忠，2018. 产业集聚、市场集中对区域创新能力的作用——基于京津冀、长三角两大经济圈制造业的比较［J］. 经济与管理研究，39（7）：48－57.

范晓莉，黄凌翔，卢静，等，2017. 战略性新兴产业集聚发展及影响因素分析［J］. 统计与决策（14）：139－143.

冯林，罗怀敬，李文正，等，2016. 县域金融集聚影响因素研究——基于空间杜宾模型和山东省县域数据的实证［J］. 农业技术经济（6）：113－122.

傅强，李四维，2016. 基于经济增长理论的经济收敛性理论研究述评［J］. 经济问题探索（11）：161－172.

高新才，李俊衡，2011. 陕西省经济增长质量的动态研究——基于索罗模型的考察［J］. 西北大学学报（哲学社会科学版），41（2）：21－25.

郭峰，杜英，窦学诚，2013. 甘肃省经济增长质量与科技进步的实证分析［J］. 科技管理研究，33（12）：68－71.

郭克莎，1996. 论经济增长的速度与质量［J］. 经济研究（1）：36－42.

韩峰，王琢卓，阳立高，2014. 生产性服务业集聚、空间技术溢出效应与经济增长［J］. 产业经济研究（2）：1－10.

何宜庆，陈林心，焦剑雄，等，2017. 金融集聚的时空差异与省域生态效率关系研究［J］. 数理统计与管理，36（1）：162－174.

何宜庆，王耀宇，周依仿，等，2015. 金融集聚、区域产业结构与生态效率耦合协调实证研究——以三大经济圈为例［J］. 经济问题探索（5）：131－137.

何宜庆，杨琼，2016. 金融集聚视角下FDI对国际贸易影响的门槛效应分析——以长江经济带为例［J］. 金融与经济（8）：15－21.

胡东婉，宋玉祥，2017. 金融集聚对区域经济增长的溢出效应研究［J］. 中南财经政法大学学报（4）：30－34，45.

黄繁华，郭卫军，2020. 空间溢出视角下的生产性服务业集聚与长三角城市群经济增长效率［J］. 统计研究，37（7）：66－79.

黄解宇，2011. 金融集聚的内在动因分析［J］. 工业技术经济，30（3）：129－136.

黄解宇，杨再斌，2006. 金融集聚论——金融中心形成的理论和实践解析［M］. 北京：中国社会科学出版社.

黄庆华，时培豪，胡江峰，2020. 产业集聚与经济高质量发展：长江经济带 107 个地级市例证［J］. 改革（1）：87 - 99.

黄先海，金泽成，余林徽，2017. 要素流动与全要素生产率增长：来自国有部门改革的经验证据［J］. 经济研究，52（12）：62 - 75.

黄跃，李琳，2017. 中国城市群绿色发展水平综合测度与时空演化［J］. 地理研究，36（7）：1309 - 1322.

纪玉俊，周素娟，2015. 我国金融产业集聚的区域经济增长效应——基于门槛回归模型的实证研究［J］. 产业经济评论（2）：43 - 51.

季书涵，朱英明，张鑫，2016. 产业集聚对资源错配的改善效果研究［J］. 中国工业经济（6）：73 - 90.

江瑶，高长春，2017. 长三角高技术产业细分行业集聚影响因素研究——基于面板数据的半参数模型［J］. 经济问题探索（3）：115 - 122，148.

蒋满元，2008. 产业集聚中心形成的动态累积过程：历史与预期因素的影响［J］. 经济问题探索（11）：8 - 12.

卡马耶夫，1983. 经济增长的速度和质量［M］. 武汉：湖北人民出版社.

康梅，2006. 投资增长模式下经济增长因素分解与经济增长质量［J］. 数量经济技术经济研究（2）：153 - 160.

黎杰生，胡颖，2017. 金融集聚对技术创新的影响——来自中国省级层面的证据［J］. 金融论坛，22（7）：39 - 52.

黎平海，王雪，2009. 基于金融集聚视角的产业结构升级研究——以广东省为例［J］. 广东金融学院学报，24（6）：51 - 59，127 - 128.

李标，宋长旭，吴贾，2016. 创新驱动下金融集聚与区域经济增长［J］. 财经科学（1）：88 - 99.

李大垒，2010. 城市金融产业集聚形成原因的实证研究——基于我国 35 个大中城市的面板数据［J］. 上海经济研究（8）：41 - 47，59.

李大垒，仲伟周，2014. 城市依附、社会嵌入与金融产业集聚——基于中国城市面板数据的实证研究［J］. 当代财经（3）：48 - 60.

李二玲，李小建，2005. 企业集群的竞争优势研究［J］. 河南大学学报（社会科学版）（3）：9 - 14.

李红，王彦晓，2014. 金融集聚、空间溢出与城市经济增长——基于中国 286 个城市空间面板杜宾模型的经验研究［J］. 国际金融研究（2）：89 - 96.

李敬，冉光和，孙晓铎，2008. 中国区域金融发展差异的度量与变动趋势分析［J］. 当代财经（3）：34 - 40.

李静，白江，2014. 我国地区金融集聚水平的测度［J］. 求是学刊，41（4）：52 - 58.

李静，朱显平，白江，2014. 我国地区金融集聚驱动因素的实证分析［J］. 东北师大学报（哲学社会科学版）（5）：107 - 112.

李俊江，彭越，2016. 中印经济增长质量比较研究 [J]. 当代经济研究（2）：66-74，97.
李俊霖，2007. 中国经济增长质量研究 [D]. 武汉：华中科技大学.
李凯风，王捷，2017. 金融集聚、产业结构与环境污染——基于中国省域空间计量分析 [J]. 工业技术经济，36（3）：3-12.
李林，丁艺，刘志华，2011. 金融集聚对区域经济增长溢出作用的空间计量分析 [J]. 金融研究（5）：113-123.
李强，李新华，2018. 新常态下经济增长质量测度与时空格局演化分析 [J]. 统计与决策，34（13）：142-145.
李强，魏巍，2016. 提高经济增长质量会抑制中国经济增长吗 [J]. 财贸研究，1（27）：28-35.
李荣富，傅懿兵，王萍，2014. 安徽省市域经济增长质量动态模糊综合评价——基于改进的 AHP-FCE 集成模型 [J]. 安徽农业大学学报（社会科学版），23（1）：54-61.
李思霖，魏修建，2017. 我国金融集聚与经济增长的空间相关性研究 [J]. 财经问题研究（3）：55-59.
李伟军，李婷，吴义东，2020. 中国三大城市群金融集聚：空间网络及结构分化 [J]. 经济体制改革（2）：38-45.
李雪，星焱，2013. 金融控制、区域物价波动与金融发展 [J]. 经济评论（2）：93-101.
李延军，史笑迎，李海月，2018. 京津冀区域金融集聚对经济增长的空间溢出效应研究 [J]. 经济与管理，32（1）：21-26.
李勇，梁琳，2015. PPP 模式、政府投资效率与金融集聚区建设研究 [J]. 理论与改革（4）：85-88.
李正辉，蒋赞，2012. 基于省域面板数据模型的金融集聚影响因素研究 [J]. 财经理论与实践，33（4）：12-16.
李政，邱雨辰，2016. 区域金融集聚与创新创业的耦合性——基于面板 VAR 的实证分析 [J]. 学术交流（2）：117-122.
连建辉，孙焕民，钟惠波，2006. 金融企业集群：经济性质、效率边界与竞争优势 [J]. 金融研究（6）：72-82.
梁琦，2004. 产业集聚论 [M]. 北京：商务印书馆.
梁颖，2006. 金融产业集聚的宏观动因 [J]. 南京社会科学（11）：56-62.
廖筠，赵真真，2015. 中国经济增长质量的区域比较研究 [J]. 北京工商大学学报（社会科学版），30（4）：118-126.
林春，2017. 财政分权与中国经济增长质量关系——基于全要素生产率视角 [J]. 财政研究（2）：73-83，97.
林光平，龙志和，吴梅，2005. 我国地区经济收敛的空间计量实证分析：1978—2002 年 [J]. 经济学（季刊）（S1）：67-82.
林江鹏，黄永明，2008. 金融产业集聚与区域经济发展——兼论金融中心建设 [J]. 金融理论与实践（6）：49-54.
凌晨，刘军，郑义，2013. 交通基础设施、FDI 与中国产业集聚的实证分析 [J]. 统计与决策（8）：88－92.

刘红，2008. 金融集聚对区域经济的增长效应和辐射效应研究［J］. 上海金融（6）：14－19.

刘红，2008. 金融集聚影响区域经济增长的机制研究［D］. 上海：同济大学.

刘军，段会娟，2015. 我国产业集聚新趋势及影响因素研究［J］. 经济问题探索（1）：36－43.

刘立云，2011. 中西部文化产业集群的区域竞争优势研究［J］. 中国软科学（S2）：199－205.

刘树成，2007. 论又好又快发展［J］. 经济研究（6）：4－13.

刘帅，2019. 中国经济增长质量的地区差异与随机收敛［J］. 数量经济技术经济研究，36（9）：24－41.

刘文革，周文召，仲深，等，2014. 金融发展中的政府干预、资本化进程与经济增长质量［J］. 经济学家（3）：64－73.

刘小瑜，汪淑梅，2014. 基于集对分析法的我国经济增长质量综合评价［J］. 江西社会科学，34（12）：48－53.

刘亚建，2002. 我国经济增长效率分析［J］. 思想战线（4）：30－33.

陆文喜，李国平，2004. 中国区域金融发展的收敛性分析［J］. 数量经济技术经济研究（2）：125－128.

罗勇，曹丽莉，2005. 中国制造业集聚程度变动趋势实证研究［J］. 经济研究（8）：106－115，127.

迈克尔·波特，2003. 国家竞争优势［M］. 北京：中信出版社.

迈克尔·托达罗，1999. 经济发展［M］. 第6版. 北京：中国经济出版社.

宁朝山，任海平，2020. 中国区域经济质量差异及其收敛性分析［J］. 地域研究与开发，39（6）：24－28，35.

潘辉，冉光和，张冰，等，2013. 金融集聚与实体经济增长关系的区域差异研究［J］. 经济问题探索（5）：102－107.

潘文卿，刘庆，2012. 中国制造业产业集聚与地区经济增长——基于中国工业企业数据的研究［J］. 清华大学学报（哲学社会科学版），27（1）：137－147，161.

任保平，2010. 后改革时代的主要矛盾、改革趋向及其重点［J］. 西北大学学报（哲学社会科学版）（2）：16－19.

任保平，2012. 经济增长质量的内涵、特征及其度量［J］. 黑龙江社会科学（3）：50－53.

任保平，2020. 中国经济增长质量报告［M］. 北京：中国经济出版社.

任保平，李禹墨，2018. 我国省域工业体系竞争力评价与提升路径［J］. 财经科学（8）：121－132.

任保平，文丰安，2018. 新时代中国高质量发展的判断标准、决定因素与实现途径［J］. 改革（4）：5－16.

任英华，徐玲，游万海，2010. 金融集聚影响因素空间计量模型及其应用［J］. 数量经济技术经济研究，27（5）：104－115.

任媛，蔡翼飞，2016. 经济社会综合发展水平的时空差异及其相互作用——来自省会城市的证据［J］. 城市发展研究，23（3）：5－8.

茹乐峰，苗长虹，王海江，2014. 我国中心城市金融集聚水平与空间格局研究 [J]. 经济地理，34 (2)：58-66.

单薇，2003. 基于熵的经济增长质量综合评价 [J]. 数学的实践与认识 (10)：49-54.

沈利生，2009. 中国经济增长质量与增加值率变动分析 [J]. 吉林大学社会科学学报，49 (3)：126-134，160.

师博，任保平，2018. 中国省际经济高质量发展的测度与分析 [J]. 经济问题 (4)：1-6.

师博，任保平，2019. 策略性竞争、空间效应与中国经济增长收敛性 [J]. 经济学动态 (2)：47-62.

石培哲，2000. 产业集聚形成原因探析 [J]. 经济师 (3)：18-19.

舒辉，周熙登，林晓伟，2014. 物流产业集聚与全要素生产率增长——基于省域数据的空间计量分析 [J]. 中央财经大学学报 (3)：98-105.

斯丽娟，张利敏，2019. 金融集聚外部性对经济增长的影响——基于省会城市面板数据的实证分析 [J]. 经济经纬，36 (3)：150-156.

宋利格，陈迅，2006. 西部地区经济增长质量的综合评价 [J]. 统计与决策 (13)：113-114.

随洪光，2013. 外商直接投资与中国经济增长质量提升——基于省际动态面板模型的经验分析 [J]. 世界经济研究 (7)：67-72，89.

随洪光，余李，段鹏飞，2017. 外商直接投资、汇率甄别与经济增长质量——基于中国省级样本的经验分析 [J]. 经济科学 (2)：59-73.

孙洪哲，刘琦，2011. 城市化与产业集聚互动机制研究 [J]. 中国青年政治学院学报，30 (2)：136-142.

孙维峰，黄解宇，2012. 金融集聚、资源转移与区域经济增长 [J]. 投资研究，31 (10)：140-147.

孙武军，崔意英，赵明，2013. 金融发展与产业结构调整升级——来自北、上、广、深、苏五市的经验证据 [J]. 湖南大学学报 (社会科学版)，27 (3)：54-60.

孙晓华，郭旭，2015. 工业集聚效应的来源：劳动还是资本 [J]. 中国工业经济 (11)：78-93.

孙志红，王亚青，2017. 金融集聚对区域经济增长的空间溢出效应研究——基于西北五省数据 [J]. 审计与经济研究，32 (2)：108-118.

唐松，2014. 中国金融资源配置与区域经济增长差异——基于东、中、西部空间溢出效应的实证研究 [J]. 中国软科学 (8)：100-110.

托马斯，2001. 增长的质量 [M]. 北京：中国财政经济出版社.

万道侠，胡彬，2018. 产业集聚、金融发展与企业的“创新惰性”[J]. 产业经济研究 (1)：28-38.

王博，邵全权，2015. 保险业市场结构调整能提升经济增长质量吗？ [J]. 产业经济研究 (1)：33-44.

王丹，叶蜀君，2012. 金融集聚的动因研究 [J]. 山西财经大学学报，34 (S4)：22.

王锋，李紧想，张芳，等，2017. 金融集聚能否促进绿色经济发展？——基于中国 30 个省份的实证分析 [J]. 金融论坛，22 (9)：39-47.

王积业，2000. 关于提高经济增长质量的宏观思考 [J]. 宏观经济研究 (1)：11 - 17.

王君磊，王兆凯，杨晓明，2007. 基于层次分析法的经济增长质量评价模型 [J]. 统计与决策 (12)：49 - 51.

王蕾茜，2016. 中国金融业集聚动因的理论与实证研究 [J]. 投资研究，35 (11)：68 - 83.

王俏茹，刘金全，刘达禹，2020. 中国省级经济增长的收敛特征与空间溢出效应检验 [J]. 世界经济文汇 (3)：91 - 106.

王澍雨，2018. 中国金融产业集聚的测度及其效应研究 [D]. 大连：东北财经大学.

王艳华，赵建吉，刘娅娜，等，2020. 中国金融产业集聚空间格局与影响因素——基于地理探测器模型的研究 [J]. 经济地理，40 (4)：125 - 133.

魏敏，李书昊，2018. 新时代中国经济高质量发展水平的测度研究 [J]. 数量经济技术经济研究，35 (11)：3 - 20.

吴亚菲，孙淼，2017. 长三角城市群经济增长和产业集聚的关联效应研究 [J]. 上海经济研究 (5)：44 - 50.

吴炎芳，2020. 金融集聚对区域经济增长的空间溢出效应研究——基于空间计量模型的三大城市群对比分析 [J]. 经济问题 (8)：61 - 69.

吴远仁，2016. 我国高端服务业集聚形成机理与集聚效应研究 [D]. 泉州：华侨大学.

向敬伟，李江风，2018. 贫困山区耕地利用转型对农业经济质量的影响 [J]. 中国人口·资源与环境，28 (1)：71 - 81.

肖攀，李连友，苏静，2016. 中国省域经济增长质量测度及其收敛性分析 [J]. 财经理论与实践，37 (4)：111 - 117.

薛雅伟，张在旭，李宏勋，等，2016. 资源产业空间集聚与区域经济增长："资源诅咒"效应实证 [J]. 中国人口·资源与环境，26 (8)：25 - 33.

杨占锋，段小梅，2019. 产业结构变迁对经济增长质量的影响效应——基于成渝经济区全要素生产率贡献的分析 [J]. 地域研究与开发，38 (1)：39 - 44.

叶阿忠，吴继贵，陈生明，等，2015. 空间计量经济学 [M]. 厦门：厦门大学出版社.

叶宗裕，2003. 关于多指标综合评价中指标正向化和无量纲化方法的选择 [J]. 浙江统计 (4)：25 - 26.

易纲，樊纲，李岩，2003. 关于中国经济增长与全要素生产率的理论思考 [J]. 经济研究 (8)：13 - 20、90.

于斌斌，2017. 金融集聚促进了产业结构升级吗：空间溢出的视角——基于中国城市动态空间面板模型的分析 [J]. 国际金融研究 (2)：12 - 23.

于雁洁，胡梦荔，2012. 我国金融产业集聚效应影响因素分析 [J]. 统计与决策 (17)：133 - 136.

余泳泽，2015. 中国省际全要素生产率动态空间收敛性研究 [J]. 世界经济，38 (10)：30 - 55.

余泳泽，刘大勇，宣烨，2016. 生产性服务业集聚对制造业生产效率的外溢效应及其衰减边界——基于空间计量模型的实证分析 [J]. 金融研究 (2)：23 - 36.

余泳泽，杨晓章，张少辉，2019. 中国经济由高速增长向高质量发展的时空转换特征研究

[J]. 数量经济技术经济研究，36（6）：3-21.
俞安军，韩士专，张顺超，2007. 利用C-D函数测算中国经济增长的质量及方式［J］. 统计与决策（24）：48-49.
约翰．冯杜能，1986. 孤立国同农业和国民经济的关系［M］. 吴衡康，译．北京：商务印书馆．
詹新宇，崔培培，2016. 中央对地方转移支付的经济增长质量效应研究——基于省际面板数据的系统GMM估计［J］. 经济学家（12）：12-19.
张帆，2016. 中国金融产业集聚效应及其时空演变［J］. 科研管理，37（S1）：417-425.
张公嵬，2010. 我国产业集聚的变迁与产业转移的可行性研究［J］. 经济地理，30（10）：1670-1674，1687.
张浩然，2016. 中国城市金融集聚的演进趋势与影响因素：区域异质性视角［J］. 广东财经大学学报，3（31）：56-63.
张浩然，魏琳，2015. 金融集聚与城市经济绩效：基于城市异质性视角的分析［J］. 当代财经（10）：61-69.
张继海，李发毅，2014. 经济增长质量辨析与评价［J］. 中国社会科学院研究生院学报（6）：50-55.
张健华，王鹏，冯根福，2016. 银行业结构与中国全要素生产率——基于商业银行分省数据和双向距离函数的再检验［J］. 经济研究，51（11）：110-124.
张培刚，1992. 新发展经济学［M］. 郑州：河南人民出版社．
张鹏，于伟，2019. 金融集聚与城市发展效率的空间交互溢出作用——基于地级及以上城市空间联立方程的实证研究［J］. 山西财经大学学报，41（4）：1-16.
张同功，孙一君，2018. 金融集聚与区域经济增长：基于副省级城市的比较研究［J］. 宏观经济研究（1）：82-93，120.
张晓燕，2012. 金融产业集聚影响因素的实证分析［J］. 南京财经大学学报（1）：59-64，84.
张秀娟，2015. 金融产业集聚对城乡收入差距的影响——基于省际面板数据的实证分析［J］. 农业技术经济（4）：98-107.
张云飞，2014. 城市群内产业集聚与经济增长关系的实证研究——基于面板数据的分析［J］. 经济地理，34（1）：108-113.
张振，赵儒煜，2021. 金融产业集聚对区域经济韧性的空间溢出效应研究［J］. 当代经济管理，43（3）：89-97.
张志元，季伟杰，2009. 中国省域金融产业集聚影响因素的空间计量分析［J］. 广东金融学院学报，24（1）：107-117.
赵可，徐唐奇，张安录，2016. 城市用地扩张、规模经济与经济增长质量［J］. 自然资源学报，3（31）：390-401.
赵伟，马瑞永，2006. 中国区域金融发展的收敛性、成因及政策建议［J］. 中国软科学（2）：94-101.
赵英才，张纯洪，刘海英，2006. 转轨以来中国经济增长质量的综合评价研究［J］. 吉林大学社会科学学报（3）：27－35.

郑玉歆，2007. 全要素生产率的再认识——用TFP分析经济增长质量存在的若干局限［J］. 数量经济技术经济研究（9）：3－11.

钟昌宝，钱康，2017. 长江经济带物流产业集聚及其影响因素研究——基于空间杜宾模型的实证分析［J］. 华东经济管理，31（5）：78－86.

仲深，杜磊，2018. 金融集聚对区域经济增长的影响研究——基于空间面板数据的计量经济分析［J］. 工业技术经济，37（4）：62－69.

周兵，蒲勇健，2003. 一个基于产业集聚的西部经济增长实证分析［J］. 数量经济技术经济研究（8）：143－147.

周迪，程慧平，2015. 中国产业结构水平的分布动态及其空间依赖［J］. 经济经纬，32（4）：79－84.

周恩泽，冷彦润，康志勇，2020. 银行业集聚的空间溢出效应研究——基于长江三角洲的实证检验［J］. 上海金融（4）：54－62.

周海鹏，李媛媛，李瑞晶，2016. 金融产业集聚对区域经济增长的空间效应研究［J］. 现代财经（天津财经大学学报），2（36）：63－76.

朱子云，2019. 中国经济增长质量的变动趋势与提升动能分析［J］. 数量经济技术经济研究，36（5）：23－43.

ANTONIO C，ROBERT E H，1996. Productivity and the density of economic activity［J］. The American economic review，86（1）：54－70.

ASLESEN H W，ISAKSEN A，2007. Knowledgeintensive business services and urban industrial development［J］. The service industries journal，27（3）：321－338.

BENCIVENGA V R，SMITH B D，STARR R M，1995. Transactions costs，technological choice，and endogenous growth［J］. Journal of economic theory，67（1）：153－177.

BOUBACAR D，2017. Corporate governance，bank concentration and economic growth［J］. Emerging markets review（32）：28－37.

BOUDEVILLE J R，1966. Problems of regional economic planning［M］. Edinburgh：Edinburgh University Press.

BRÜLHART M，MATHYS N A，2008. Sectoral agglomeration economies in a panel of European regions［J］. Regional science & urban economics，38（4）：348－362.

CARLINO G A，1979. Increasing returns to scale in metropolitan manufacturing［J］. Journal of regional science（19）：363－373.

DAN O'DONOGHUE，BILL G，2004. A note on methods for measuring industrial agglomeration［J］. Regional studies，38（4）：419－427.

DAVIS E P，1990. International financial centers—An industrial analysis［J］. Bank of England discussion paper（52）：1－23.

DIALLO，2012. Intercultural teaching in the Arab Gulf region：Making a case for paedagogy that takes into account the epistemic context and the scholastic traditions of Muslim students［J］. International journal of pedagogies and learning，7（3）：211－217.

DIXIT A，STIGLITZ J，1977. Monopolistic competition and optimum product diversity [J]. American economic review，67 (3)：297 - 308.

DONG - HYEON K，SHU - CHIN L，TING - CIH C，2016. Financial structure，firm size and industry growth [J]. International review of economics & finance (41)：23 - 39.

EDWARD F，2002. The relevance of clusters for innovation policy in Latin America and the Caribbean [J]. Uiuc department of urban & regional planning，8 (3)：4.

EWEN P，NEIL H，2000. Implementing the cluster approach：Some lessons from the Scottish experience [J]. International studies of management & organization，30 (2)：68 - 92.

FABIAN W，2016. Does medieval trade still matter? Historical trade centers，agglomeration- and contemporary economic development [J]. Regional science and urban economics (60)：50 - 60.

FRANKLIN A，ANTHONY M S，1997. The theory of financial intermediation [J]. Journal of banking and finance，21 (11) .

FUTAGAMI K，ONKUSA Y，2003. The qualty ladder and product varet：Larger economies may not grow faster [J]. Japanese economic review (54)：336 - 351.

GEHRIG T，1998. Economics of Cities：Theoretical Perspectives [M]. Cambridge University Press.

GOLDSMITH R W，1969. Financial structure and development [M]. New Haven：Yale University Press.

GURLY G，SHAW S，1973. Money in a theory of finance [M]. Washington D C：Brookings Institution.

HAGGETT P，CHORLEY R J，1969. Network analysis in geography [M]. London：Edward Arnold.

HENRY G O，STEPHEN R J V，2001. The economic geography of trade，production and income：A survey of empirics [R]. NBER working paper.

HIRSCHMAN A，1948. The strategy of economic development [M]. London：Yale University Press，1958.

HUI Y，XIAOLAN H，MEIE X，2018. Research on supply chain finance model based on agricultural logistics park information platform [C]. Wuhan Zhicheng Times Cultural Development Co.，Ltd. Proceedings of 2018 International Symposium on Social Science and Management Innovation (SSMI)：41 - 245.

JAMES H C，THOMAS J F，HERRERO - DAVILA L，et al，2016. Circular economy design considerations for research and process development in the chemical sciences [J]. Green chemistry，18 (14)：3914 - 3934.

JEAN - MARC B，ELENA L M，2010. Externalities，consumption constraints and regular economies [J]. Springer - Verlag，44 (1)：123 - 147.

JEFFREY G W，1965. Regional inequality and the process of national development：A description of the patterns [J]. Economic development and cultural change，13 (4)：1 - 84.

JEREMY G, BOYAN J, 1990. Financial development, growth, and the distribution of income [J]. Journal of political Economy, 98 (5): 1076 - 1107.

JOSE L R, 2018. Financial development, institutional investors, and economic growth [J]. International review of economics & finance (54): 218 - 224.

KALDOR N, 1970. The case for regional polices [J]. The Scottish journal of political economy (99) .

KINDLEBERGER C P, 1974. The formation of financial centers: A study in comparative economic history [M]. Princeton: Princeto University Press.

LESAGE J, PACE R K, 2009. Introduction to spatial econometrics [M]. Boca Raton: CRC Press.

LEYSHON A, THRIFT N, 1997. Money space: geographies of monetary transformation [M]. London: Routledge.

LISA C, LUC J, 2017. Financial inclusion, bank concentration, and firm performance [J]. World development (97): 1 - 13.

LOSCH A, 1939. The economic of location [M]. New Haven: Yale University Press.

MACHAEL J P, CHARLES F S, 1984. The second industrial divide: Possibilities for prosperity [J]. New York: Basic Books.

MARSHALL A, 1920. Principles of economics [M]. London: Macmillan.

MARTIN W, ABDULNASER I S, 2016. Improving the economy - of - scale of small organic rankine cycle systems through appropriate working fluid selection [J]. Elsevier Ltd (183): 1227 - 1239.

MASKELL A, 1890. Principles of economics: An Introductory [M]. London: Macmillan: 120 - 135.

MCKINNON I, 1973. Money and capital in economic development [M]. Washington D C: Brookings Institution.

MERTON R C, BODIE Z, 1995. A conceptual framework for analyzing the financial environment [M]. Cambridge: Harvard Business School Press.

MICHAEL P, 1990. Competitive advantage of nations [J]. Competitive intelligence review, 1 (1): 14.

MICHAEL S D, JANICE E C, JAMES D, 1985. Yarbrough. Short - term interactions between DDT and endrin accumulation and elimination in mosquitofish (*Gambusia affinis*) [J]. Springer - Verlag, 14 (3): 315 - 320.

MICHEL A, JEAN - CHARLES H, CARLO J, et al, 2015. Financing transition in an adverse context: Climate finance beyond carbon finance [J]. Springer Netherlands, 15 (4): 403 - 420.

MONTFORT M, RASMANÉ O, 2020. Financial development curse in resource - rich countries: The role of commodity price shocks [J]. Elsevier Inc. (76): 84 - 96.

MUHSIN K, 2011. Financial development and economic growth nexus in the MENA countries:

bootstrap panel granger causality analysis [J]. Economic modeling, 29 (3): 685 - 693.

MYDAL G, 1957. Economic theory and underdeveloped regions [M]. London: Duckworth.

O'BRIEN R, 1992. Global financial integration: the end of geography [M]. London: Pinter.

OTTAVIANO G, PINELLI D, 2006. Market potential and productivity: evidence from finnish regions [J]. Regional science & urban economics, 36 (5): 636 - 657.

PAGANO M, 1993. Financial markets and growth: An overview [J]. North - Holland, 37 (2 - 3): 613 - 622.

PANDIT N R, COOK G, SWANN G, 2002. A comparison of clustering dynamics in the British broadcasting and financial services industries [J]. International journal of the economics of business, 9 (2): 195 - 224.

PANDIT N R, GARY A S, COOK G M, et al, 2001. The dynamic of industrial clustering in British financial service [J]. The service industrial journal, 1 (4): 33 - 61.

PARK Y S, 1982. The economics of offshore financial centers [J]. Columbia journal of world business, 17 (4): 31 - 35.

PAUL K, 1991. Increasing returns and economic geography [J]. Journal of political economy, 99 (3): 483 - 499.

PERROUX F, 1950. Economic space: Theory and application [J]. The quarterly journal of economics, 64 (1): 89 - 104.

PERROUX F, 1955. Note sur la notion de pole de croissance [J]. Economie appliquee (8): 307 - 320.

PIERRE - PHILIPPE C, MIREN L, JACQUES - FRANÇOIS T, et al, 2008. The rise and fall of spatial inequalities in France: A long - run perspective [J]. Explorations in economic history, 48 (2) .

PORTEOUS J, 1995. The geography of finance: Spatial dimension of intermediary behavior [M]. Aldershot: Avebury.

POWELL E T, 1915. The evolution of the money market 1385—1915: An historical and analytical study of the rise and development of finance as a centralised, coordinated force [M]. London: Rout - ledge.

PU - YAN N, PENG S, BILL Z Y, 2014. A dynamic study on ecological disaster, government regulation, and renewable resources [J]. American journal of economics and sociology, 73 (2) .

RICHARD E B, PHILIPPE M, GIANMARCO I P O, 2001. Global income divergence, trade, and industrialization: The geography of growth take - offs [J]. Journal of economic growth, 6 (1) .

RICHARDSON H W, 1978. Regional economics [M]. Urbana: University of Llinois Press.

ROBERT J B, 2002. Quantity and quality of economic growth [J]. Journal economía Chilena (The Chilean economy), 5 (2): 17 - 36.

ROSS L, 1997. Financial development and economic growth: Views and agenda [J]. Journal of economic literature, 35 (2): 688 - 726.

ROUSSEAU B, 2000. Equity markets and growth: Cross - country evidence on timing and outcomes 1980—1995 [J]. Journal of business and finance, 24 (2): 1933 - 1957.

SALVADOR B, 2004. The evolution of the firm size distribution and nationality of ownership [J]. Core discussion papers (22): 122 - 124.

SAMUELSON A, 1954. The Transfer problem and transport costs: Analysis of efects of trade impediments [J]. The economic joural, 64 (254): 264 - 289.

SCITOVSKY T, 1954. Two concepts of external economies [J]. The journal of political economy, 62 (2) .

SERGEY S, 2017. Industrial clusters in Russia: The development of special economic zones and industrial parks [J]. Russian journal of economics, 3 (2): 174 - 199.

SHAW G, WILLIAMS A, 2009. Knowledge transfer and management in tourism organisations: An emerging research agenda [J]. Tourism management, 30 (3): 325 - 335.

SIMONA I, PHILIP M, 2006. The structure and evolution of industrial clusters: Transactions, technology and knowledge spillovers [J]. Research policy, 35 (7): 1018 - 1036.

SOLOW R, 1956. A contribution to the theory of economic growth [J]. Quartly journal of economics, 70 (3): 65 - 94.

TAYLOR P J, 2003. Financial services clustering and its significance for London [M]. London: Corporation of London.

THOMAS P G, 2003. Corporate governance: Fine - tuning the conditions for innovation and job growth in a global economy [J]. Mohr Siebeck, 159 (4): 656 - 663.

TILMAN A, 1999. How to promote clusters: Policy experiences from Latin America [J]. World development, 27 (9): 1693 - 1913.

TSCHOEGL A E, 2000. International banking centers, geography, and foreign banks [J]. Finance markets institutions & instruments, 9 (1): 1 - 32.

UNGSUH K P, 1982. Development prospect of the Northeast Asian economies [J]. The Institue for Far Eastern studies, 6 (1): 38 - 65.

VENABLES A, 1996. Equilibrium locations of vertical - linked industries [J]. International - economic review, 37 (2): 341 - 359.

WEBER A, 1909. The location of industries [M]. Chicago: University of Chicago Press.

ZHAO X B, ZHANG L, WANG T, 2004. Determining factors of the development of a national financial center: The case of China [J]. Geoforum, 35 (4): 577 - 592.

图书在版编目（CIP）数据

时空演化视角下的金融产业集聚与经济增长质量 / 郭华等著．—北京：中国农业出版社，2022.7
ISBN 978-7-109-30116-0

Ⅰ.①时… Ⅱ.①郭… Ⅲ.①金融业—经济发展—研究—中国②中国经济—经济增长质量—研究 Ⅳ.①F832②F124

中国版本图书馆 CIP 数据核字（2022）第 183298 号

中国农业出版社出版
地址：北京市朝阳区麦子店街 18 号楼
邮编：100125
责任编辑：冀 刚
版式设计：文翰苑 责任校对：刘丽香 责任印制：王 宏
印刷：北京中兴印刷有限公司
版次：2022 年 7 月第 1 版
印次：2022 年 7 月北京第 1 次印刷
发行：新华书店北京发行所
开本：700mm×1000mm 1/16
印张：17.25
字数：340 千字
定价：98.00 元